最新 証券市場

基礎から発展

川村雄介
Kawamura Yusuke

Securities Markets
Today

財経詳報社

はしがき

　金融ビッグバンから10年の歳月が過ぎ，我が国の証券市場はこれまでになく重要な存在になってきた。銀行が資金循環における大半のリスクを負う金融システムは，国内経済構造や家計と企業行動の大きな変化のなかで抜本的な変革を迫られ，市場原理を活用する証券市場を中心とした枠組みに転換してきたのである。

　証券市場の根幹をなす証券取引法は，たび重なる大改正により新たな取引分野を提供してきたし，企業の基本法である商法のなかからは，会社法が発展的な立法をみた。証券市場のプレイヤーたちに関わるインフラ整備も長足の進歩を遂げている。さらに，インターネットや情報システムの発展は，会社法制や証券市場に爆発的とも言えるインパクトを与えている。証券取引に参加する個人の数は飛躍的に増加し，証券市場に関する啓蒙・教育活動も盛んになった。今日では，ネット取引やM&A，証券化などの言葉が日常用語化した感がある。

　ただし，他方で証券市場は高度に専門的な知識を必要とする世界でもある。国民一人ひとりにとって，親しみやすく分かりやすいものであるべきことは言うまでもないが，それは証券取引の仕組みや法制が単純であることを意味しない。複雑で先端的な法技術，金融技術を駆使する分野でもある。けれども同時に，証券市場はその基本的な仕組みや商品の特徴，そして何よりも証券取引全体を貫く理念について，すべての関係者が理解しなければならない性格を持っている。あたかもコンピュータ制御の最新型自動車の運転でも，そのドライバーは最低限の運転技術と交通ルールを会得していなければならないのと同様である。

　大学における証券論の授業は，近時充実度を高めている。社会人向けの証券セミナーも盛んである。証券市場を巡る専門書も数多い。しかし，それゆえに利用者の側に立つと「多すぎて選択に迷う」面も否定できまい。純粋理論的な専門書とともに，日進月歩の証券市場の現場との関わりあいを持った基本書が

必要である。

　筆者はかつて20有余年，証券会社で企業調査，経営企画，投資銀行業務を経験してきた。証券市場の先輩，後輩に多くのことを教えられ，現在でも折に触れ有益なご教示をいただいている。学窓における研究活動の一方で，不断に生のマーケットの緊張感に触れる日々でもある。証券市場の研究は歴史を学ぶことに留まらず，「今」を知ることが極めて重要だからである。

　本書は，2001年に上梓した『入門　現代証券市場』を土台にしつつも，その後の証券市場の大きな変革を踏まえて全く装いを新たにしたものである。『入門』は2003年には一部改訂を加えた第二版を刊行し，広く大学のテキスト，社会人のための入門書として活用していただいてきたが，もはや市場の激変に対して改訂版では十分に対応できない状態になってきた。本書は同書を抜本的に書き改め，内容を全面的にリニューアルしたものである。

　もっとも，基本的な考え方，すなわち「制度を軸足として，網羅的で分かりやすいとともに最新状況を盛り込む」というスタンスは維持しているつもりである。証券市場に興味を持たれる学生諸君，社会人諸氏のお役に立つことができれば光栄である。

　また，2006年の初春明けには，証券市場のあり方と健全性に大きな教訓を残した事件が明らかになった。証券市場が国民の共通の財産である点に照らしても，今一度市場の課題について考えておく必要性を感じる。そこで，終章ではこの事件の提起する論点等についても若干，思うところを書き加えた。

　なお，本書も財経詳報社の富高克典社長の強いお勧めと適時適切なアドバイスによって日の目を見ることができた。遅筆の筆者の見え透いた弁解を微笑みでかわしながら，粘り強く出版にリードしていただいた同氏と清水幸治氏には改めて深く御礼申し上げたい。

2006年春

川　村　雄　介

目 次

はしがき

第1章 証券市場の役割

1 はじめの一歩 ―――――――――――――――――2
   ケース1　敵対的M&Aとその防衛策 ……………………2
   ケース2　社債による資金調達 ……………………………5
   ケース3　株式の新規公開（IPO）…………………………8
   ケース4　個人の資産形成 …………………………………9
2 とみに重要性を増す証券市場 ――――――――――11
3 証券市場の道具立て ――――――――――――――14
   (1) 証券や証書が実際に発行される有価証券 …………16
   (2) 証券や証書が発行されない有価証券 ………………18
   (3) 有価証券のペーパーレス化 …………………………19
4 証券市場のプレイヤーたち ―――――――――――19
   (1) 発行体 …………………………………………………20
   (2) 投資家 …………………………………………………21
   (3) 証券会社 ………………………………………………21
   (4) 証券取引所 ……………………………………………23

目　次

　　(5)　証券アナリスト，格付会社 …………………………………… 25
　　(6)　投資信託委託会社，投資顧問会社 …………………………… 26

5　証券市場のおきて ———————————————————26

　(1)　商法・会社法 ……………………………………………………… 27
　(2)　証券取引法 ………………………………………………………… 28
　　①　米国の証券規制 ……………………………………………… 28
　　②　証券取引法 …………………………………………………… 29
　　③　関係政・府令 ………………………………………………… 29
　　④　自主規制 ……………………………………………………… 31
　　⑤　証券取引等監視委員会 ……………………………………… 31

6　証券市場の国民経済的意義と日本版金融ビッグバン
———————————————————————————31

　(1)　概　説 ……………………………………………………………… 31
　(2)　公共債による資金調達 …………………………………………… 32
　(3)　企業の資金調達 …………………………………………………… 33
　　①　デット・ファイナンス ……………………………………… 36
　　②　エクイティ・ファイナンス ………………………………… 36
　(4)　金融の証券化 ……………………………………………………… 36
　(5)　個人や企業の資金運用 …………………………………………… 39
　　①　個人貯蓄と資金運用 ………………………………………… 39
　　②　企業と資金運用 ……………………………………………… 40
　(6)　日本版金融ビッグバンと証券市場 ……………………………… 41

第2章　証券市場の道具立て

1　株式会社と株式 ———— 46

- (1) 会　社 …… 46
- (2) 株式会社 …… 47
- (3) 株　式 …… 48
  - ① 額面株式制度の廃止 …… 48
  - ② 株券の原則不発行 …… 50
  - ③ 最低資本金額 …… 50
  - ④ 株主の権利 …… 50
  - ⑤ 端株と単元株制度 …… 51
  - ⑥ 株式買取請求権 …… 51
  - ⑦ 種類株式 …… 52
  - ⑧ 自己株式の取得 …… 53
  - ⑨ 新株予約権 …… 53

2　債　券 ———— 53

- (1) 国　債 …… 54
  - ① 超長期国債 …… 56
  - ② 長期国債 …… 56
  - ③ 中期国債 …… 56
  - ④ 短期国債 …… 56
  - ⑤ 政府短期証券 …… 56
  - ⑥ 交付国債，出資・拠出国債 …… 57
  - ⑦ 個人向け国債 …… 57
- (2) 地方債 …… 57

目 次

  (3) 政府機関債（特別債） ·· *58*
  (4) 金融債 ·· *58*
  (5) 事業債（普通社債） ·· *58*
  (6) 外国債 ·· *59*
    ① 外貨建外債 ·· *59*
    ② 円建外債 ·· *59*
    ③ ユーロ円債 ·· *60*
    ④ 二重通貨債 ·· *60*
  (7) 固定利付債と変動利付債 ··· *60*
  (8) 仕組債券 ··· *61*

3 新株予約権付社債 ——————————————————— *61*

  (1) 新株予約権 ·· *61*
  (2) 新株予約権付社債その1（転換社債型） ························· *62*
    ① 概　要 ··· *62*
    ② 特　徴 ··· *63*
    ③ 転換条件 ·· *63*
    ④ 転換社債型新株予約権付社債の多様化 ······················· *64*
  (3) 新株予約権付社債その2（ワラント型） ·························· *64*
    ① 概　要 ··· *64*
    ② 特　徴 ··· *65*
    ③ 新株予約権の行使 ·· *66*

4 派生証券取引 ——————————————————————— *66*

  (1) 派生証券とは ··· *66*
    ① 先物取引 ·· *66*
    ② スワップ取引 ·· *67*
    ③ オプション取引 ··· *67*

(2)　有価証券デリバティブ取引 ··· *68*
　　　　① 有価証券先物取引 ··· *68*
　　　　② 有価証券指数等先物取引 ··· *68*
　　　　③ 有価証券オプション取引 ··· *68*
　　　　④ 外国市場証券先物取引 ·· *68*
　　　　⑤ 有価証券先渡取引 ··· *69*
　　　　⑥ 有価証券店頭指数等先渡取引 ··· *69*
　　　　⑦ 有価証券店頭オプション取引 ··· *69*
　　　　⑧ 有価証券店頭指数等スワップ取引 ··································· *69*

5　投資信託 ——————————————————— *69*

　　(1)　概　説 ·· *69*
　　(2)　投資信託の定義 ·· *71*
　　(3)　投資信託の種類 ·· *72*
　　(4)　契約型投資信託とその仕組み ·· *73*
　　　　① 投資信託委託業者 ··· *73*
　　　　② 信託約款 ··· *74*
　　　　③ 受託会社 ··· *75*
　　　　④ 受益者 ·· *75*
　　　　⑤ 受益証券 ··· *76*
　　　　⑥ 販売業者 ··· *76*
　　　　⑦ 契約型投資信託の仕組み ··· *76*
　　　　⑧ 投資信託協会による契約型投資信託の分類 ························· *76*
　　(5)　会社型投資信託とその仕組み ·· *77*
　　(6)　最近注目される投資信託のタイプ ·· *78*

目　次

第3章　証券市場のプレイヤーたち

1　証券業務と証券会社 ────────── 82

(1) 概　説 …………………………………………………… 82
(2) 証券業務 ………………………………………………… 84
　① 有価証券の売買等 ………………………………… 84
　② 有価証券の売買の媒介，取次ぎ又は代理：取引所有価証券市場における売買等の委託の媒介，取次ぎ又は代理 …………… 84
　③ 有価証券店頭デリバティブ取引又はこれらの取引の媒介，取次ぎもしくは代理等 ………………………… 85
　④ 有価証券の引受け・売出し ……………………… 85
　⑤ 有価証券の募集もしくは売出しの取扱い又は私募の取扱い ……… 87
　⑥ 私設取引システム運営業務 ……………………… 87
(3) 証券業以外の業務 ……………………………………… 87
　① 付随業務 …………………………………………… 88
　② 届出業務 …………………………………………… 88
　③ 承認業務 …………………………………………… 88
　④ その他資産管理・運用サービス ………………… 88
(4) 証券会社の登録制 ……………………………………… 90
　① 登録申請 …………………………………………… 90
　② 登録拒否要件 ……………………………………… 91
(5) 証券仲介業 ……………………………………………… 91
(6) 最良執行義務 …………………………………………… 92

2　市場開設者 ────────── 92

(1) 概　説 …………………………………………………… 92

(2) 証券取引所 …………………………………………………… 93
　　　　　① 機　能 ……………………………………………………… 93
　　　　　② 組織等 ……………………………………………………… 94
　　　　　③ 上場規制 …………………………………………………… 94
　　　　　④ 株式取引方法 ……………………………………………… 96
　　　　　⑤ 有価証券先物等取引 ……………………………………… 97
　　　(3) ジャスダック証券取引所 …………………………………… 97
　　　　　① 機　能 ……………………………………………………… 97
　　　　　② 上　場 ……………………………………………………… 97
　　　　　③ 売買方法 …………………………………………………… 102
　　　(4) 新しい市場が生まれた経緯 ………………………………… 104

3　証券保管振替機構 ──────────────────── 105
4　証券金融会社 ──────────────────────── 108
　　　(1) 現物取引と信用取引 ………………………………………… 108
　　　(2) 証券金融会社 ………………………………………………… 109

5　投資顧問業者 ──────────────────────── 110
　　　(1) 投資顧問とは ………………………………………………… 110
　　　(2) 投資顧問業者 ………………………………………………… 111
　　　(3) 日本証券投資顧問業協会 …………………………………… 113

6　格付会社 ────────────────────────── 113
　　　(1) 格付とは ……………………………………………………… 113
　　　(2) 格付の意義 …………………………………………………… 114
　　　(3) 格付会社 ……………………………………………………… 114

7	証券アナリスト	115
8	金融機関と証券業務	116
	(1) 銀行と証券	116
	(2) 日本版金融ビッグバン	117
	(3) 拡大する金融機関による証券業務	118
9	証券会社の安全性規制と投資家保護	118
	(1) 自己資本規制比率	119
	(2) 業務及び財産の状況等の開示	120
	(3) 証券取引責任準備金	120
	(4) 顧客資産の分別管理	121
	(5) 投資者保護基金	122

第4章　資金調達からのアプローチ

1	有価証券による資金調達の意味	126
2	公募・私募と直接募集・間接募集	127
3	開示規制	129
	(1) 会社法開示と証券取引法開示	129
	(2) 有価証券届出書	129
	(3) 発行登録制度	131
	(4) 金融の証券化への対応	132
	(5) 目論見書	132
	(6) 開示違反へのペナルティ	133
	(7) 電子開示手続の進展	134

4 デット・ファイナンス ―――――――――――134
 (1) 当事者 ……………………………………………… *135*
 (2) 社債発行のプロセス ……………………………… *137*
 (3) 国債の発行 ………………………………………… *139*
 (4) 海外の債券発行 …………………………………… *140*

5 エクイティ・ファイナンス ――――――――――140
 (1) 新株式の発行形態 ………………………………… *141*
 (2) 時価発行公募増資のプロセス …………………… *142*
 (3) 安定操作取引 ……………………………………… *144*
 (4) 新株予約権付社債の発行 ………………………… *144*

第5章　投資運用からのアプローチ

1 有価証券による投資運用の意味 ――――――――146
2 投資運用のルール ――――――――――――――149
 ① 有価証券報告書 …………………………………… *150*
 ② 半期報告書 ………………………………………… *150*
 ③ 臨時報告書 ………………………………………… *151*
 ④ その他の開示制度 ………………………………… *151*
 ⑤ 開示内容の充実 …………………………………… *151*
 ⑥ 親会社等状況報告書 ……………………………… *152*
 ⑦ 適時開示（タイムリー・ディスクロージャー） … *152*
 ⑧ 企業開示の電子化 ………………………………… *152*

目　次

3　株式の流通市場 ————————————— 153
- (1) 株価の形成要因 ……………………………… 156
- (2) 株式の分析と評価 …………………………… 158
- (3) 株式の投資尺度 ……………………………… 159
  - ① 配当利回り ……………………………… 159
  - ② 株価収益率 ……………………………… 159
  - ③ 株価純資産倍率 ………………………… 160
  - ④ 株価キャッシュフロー倍率 …………… 160
  - ⑤ 株主資本利益率 ………………………… 160
- (4) 新株予約権付社債の投資尺度 ……………… 161

4　債券の流通市場 ————————————— 161
- (1) 債券の価格と利回りの決定要因 …………… 163
  - ① マクロの金融政策 ……………………… 163
  - ② 債券の期間 ……………………………… 164
  - ③ 発行体の信用力 ………………………… 164
  - ④ 流動性 …………………………………… 166
- (2) 債券の利回り計算 …………………………… 166

5　ポートフォリオ ————————————— 167

6　証券売買の委託と受託 ——————————— 168
- ① 受託契約準則 …………………………… 168
- ② 公正慣習規則 …………………………… 169

7　外務員制度 ———————————————— 169

目 次

第6章　金融の証券化

1　金融の証券化とは何か ―― *172*

- (1) 直接金融と間接金融 …… *172*
- (2) 市場型間接金融 …… *173*
- (3) 金融の証券化 …… *175*

2　証券化の課題と展望 ―― *177*

- (1) 証券化発展のための基本条件とその充足度 …… *177*
  - ① 関係者の強いニーズ …… *177*
  - ② 金融技術の充実 …… *179*
  - ③ 制度インフラの整備 …… *180*
  - ④ 専門的な担い手の層の厚さ …… *182*
- (2) 証券化の現状 …… *183*
  - ① 証券化商品の急拡大 …… *183*
  - ② 証券化の発展過程 …… *184*
  - ③ 証券化の日米比較 …… *188*
- (3) 証券化が進まない要因 …… *190*
  - ① 制度上の積み残し問題 …… *191*
  - ② 事実上，慣行上の課題 …… *192*
- (4) 証券化を推進・活用するための対応策 …… *195*
  - ① 制度上の課題への対応 …… *196*
  - ② 事実上，慣行上の諸問題解決への道筋 …… *196*

目次

第7章 M&A

1 M&Aとは何か ──────────── 204

 (1) M&Aの意義 …………………………………… 204
  ① M&Aとは ………………………………… 204
  ② M&Aの戦略的意味 ……………………… 205
 (2) M&Aの類型 …………………………………… 208
  ① 法形式による類型 ……………………… 208
  ② 機能上の類型 …………………………… 209
  ③ 友好的M&Aと敵対的M&A …………… 210

2 M&Aの動向 ──────────── 211

 (1) 増加するM&A ………………………………… 211
 (2) 最近の特徴 …………………………………… 212
 (3) M&A増加の要因 ……………………………… 214

3 株式の公開買付け ──────────── 215

 (1) 公開買付けとは ……………………………… 215
 (2) 公開買付けを行うケース …………………… 216
  ① 公開買付けが強制されるケース …… 216
  ② 公開買付けによらなくてもよいケース … 217
 (3) 情報開示 ……………………………………… 219
  ① 公開買付開始公告 ……………………… 219
  ② 公開買付届出書 ………………………… 219
  ③ 公告,届出書の訂正 …………………… 220
  ④ 公開買付説明書 ………………………… 220

目 次

   ⑤ 対象会社の意見表明報告書 ……………………………… *220*
   ⑥ 公開買付報告書 …………………………………………… *220*
   ⑦ 公衆縦覧 …………………………………………………… *220*
  (4) 公開買付けの規制 ……………………………………………… *221*
   ① 公開買付期間 ……………………………………………… *221*
   ② 買付価格の均一性 ………………………………………… *221*
   ③ 別途買付けの禁止 ………………………………………… *221*
   ④ 買付条件の変更制限 ……………………………………… *221*
   ⑤ 公開買付撤回の制限 ……………………………………… *222*
   ⑥ 応募株主の解除権 ………………………………………… *222*
   ⑦ 受渡し，決済 ……………………………………………… *222*

4 株券等の大量保有の状況に関する開示 ───── *222*

第8章　プレイヤーたちの行為規制

 はじめに ……………………………………………………………… *226*

1 証券監督機関 ─────────────────── *226*

 (1) 金融庁 …………………………………………………………… *226*
 (2) 証券取引等監視委員会 ………………………………………… *227*

2 自主規制機関 ─────────────────── *232*

3 不公正取引規制 ────────────────── *233*

 (1) 一般規定 ………………………………………………………… *233*
 (2) 相場操縦関連規制 ……………………………………………… *234*
 (3) 内部者取引規制 ………………………………………………… *234*

13

目 次

　　　　① 規制の対象 ································· *235*
　　　　② 重要事実 ··································· *235*
　　　　③ 公表措置 ··································· *236*
　　　　④ 罰　則 ····································· *236*
　　(4) 不正な表示等の禁止 ···························· *237*
　　(5) その他の禁止行為 ······························ *237*
　　　　① 断定的判断の提供による勧誘の禁止 ··········· *237*
　　　　② 取引一任勘定の禁止 ························· *238*
　　　　③ 大量推奨販売の禁止 ························· *238*
　　　　④ 損失補填等の禁止 ··························· *238*

第9章　証券市場の歴史と沿革

1　第二次世界大戦前の証券市場 ─────── *242*
2　第二次世界大戦中の証券市場 ─────── *243*
3　終戦後の混乱期 ──────────── *243*
4　高度成長期 ─────────────── *245*
5　バブル期前後 ────────────── *248*
6　日本版金融ビッグバン ─────────── *249*
7　構造改革期 ─────────────── *250*
8　金融商品取引法（投資サービス法）──────── *251*

目 次

終 章　明日の証券市場

1　証券市場の国際化 ———————————— 254

- (1)　アセアン域内協力の進展 …………………………… 255
- (2)　アセアン主要国の債券市場 ………………………… 255
- (3)　アセアン地域の証券化とCDO …………………… 257
- (4)　インフラの整備 ……………………………………… 258
  - ①　法制度，会計制度の明確化 …………………… 258
  - ②　ドキュメンテーションの標準化 ……………… 258
  - ③　信用分析手法の標準化 ………………………… 258
  - ④　投資家の需要喚起 ……………………………… 259
  - ⑤　域内関係国政府による支援 …………………… 259
  - ⑥　決済システムの改善 …………………………… 259
- (5)　日本の経験が示唆するもの ………………………… 259

2　日本の証券市場，明日への課題 ———————— 260

- (1)　証券市場の公正とは何か …………………………… 260
  - ①　なぜ公正さが重要なのか ……………………… 260
  - ②　証券取引法第1条 ……………………………… 262
  - ③　アメリカの苦闘の歴史 ………………………… 263
  - ④　市場主義は問題か ……………………………… 265
  - ⑤　株主権は単一か ………………………………… 267

参考文献
索引

第1章

証券市場の役割

第1章　証券市場の役割

1　はじめの一歩

　証券市場は，企業や個人，内外の政府や自治体の資金の調達と運用の場として非常に重要な位置を占めている。また，いわゆる「金融の証券化」（第6章参照）の流れのなかで一段とその比重を増している。わが国では，長らく銀行借入，貸出を中心とした狭い意味での金融市場優位の時代が続いていた。しかし，1980年代から徐々に証券市場のウェイトが高まり，特に，「日本版金融ビッグバン」と言われる金融制度改革（1996年以降）を経て，いまや国全体として証券市場重視に方向転換してきている。

　証券市場の仕組みやルールは複雑であるとともに，高度情報化技術（いわゆる「IT」）の発展に伴ってますます高度化している。ここでは，このような証券市場について，単純化した4つのケースを通じて，その大づかみなイメージを示すこととする。なお，各ケースとも，現段階では十分理解できないところもあるかと思われるが，いずれ本書を読み進むことで説明される。不明なところはそのままにして，まずはそれぞれのケースのアウトラインを把握してもらいたい。

ケース1　敵対的M＆Aとその防衛策

　X社はネット関連で急成長している企業である。まだ30代前半のA子社長は，学生時代からモデルとして人気を博し，自身の名を付したファッショングッズをネット販売する会社を立ち上げて大成功，業態を日ごとに拡大している。いまやセレブとしてひっぱりだこである。

　X社は2年前にIPO（新規株式公開）を実現し，資金力もかなりついてきた。A子社長は，一段の飛躍と財界での発言力拡大のため，数年前から老舗名門デパートとの踏み込んだ業務提携を模索していた。いくつかのデパートと何回か

交渉の場を持ったが，保守的な老舗とＡ子社長では始めから話合いにならず，かえって，既存のデパート経営陣からは好ましくない人物というマイナスのイメージでみられるようになってしまった。最近では，テレビのレギュラーコメンテーター兼ヤングミセスモデルとしてテレビ出演も多く，デパートとの提携話など，すっかり諦めたものと思われている。

　一方，Ｙ百貨店は名門ではあるが，最近の業績は振るわなかった。しかし，グループ内に多くの不動産会社や劇場，ホテル，旅行業者などを有し，財界で重きをなしている。歴史的な経緯や経営陣である同族間のトラブルなどもあって，Ｙ百貨店の発行済株式の20％を保有する最大の株主は，実態的には一子会社に過ぎない地味な上場会社のＺ不動産であった。ちなみに，Ｚ不動産の時価総額は2,000億円で，連結株主資本額の2,300億円をかなり下回っていた。Ｙ百貨店のＺ不動産に対する持株比率は12％に過ぎなかった。不自然な，いわゆる「資本のねじれ現象」が存在したのである。これを解消するため，Ｙ百貨店はＺ不動産に公開買付け（TOB）をかけて，法律上もＺ不動産を子会社化する方策に出た。

　この公開買付けは順調に進んでいるかに思えたが，手続開始1週間後に突然，Ｘ社がＺ不動産の株式30％を取得したと発表した。Ｘ社はＹ百貨店の大株主であるＺ不動産を支配下に置くことで，Ｙ百貨店を傘下に収めようとしたのである。Ｘ社は取引時間外ではあるが，取引所内取引とも理解されていた取引所ネット取引システムで，立会時間外に複数の投資ファンドからＺ不動産株式を購入したのである。

　公開買付け中で身動きのとりにくいＹ百貨店はホワイトナイトを探し，大手事業会社など数社がサポートしてくれることになった。Ｚ不動産の従業員組合もＸ社には反感を強め，万一Ａ子社長がトップに来るようなことになったら，退職するとまで宣言した。まもなくＺ不動産はＹ百貨店の意向でこれらを引受け先に，大量の新株予約権の第三者割当てを行った。この新株予約権が行使されると，Ｚ不動産の発行済株式数は大きく増加し，結果としてＸ社の持株比率を引き下げることができるからである。Ｘ社は直ちに裁判所にこの新株予約権

第1章　証券市場の役割

発行に対する異議申立てを行った。Z不動産の行為は資金調達目的ではなく単に支配権の維持を目的とするもので認められない，と主張したのである。

一方，Z不動産側は，「X社のZ不動産株式の取得方法は取引所外取引と解するべきで公開買付規定違反である。そもそも一連のY百貨店，Z不動産の行為は，X社からの不当な敵対的買収に対する正当防衛である」と反論した。Y百貨店サイドは財界の重鎮を担ぎ出して，反X社とA子社長へのネガティブ・キャンペーンを強化，X社はX社で「企業生命をかけた真剣な経営戦略だ」と強調するとともに，A子社長の親友の著名なアメリカ人投資家やテレビタレントに，X社の行動についての応援演説を繰り返してもらった。裁判所は，現行法の解釈論とともにアメリカのケースをも援用してX社の異議申立てを認めた。

Y百貨店とZ不動産は，新たに有力投資ファンドとの話合いを続ける一方で，別の法的手段を講ずるなど，ぎりぎりの防衛策に関して，主幹事の投資銀行と検討を続けている。

〔コメント〕

証券取引所に上場している株式会社の第一義的な利害関係者は「株主」であるとされる。株主の最大の関心は，投資先会社の経営が順調で将来さらに成長していくか否かである。会社の将来性は投資魅力であり，その価値は株価に反映されると考えられている。

したがって，株価の総額である時価総額が会社の清算価値に比べて低いようでは，現経営に対して疑問符がついても不思議ではない。その会社の株式を取得する方が安くつくからである。もっとも，会社を巡る利害関係者（ステークホルダー）は株主だけではなく，取引先や従業員，広く地域社会をも含んでいる。特に日本では長い間，従業員会社主義とも称すべき価値観が強かったので，従業員の考え方も重要視されてきた。

企業買収（M&A）は，究極的な経営戦略とも言われる。それが当事者会社間で納得づくのものであればあまり問題視されないが，一方の意に反するいわゆる敵対的買収の場合には様々な争点を生み出す。会社とは何か，株主の権利とは何か，従業員と株主の関係はどうか，企業統治（コーポレート・ガバナン

ス）のあり方はどうか，等々の根源的な問いかけから始まって，買収方法の適法性や取引慣行としての適切性まで，あらゆることが俎上に上ることになる。証券市場の基本法である証券取引法との関係で公開買付制度との関連が議論されるのはもちろんのこと，商法（2006年5月以降は会社法）の規定の解釈を巡っても争われることが少なくない。

アメリカでは企業買収が盛んであるが，日本では特に敵対的なものは忌避されてきた。しかし，証券市場の急速な規制緩和，グローバル化のなかで，最近では大型の事案が話題に上るとともに法制度整備も急がれている。

（留意しておくべき言葉）
○IPO　敵対的買収　○公開買付制度　○ホワイトナイト　○新株予約権
○投資ファンド　○投資銀行　○企業価値　○証券取引法　○会社法
○証券市場の規制緩和

ケース2　社債による資金調達

A社は歴史のある東京証券取引所第1部上場の家電メーカーである。Y銀行がメインバンクであり，1990年頃までは短期の運転資金の調達，長期の設備投資資金のいずれもY銀行からの借入を中心としていた。

A社はこれといったヒット製品に恵まれず成長率は低かったが，配当可能な利益水準は維持していた。そこで財務内容改善の観点から，90年代に積極的に銀行借入の返済を進めた。そのうえ，現在では短期運転資金の調達は銀行借入に替えてコマーシャル・ペーパー（CP）によっており，また大きな設備投資がなかったため新たな長期資金調達は必要なかった。これらの結果，A社のY銀行への依存度は大きく低下している。

しばらく低成長が続いたA社も，新世代の多目的モバイル機器を大増産するために工場内の新ライン増設を決定した。必要資金は280億円強にのぼり，返済期間は5年間を予定した。調達手段としては，大きく，①Y銀行からの借入，②株式の発行，③新株予約権付社債の発行，④普通社債の発行，の4つが検討

第1章　証券市場の役割

され，最終的に④の普通社債の発行を選択した。

その理由は，①Y銀行のみから期間5年の融資を280億円まとめて受けることは困難である，②普通社債であれば1度で280億円の調達が可能であるとともに，現在の社債マーケットの状況では，A⁻の格付を持つA社は借入より社債発行の方がトータルな資金調達コストが低い，③株式や新株予約権付社債を発行するにはA社の株価が低く，配当負担の上昇や潜在株式の増加を考慮すると効率的ではない，また，以前発行した転換社債が株価低迷による額面割れで一部未転換に終わった苦い経験がある，等であった。

A社はx証券会社を引受主幹事として，L＋100bp（ベーシスポイント，1bpは1／100％）の金利水準で期間5年の普通社債を300億円発行し，285億円を当該設備投資に，15億円を借入返済に充当した（図表1—1）。

〔コメント〕

A社の選択肢にあった②から④はいずれも証券市場を利用する資金調達手段である。大企業の証券市場を利用した資金調達の1つとして，普通社債によるものがある。普通社債による資金調達は，実務上デット・ファイナンスとも呼ばれている。また，普通社債は英語でstraight bondということから，SBと略称することが多い。SBは投資家として保険・年金や企業などの法人を主たる対象とするものと，個人を対象とするものとがある。

なお，ケースであげたLとは，円ライボの略称であるが，これはロンドン市場で銀行同士で取引する場合の金利（London Interbank Offered Rate＝LIBOR（ライボ））の円建のものを意味している。つまり，L＋100bpとは，円建ライボ金利より100ベーシス（1％）高い金利ということである。A社の直接的な調達コストは，この金利に引受証券会社への手数料や社債管理会社への手数料，社債券や発行に必要な諸書類の印刷代などを加えたものとなる。

（留意しておくべき言葉）
○証券取引所　○上場　○株式　○普通社債　○格付　○新株予約権付社債
○コマーシャル・ペーパー　○証券会社　○引受主幹事　○社債マーケット

1 はじめの一歩

図表1—1 資金調達のイメージ

(借入依存型)

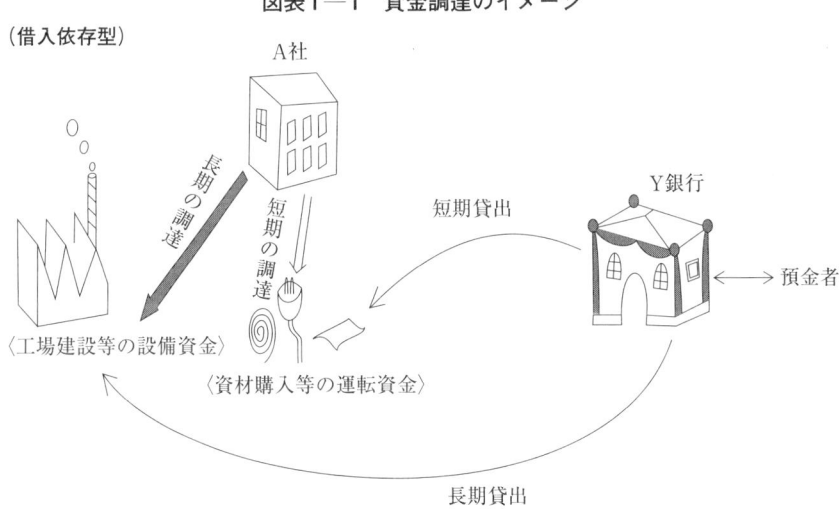

(証券市場活用型)

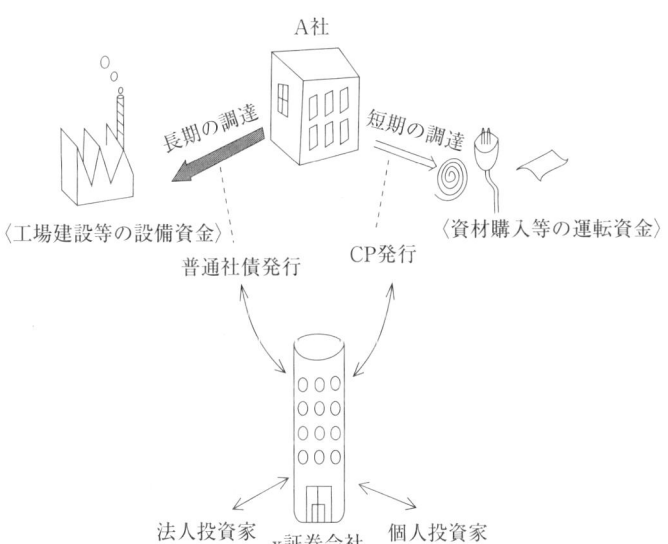

第1章　証券市場の役割

ケース3　株式の新規公開（IPO）

　B社は，介護関連のいわゆるネット関連ベンチャー企業である。もともと，10年前に都市・地域デザインを手がける設計事務所として現社長を中心に9名の若いメンバーでスタートしたが，徐々にパソコンソフト開発やインターネットビジネスを拡大し，最近ではビジネスモデル特許を取得した介護ソフトがヒットしている。業績も順調に伸びており，特に来年度からは，大手コンビニエンスストアとの提携による売上急増が見込まれている。ただし，資本金は5,000万円，純資産は6,500万円，と自己資本は小さくかつ借入も多い。また，売上は好調なものの，ソフト開発の投資が先行し利益面に反映されるのは今期の後半以降である。このため，過去3年間は配当を行っていない。

　B社の資金調達は，従来，系統金融機関や政府系金融機関，地方銀行，2，3の都市銀行等の複数の金融機関からの融資で賄ってきた。B社の社屋は賃貸ビルであり，工場や土地にも自社物件はない。融資の担保になっているのは，同社の特許のみである。したがって，多額の長期借入は困難であり，この長期資金の欠如が同社の成長の足かせにもなっている。

　今年になってB社の将来性に注目したベンチャー・キャピタルX社がB社に出資した。B社社長は，同社のいっそうの業容拡大と成長のために株式を公開し，多額の資金を調達するとともに，これまでの成果の一部を自分自身に還元するためにも高い株価による公開を望んでいる。ただし，B社のスタッフはエンジニアが中心で財務，わけても証券市場からの資金調達については経験も知識もない。そこで，X社はY証券会社を紹介したところ，Y証券は株式公開までの詳細なスケジュールと資本政策を提示，これに沿って公開作業を行うこととなった。B社はY証券を公開主幹事証券会社に指名した。

　B社とX社，Y証券の緊密な連携プレーの結果，エンジェルも多数集まり，2度の第三者割当増資も成功した。かつ，新株予約権付社債の活用で社長の持分の希薄化も回避されている。近々，役職員向けのストック・オプション制度

も導入する予定である。順調に進めば，1年後にはいずれかの証券取引所に上場できるはずである。

〔コメント〕

B社は成長性，将来性は高いが足元の財務内容は良くなく，期間損益も低水準である。担保物件も不足している。金融機関としても，融資には限界がある。こうした場合，B社の将来性を正確に分析・評価したうえで資金を提供する（投資する）者の役割が重要となる。このように，企業の起業期に株式を購入することで資金を供給して，その成長に投資していく者を「エンジェル」と呼んでいる。また，B社のようなベンチャー企業を分析・評価したうえでこれに投資していく会社が「ベンチャー・キャピタル」である。

株式未公開企業が証券市場で資金調達を行っていっそうの拡大・成長を遂げていくことは，国民経済的にも極めて重要である。アメリカのハイテク企業や第三次産業の企業群の現在の発展は，同国の証券市場に負う部分が大きいと言われている。ただし，未公開企業が株式を広く公開していくためには，しっかりした資本政策や株価の評価等の作業を進めていくことが不可欠であり，これらのアドバイスを行っているのが，「公開主幹事証券会社」である。

(留意しておくべき言葉)
○自己資本　○株式公開　○ベンチャー・キャピタル　○第三者割当増資
○公開引受け　○新株予約権付社債　○ストック・オプション

ケース4　個人の資産形成

Cさんは55歳，定年まであと5年弱のサラリーマンである。2人の子供は社会人になり，数年前に90歳で亡くなった父親から2,000万円余りの預貯金を相続したので，妻と2人の当面の暮らしに不安はない。しかし，代々長生きの家系でありCさんもまだ最低20年くらいは元気でいそうだ。子供も長男はオーストラリアに永住したいと言っているし，長女は劇団員の道を歩んでいるので，経済的に子供をあてにするわけにはいかない。こうなると，途端に不安になる

第1章　証券市場の役割

Cさんである。他社の友人のなかには，確定拠出年金に加入した者も増えてきているが，自分には無縁だと思っているし，そもそも仕組みなどがよく分からない。

　Cさんの金融資産は生命保険と2,000万円の定期預金，それに500万円の毎月分配型投資信託と若干の現金である。低金利のなかでは2,000万円の預金金利はほんのすずめの涙ほど，投信も預貯金に比べれば高い金利であるが，しょせん大したことはない。思い切ってハイリスク・ハイリターンとされる株式投資を行ってみようかとも思うが，いざとなると踏み切れない。時々，新聞広告などでオプション取引とか南米の高利回り債券，BRICs投信といった記事を目にし，魅力は感じるが正直なところさっぱり分からない。

　ある日，W証券会社の投資相談コーナーに立ち寄ると「ファイナンシャル・プランナー」の名刺を持つ女性スタッフが，Cさんの簡単な資産分析を行ったうえで，提案書を作成してくれた。提案書には「年金型ポートフォリオのご提案」とあり，有名大会社の株式と成長型株式投資信託，期間4年の電力債，消費者金融会社の3年債，の組合せを中心に3パターンのシミュレーションが記載されていた。Cさんは妻と2人で研究に励む日々である。

〔コメント〕

　ケース2，ケース3が証券市場を活用した資金の調達であったのに対して，ケース4は個人の資金運用についてである。預貯金は，元本保証であり銀行倒産等の特別のことがない限り，原則として預けたおカネが名目上目減りすることはない。その代わりに利回り，収益性は低い。他方で有価証券は法律上，契約上，元本を保証しているものではないが，その収益性は一般的には預貯金より高い。もっとも，一口に有価証券と言っても様々な種類があり，その元本リスクも様々である。たとえば，格付の高い社債の信用度は非常に高く，実質的にはほとんど元本目減りの危険性はないが，株式は値上がりの可能性とともに値下がりのリスク—つまり元本目減りのリスク—もある。また，投資信託は運用の専門家が何種類もの有価証券等を組み合わせたポートフォリオ運用によって収益性と安全性の両者を追求する金融商品である。

「確定拠出年金」は，伝統的な企業年金が「給付額が確定」していたのに対して，「拠出額は確定しているが，給付額は確定していない」タイプで，「日本版401k年金」と言われることもある。加入者が各々，いくつかの投資信託のなかから自分に合ったものを選んで運用していく年金，と考えてもよい。

外国債は，各国の金利情勢によっては日本国内の債券よりも高い金利のものがあり，その限りでは魅力的であるが，為替リスクを考慮しておく必要がある。さらに，高度な金融工学を駆使したデリバティブと呼ばれる金融商品も多い。オプション取引やスワップ取引はその例である。デリバティブは特に，生保・年金資金などの機関投資家や法人投資家が多く利用している。

(留意しておくべき言葉)
○毎月分配型投資信託　○確定拠出年金　○オプション　○スワップ　○外債
○ポートフォリオ　○デリバティブ

2　とみに重要性を増す証券市場

　証券市場の一般的な国民経済に占める意義については後述するが，現代社会では広く公的セクター，企業から個々人にいたるまで証券市場との関わり合いが不可欠になってきている。時事トピックとして証券市場を巡る話題が大きく取り上げられることも多い。ここでは，最近，特に関心を集めている証券市場関連のテーマについて簡単に紹介しておこう。

　2005年は「M&A元年」とも称され，日本においても本格的な企業買収時代が到来することを予感させた。春先のライブドアによるフジサンケイグループに対する，秋口の楽天によるTBSに対する敵対的買収（敵対的かどうかについて別の見方もあり得るが，ここでは巷間の受け止め方による）の試みは，新興ネット企業による伝統的大企業への攻勢，若手の21世紀型経営者による20世紀型経営者への挑戦という切り口（内実が明らかになると評価が大きく変わったが）からも大きな反響を呼んだ。また，この過程で見え隠れした投資ファンド

第1章　証券市場の役割

の存在も注目を集めるところとなった。

　M＆Aでは企業価値の分析とともに関連法制，ルールを最大限活用することが重要である。いわば，「ファイナンシャル・エンジニアリング」と「リーガル・エンジニアリング」の共同作業がM＆Aと言える。したがって，関連用語は高度に専門的となるが，社会面的興味を湧かせる事案が相次いだこともあり，テレビのワイドショーなどでもこうした用語が飛び交ったものである。また，これらのように目立つケースではなくても，企業構造リストラクチャリングの一環や成長企業の業容拡大策として，M＆Aは着実に増加している。

　M＆Aは会社を売り買いするものであるから，これを通じて「会社とは何か」，「会社の持ち主は誰か」，「守るべき会社の利益とは何か」，「これらに適切に対応するために会社法制はどうあるべきか」，等々の根本的な課題を提起する。のみならず，上場会社が当事者となる場合には証券市場が主要な舞台になる。舞台装置としての証券取引法その他の証券市場法制や関連ルールが極めて重い役割を担うのである。また，M＆Aが，証券市場は誰のためにどうあるべきか，というテーマに対する生きた検証材料にもなることは，会社法制における会社とは何か，という問いかけと類似の性格を持っている。なお，広義のM＆Aは，企業間のみならず公的セクターや学校経営にも応用されつつあることも注目されている。

　次に，個人に目を転じてみよう。最近は，インターネットを利用した株式取引が急増している。口座数は，2001年の200万口座が2005年には800万口座と，4年間で4倍の伸びを示している（図表1—2）。ネット取引は，株式委託手数料自由化後のタイミングとも合い，従来の証券営業員との対面営業による手数料に比べてはるかに安価であることや，簡便で場所を選ばない使い勝手の良さで急成長している。2003年後半から株式市況が上昇に転じたことも幸いしている。手数料の安さから，ネット投資家のなかには頻繁に売買を繰り返し短期の値ざやを狙う「デイトレーダー」と呼ばれる人々もいる。証券会社ではネット取引に特化したネット証券会社が存在感を増す一方で，大手証券会社もネット専業子会社や専門部門で対応するなど，株式取引においてインターネットの活

2 とみに重要性を増す証券市場

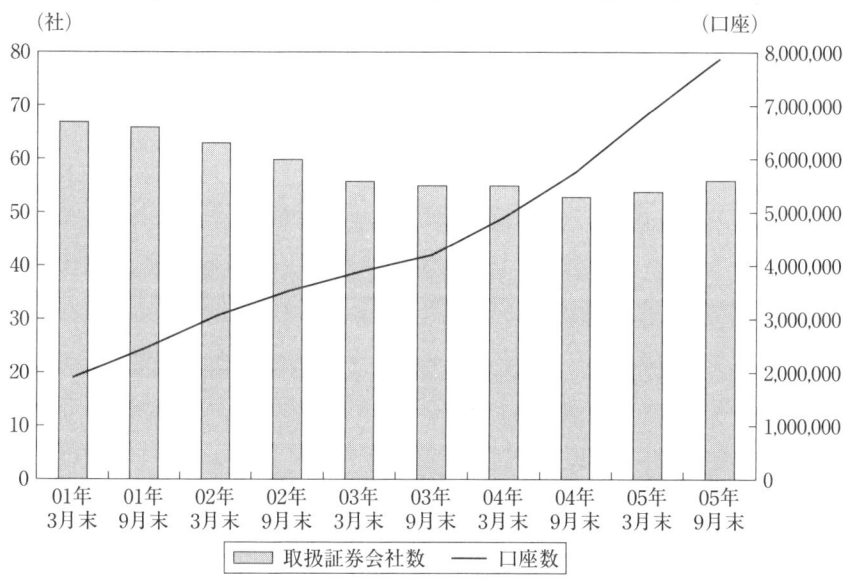

図表1—2 インターネット取引取扱証券会社数及び口座数

(資料) 日本証券業協会

用は完全に日常化している。

　国民経済における証券市場の重要性が増大するなか，とみに問題意識が高まっているのが「金融リテラシー（金融に関する知識・理解度）」の向上である。金融リテラシーの範囲は，銀行，消費者金融，保険等，広範であるが，とりわけ証券市場に関する教育・啓蒙活動が盛んになっている。証券投資は直接の有価証券投資のみならず年金，保険などの分野でも大きな比重を占めてきており，個人の生涯にわたる資産形成に不可欠の存在である。

　また，証券投資はリスク性資産への資金の配分であり，強い自己責任が求められる。しかし，自己責任を負担する前提として，その対象である有価証券や証券市場への盤石な理解が必要となる。金融リテラシーが注目されるのは当然である。日本では，学校教育で証券市場に触れることはほとんどない。この点，アメリカやイギリスと大いに異なるが，いまや義務教育段階から証券市場の基礎を教えるべき時代に入っているというべきであろう。また，成人に対しても，

第1章　証券市場の役割

興味本位の投資テクニックや場当たり的なノウハウではなく，より基本を踏まえた教育・啓蒙が大切になっている。こうした金融，特に証券リテラシーは，21世紀に生きる個人一人ひとりの必修科目と言うべきものなのである。

　21世紀に入る頃から，大手証券会社は熱心に「証券リテラシー」向上のための諸活動を展開している。社会人向けの証券セミナーやインターネット上の教育支援はもちろんのこと，大学に証券論の講座を提供したり，ケーブルテレビの投資番組を製作・放映したり，小中学生向けの分かりやすい書籍を出版し全国の学校や図書館に寄贈したり，等々と幅広い展開がなされている。証券業界も社会人対象の諸講座とともに，学生のゼミナール支援や株式学習ゲームの主催，投資作文コンテストなどを実施している。金融庁など国のスタンスも前向きである。

　証券リテラシーは，知識の習得で完結するものではない。実際の投資経験も重要である。この点で注目されるのが「投資クラブ」である。「投資クラブ」とは，職場や趣味などを同じにする友人同士などが数人～10人程度集まって，お互いに経済，産業，企業についての基本的な勉強を行いながら，少額ずつ出し合って長期株式投資を実行するグループのことである。

　その特徴は，①ファンダメンタル分析を基本にする，②少額ずつの出費である，③長期投資である，④規約を作成し経理や運営，税務面の取扱いを明確にする，等の点にある。投資クラブを支援するNPOも設立され，健全で長期の資産形成をサポートしている。日本の投資クラブは，アメリカの仕組みをもとに1996年に整備されたが，しばらくの間は地味な動きであった。しかし，2004年頃から注目度が高まり，2005年には全国で500を超えたものと推定されている。

3　証券市場の道具立て

　証券市場の道具（ツール）が「証券」である。しかし，一口に証券と言って

3　証券市場の道具立て

図表1—3　証券とは

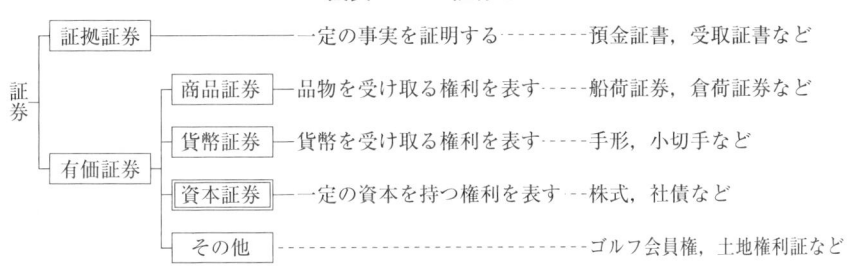

```
証券 ┬ 証拠証券 ─────────── 一定の事実を証明する ……… 預金証書，受取証書など
     └ 有価証券 ┬ 商品証券 ── 品物を受け取る権利を表す ──── 船荷証券，倉荷証券など
                ├ 貨幣証券 ── 貨幣を受け取る権利を表す ──── 手形，小切手など
                ├ 資本証券 ── 一定の資本を持つ権利を表す ── 株式，社債など
                └ その他  ─────────────────── ゴルフ会員権，土地権利証など
```

※証券取引法に定める証券は，有価証券における資本証券である。

も，日常的な意味では大変範囲が広い。荷物の受取証書や預貯金証書，借金証文も証券と呼ばれるし，商法を学んだ人には，株式・社債，手形・小切手，船荷証券などが証券と認識されるであろう。

証券市場の道具となる証券は，まず「有価証券」である。ここで有価証券とは，ある財産上の権利を表示しているものであって，その表示された権利の実行や譲渡がこれによって行われる証券のことを指す。もっとも，このような有価証券には，ある商品やサービスへの請求権を化体している「商品証券」（船荷証券など）や，おカネへの請求権を表象している「貨幣証券」（手形・小切手など），さらに出資した者がこの出資に対しての収益を請求する権利を表している「資本証券」（株式・社債など）などがある。

しかし，これらの有価証券のすべてが証券市場の道具となるわけではない。証券市場の憲法ともいうべき「証券取引法」が定めたものだけが，証券市場における有価証券である。これを「狭義の有価証券」とも称する（図表1—3）。

なお，受取証書のようにある事実のみを証明する証券は「証拠証券」と言われ，有価証券ではない。たとえば，証券会社で株式を購入すると，購入者には株券が渡される筋合いであるが，一般にはその保管や持ち運びの安全を考えて証券会社に預かってもらう（これを「保護預り」と言う）ことが多かった。この場合，従来は，株券を預かった証明として証券会社は株式購入者に「預り証」を交付することが広く行われていた。購入者が株式の売買その他の理由で株式本券を引き出したいときには，この預り証を提示して株券を出してもらうので

第1章　証券市場の役割

ある。この預り証は証拠証券であって有価証券ではない。株券はもちろん広義でも狭義でも有価証券である。もっとも，新会社法によって株券という「紙」は発行されなくなり，電子取引が中心になっていくことは，後述（3）のとおりである。

ところで，証券市場の歴史が長く，現在でも世界第1の発展をみているアメリカでは，証券市場の道具となる有価証券の範囲が広い。これに対して，日本の証券取引法は，同法に具体的に定めた有価証券以外は証券市場の道具として認めないスタンスをとっている。かつては，こうした限定列挙方式の範囲が狭いうえに解釈上も厳しく（狭く）取り扱われていた。しかし，証券市場の重要性が増すとともに，グローバル化への対応が必要となるに従い，過去10年の間に列挙される有価証券の範囲は大きく拡大してきた。

それでは，証券市場の道具である証券取引法に定められた有価証券の種類と特徴を簡単にみておこう。

証券取引法はその2条1項と2項に有価証券を列挙している。分類すると20余りであるが，その多くは「日本版金融ビッグバン」（後述6（6）参照）や「金融の証券化」（第6章参照）によって新たに定められたものである。ここでは，同法上の有価証券全体を概観し，特に重要な有価証券については第2章で詳しく触れることとする。

（1）　証券や証書が実際に発行される有価証券

①　国債証券……国が発行する債券

②　地方債証券……地方公共団体が発行する債券

③　特別の法律により法人の発行する債券……金融債，政府保証債，放送債券など

④　特定目的会社の発行する特定社債券……証券化のための特別法（資産の流動化に関する法律）により発行する債券

⑤　社債券……株式会社が会社法等に基づいて発行する社債，新株予約権付

3　証券市場の道具立て

社債を表象する証券
⑥　特別の法律により設立された法人の発行する出資証券……日本銀行への出資証券等
⑦　協同組織金融機関の優先出資証券又は優先出資引受権を表示する証書……信用金庫等の協同組織金融機関の会員以外からの優先出資等に対する証書
⑧　特定目的会社の発行する優先出資証券……資産の流動化に関する法律により発行する優先株式に性格の似た優先出資を表象する証券
⑨　株券，新株引受権証書，又は新株予約権証券……新株発行の際に発行される新株引受権を表象した証書，新株予約権を表象する証券
⑩　投資信託又は外国（証券）投資信託の受益証券……投資信託の受益者の信託財産からの運用収益分配，信託財産の償還を受ける権利を表象する証券
⑪　証券投資法人の発行する投資証券又は外国投資証券……いわゆる会社型投資信託の投資口（社員としての地位）を表象する証券
⑫　貸付信託の受益証券
⑬　資産流動化法上の特定目的信託の受益証券
⑭　法人が事業に必要な資金を調達するために発行する約束手形のうち，内閣府令で定めるもの……企業が短期の資金調達を行うために発行する譲渡性の高い約束手形で内閣府令の一定の要件を満たしたもの。いわゆるコマーシャル・ペーパー（CP）
⑮　外国又は外国法人の発行する証券又は証書で，①〜⑨及び⑫⑬⑭の性質を有するもの……⑩⑪はすでに外国のものを含んだ定めとなっている。
⑯　外国法人の発行する証券又は証書で銀行業を営む者その他の金銭の貸付を業として行う者の貸付債権を信託する信託の受益権又はこれに類する権利を表示するもののうち，内閣府令で定めるもの……外国法人の発行するカード・ローンやモーゲージ，割賦債権等を証券化したもの
⑰　有価証券又はみなし有価証券に係るオプションを表示する証書又は証券

第1章　証券市場の役割

……カバード・ワラントと呼ばれる発行会社以外の第三者が発行するワラント（みなし証券は後述）
⑱　預託証券……有価証券の預託を受けた者が，その有価証券の発行地外の国で発行する証券又は証書。預託された有価証券の権利を表象する（DRと言う）。
⑲　流通性その他の事情を勘案し，公益又は投資者の保護を確保することが必要と認められるものとして政令で定める証券又は証書……外国法人の発行する譲渡性預金証書が指定されている。

(2)　証券や証書が発行されない有価証券

通常は上述①～⑲は，証券や証書が発行されてそこに諸権利が表示されているであろうが，仮に証券・証書が発行されていなくてもこれらの諸権利は有価証券と同様のものと考えて証券市場の道具として認め，証券取引法による投資者保護規定等を適用することが必要である。そこで，証券取引法はこれらのものを有価証券とみなしている。具体的には，登録国債，登録社債，株券発行前の株主権などである。

また，権利の性格や金融の証券化に対応する等の目的から，次のものも「みなし有価証券」とされている。
①　銀行，信託会社その他政令で定める者の貸付信託を信託する信託の受益権のうち，政令で定めるもの……政令で定める者は，保険会社，信用金庫，信用協同組合等である。
②　外国法人に対する権利で①の権利の性質を有するもの。
③　投資事業有限責任組合契約に基づく権利又は民法上の組合契約もしくは商法上の匿名組合契約であって，投資事業有限責任組合契約に類するものとして政令で定めるものに基づく権利。
④　有限責任事業組合（LLP）契約に基づく権利。
⑤　外国の法令に基づく契約であって，投資事業有限責任組合契約又は有限

責任事業組合契約に類するものに基づく権利。
⑥　流通の状況が上述①〜⑲に準ずるものと認められ，かつ，それらの有価証券と同様の経済的性質を有することその他の事情を勘案し，公益又は投資者保護のため必要かつ適当と認められるものとして政令で定める金銭債権……証券・証書が発行されない有価証券についての包括的条項であるが，現在まで指定されたものはない。

(3)　有価証券のペーパーレス化

　これまで有価証券は基本的には株券，社債券，投資信託の受益証券などの紙に印刷された券面の発行を前提にしていた。しかし，取引規模が飛躍的に拡大し，証券市場における迅速で正確な取引執行の要請が高まるなかでは，紙ベースの取引は効率性を欠く。他方で，IT技術が著しく発展し，あらゆる商取引，金融取引において「電子取引」が普及している。
　このような状況下で，社債については短期社債から紙ベースではない電子的処理によるペーパーレス取引が開始され，投資信託や株券についてもペーパーレス取引のための法整備がなされて，投資信託の受益証券は2007年1月から，株券については2009年6月までに実施される運びとなった。いまや，「有価証券＝紙」の時代ではなくなったと言えよう。

4　証券市場のプレイヤーたち

　証券市場は，3であげた「狭義の有価証券」という道具を活用しながら，数多くの多様な企業や個人が活動する場である。1に示した4つのケースでもみたように，資金調達や経営戦略としての企業買収を目的に証券市場を利用する大企業やベンチャー企業もあるし，資産運用のために証券市場を活用する個人や保険・年金資金などもある。また，これらの者は日本国内の証券市場だけで

第1章 証券市場の役割

はなく海外の証券市場も積極的に利用しているし，反対に海外の企業や個人で日本の証券市場に参加する者も少なくない。

　証券市場は，おカネを必要とする企業等と，おカネを効率的に運用しようとする企業や個人が，高度に発達した資金仲介システムを通じて資金のやり取りをする場であり，これらの資金は投資者の責任ある判断と調達者の正直な業務・財務内容の開示を大前提とするものである。つまり，証券市場における取引は「リスク・マネー」のやりとりなのである。したがって，こうしたリスクを可能な限り正確に把握していくための様々な仕組みや工夫もなされている。

　以下，このような証券市場のプレイヤーについて簡単にみてみよう（詳しくは第3章で改めて説明するので，ここでは大きなイメージをつかんでおいていただきたい）。

(1) 発行体

　債券や株式などの有価証券を発行することで，おカネを賄う（つまり資金調達を行う）組織・団体を「発行体」という。具体的には，主にその株式を証券取引所に公開している株式会社や，日本政府，外国政府，地方公共団体，公的機関などである。株式や新株予約権付社債などの株式関連証券は，株式会社しか発行することができない。中央・地方・外国政府などは，債券を発行して資金調達を行うこととなる。もちろん，株式会社は債券を発行できる。

　株式発行で調達した資金は，いわゆる「自己資本」（内部資金）である。株式には原則として配当を支払わなければならないが，普通，元本を返還する必要はない。高い株価の会社やベンチャー企業にとっては，一般的に株式や株式関連証券の発行による資金調達（これを「エクイティ・ファイナンス」と言う）が有利と言える。調達金額は数億円～数千億円まで様々であるが，上場会社の場合は数十億円～数百億円というレベルが通常である。

　一方，債券で調達した資金はいわゆる「他人資本」（外部資金）であり，性格的には借金と同様のものである（これを「デット・ファイナンス」と言う）。

つまり，債券には償還期限があり，期間中は利息を支払うとともに，満期には元本を返済しなければならない。会社の発行する債券が「社債」，国の発行するものが「国債」，地方公共団体の発行するものが「地方債」である。社債の発行金額は，一般的に1回で100億円〜1,000億円程度であり，発行体が企業の場合は大会社であることが多い。各債券の信用力を判断する指標として，後述する「格付」の重要性が増している。

なお，従来はほとんどの場合，法律上・形式上の発行体と実質的な発行体は同一であった。たとえば，X社が株式を発行すればX社の自己資本になったし，Y公庫がY公庫債を発行すればY公庫自体の外部資金調達となった。しかし，最近では金融の証券化という金融技術の発達により，法律上の発行体と実質的な発行体が別の組織となることもある点に留意しておく必要がある（第6章参照）。

(2) 投資家

発行体の発行した株式や債券などの有価証券の買い手が「投資家」（法律上は「投資者」と言うことが多い）である。投資家には，「個人投資家」と，企業などの「法人投資家」があるが，法人投資家のなかでも年金・保険資金や投資信託のように，有価証券への投資・運用を専門的に行うものを「機関投資家」と呼んでいる。機関投資家にあって，実際に運用業務に当たっているスタッフを「ファンド・マネージャー」と言う。個人投資家，法人投資家ともに国内と海外双方がいる。日本の証券市場では債券，株式ともに機関投資家の役割が重要になってきている。これを「機関化現象」と言う。しかし同時に，証券市場のいわば草の根的な存在である個人投資家の重要性を忘れてはならない。

(3) 証券会社

おカネを必要とする発行体とおカネを運用したい投資家を仲介したり，投資

第1章　証券市場の役割

図表1—4　証券会社の状況

年月	証券会社数	支店	営業所	店舗数合計（含む本店）	資本金
	社	店	店	店	百万円
1992.12	265 (49)	2,443 (16)	364	3,072 (65)	1,259,048
1993.12	268 (48)	2,329 (16)	322	2,919 (64)	1,388,295
1994.12	277 (49)	2,295 (17)	307	2,879 (66)	1,604,639
1995.12	282 (51)	2,201 (16)	278	2,761 (67)	1,642,194
1996.12	289 (57)	2,182 (17)	269	2,740 (74)	1,685,663
1997.12	291 (58)	2,092 (17)	242	2,625 (75)	1,563,474
1998.12	288 (55)	1,803 (7)	244	2,335 (62)	1,705,509
1999.12	288 (59)	1,750 (4)	256 (1)	2,294 (64)	1,815,123
2000.12	297 (57)	1,730 (6)	281 (1)	2,308 (64)	1,871,848
2001.12	291 (50)	1,728 (5)	277	2,296 (55)	1,620,156
2002.1	293 (50)	1,721 (5)	279	2,293 (55)	1,643,016
2002.2	292 (50)	1,712 (5)	279	2,283 (55)	1,642,835
2002.3	290 (49)	1,683 (5)	276	2,249 (54)	1,638,168
2002.4	286 (48)	1,680 (5)	273	2,239 (53)	1,639,615
2005.9	284 (41)	1,530	301	2,107	1,585,500

（注）カッコ書は外国証券会社
（資料）日本証券業協会

家と投資家の間を仲介するものが「証券会社」である。証券会社は，証券取引法の基準によって内閣総理大臣に登録したか認可をもらった株式会社でなければならない。この証券取引法は，証券会社の営むことのできる業務について定めている。

発行体が有価証券を発行するときには，引受業務を行う証券会社（引受証券会社）がまず発行された証券を引き受け，これを投資家に売却することとなる。すでに発行されている有価証券については，証券会社が売り手である投資家と買い手である投資家を仲介するのである。この場合，売り手，買い手は証券会社に売買を委託し，証券会社はこれらの売買注文を後述の証券取引所に出すのが普通である。こうした業務は，「委託取引」（ブローカー業務）と言われる。この他にも，証券会社は自己資金で自ら有価証券の売買取引を行ったり，いわゆるデリバティブの組成，仲介，売買を行ったりしている。

最近10年間に，証券会社の業務範囲は大きく拡大しており，当局への届出によりたとえば投資顧問業，資産管理サービスなどを証券会社本体で営めるようになった。また，企業買収（M&A）に関するアドバイザーサービスなども注目されている業務分野である。

2005年9月時点で，日本には約280社の証券会社がある（図表1―4）。

なお，証券業務（いわゆる直接金融）と銀行業務（いわゆる間接金融）の関係については歴史的に長い議論が行われており，金融分野の理論的，政策的なポイントの1つとなっている。

(4) 証券取引所

株式会社は，不特定多数の投資家から株式によって大量に自己資金を調達するのに適した仕組みであるが，それもその株式が広く社会から認知され大量・反復継続的に取引されることがあってより大きな効果がある。また，株式会社であればどの会社の株式も同じように取引ができる筋合いではなく，ある一定の基準を満たしたものだけが大量・反復継続的な取引が可能なのである。こう

第1章 証券市場の役割

した基準を満たした株式会社は，その株式を証券取引所に「上場」（2004年12月までは，日本証券業協会が開設する店頭売買有価証券市場としてジャスダック市場が存在し，ジャスダック市場に株式を公開することを「登録」と称した。しかし，ジャスダックが証券取引所として免許を取得し，株式会社ジャスダック証券取引所に改組されたことによって，現在では店頭売買有価証券市場は存在していない）し，日々の頻繁な取引を行ってもらうことになる。つまり，証券取引所で売買取引の対象になることが上場の意義である。他方，投資家にとっても，ある株式の価格が公正かつ納得性あるものであるか，売買が迅速・便宜にできるものであるかが，重要な関心事である。

このような，発行体，投資家双方の要請を満足させるために，有価証券の流通市場において有価証券の大量の需給を集めてその流通性を高め，可能な限り納得性がありかつ一定のルールに従った公正な有価証券価格を形成し，その価格を対外的に公表していく組織が「証券取引所」である。

証券取引所は，東京（「東京証券取引所」と「ジャスダック証券取引所」の2つ），大阪，名古屋，福岡，札幌にある。地方取引所は，原則としてその存在する地域に特化している。なお，証券取引所に上場している有価証券は株式のほかに，社債，国債，地方債，政府保証債，金融債，外国債，投資信託の受益証券などがある。

近年は，いわゆるベンチャー企業の育成の観点から，取引所の新市場やジャスダック証券取引所の拡充が進められている。

また，証券取引所や日本証券業協会等は，有価証券の取引や証券業者に関する詳細な自主ルールを定めている。証券市場において，このような「自主規制」は非常に重要なものとなっている。

有価証券，特に株式の流通市場での売買取引の多くは各証券会社を通じて証券取引所に注文が集められ，執行されていく。したがって，通常，投資家が直接，証券取引所と交渉することはないし，発行体も上場や登録に際して以外は取引所と取引を行うことは少ない。

なお，近年の金融制度改革の一環として，終戦直後に導入された有価証券の

売買等は，原則として証券取引所に集中させなければならないという「取引所集中義務」が廃止された。これは，証券取引の国際化，電子化の進展を勘案した措置であり，今後の動向が注目される。

(5) 証券アナリスト，格付会社

　一般の投資家にとって有価証券の価値を判断することは容易でない。

　ある会社の株式を評価するためには，まずはその会社の業績や財務内容，将来の業績見通しなどを分析する必要がある。株式を上場，公開している公開会社の主要な財務データは，「有価証券報告書」や「決算短信等」で入手できるし，投資関係の新聞記事や情報誌を判断材料とすることも可能ではある。しかし，可能な限り正確に投資対象となる会社を把握するためには，より専門的に会社を分析・評価して信頼に足りる投資情報を提供してくれる存在が重要である。これらの専門家を「証券アナリスト」と言う。アナリストの多くは証券会社系列の研究所や調査部，投資信託委託会社，投資顧問会社等に所属して，産業，企業の分析調査レポートを書いている。また，機関投資家には内部にアナリストを配置して自らの投資決定の一助にしているところもある。

　他方，債券については「格付会社」が重要になっている。一口に債券と言っても，国の信用力を背景にしている国債や財務内容の堅実な電力債のようなものから，倒産リスクを無視できない企業の発行するものまで様々である。これらの債券の支払力を一般投資家が判断することは非常に難しい。まして外国の政府や企業の発行する債券については，ほとんど不可能であろう。そこで，これらの発行体の財務内容・信用力を専門に分析するものの意義が出てくる。すなわち，格付会社である。

　格付会社は，発行体の信用力を一定の符号で示し，投資家の判断に資している。債券の利率は，信用力の高い（高い格付符号のついた）銘柄ほど低く，信用力の低い（低い格付符号のついた）銘柄ほど高くなるのが通常である。現在，格付会社には日本格付投資情報センター（R&I）や日本格付研究所（JCR）等

の日本の業者のほかムーディーズ，スタンダードアンドプアーズ（S&P）等の海外の業者がある。

(6) 投資信託委託会社，投資顧問会社

「投資信託委託会社（投信会社）」は，投資運用の専門家が運用に当たり，その投資の成果を数多くの投資家が享受することを目的に作られる「投資信託」というファンドの組成や販売を行う会社であり，投資顧問会社は顧客から一定の手数料を徴収して顧客の資金運用のアドバイスを行ったり，顧客から運用を任されて運用に当たる専門業者である。いずれも広い意味では投資家と言えるが，前者は投資信託法，後者は投資顧問業法の適用を受け，通常の投資家以上に公共的色彩が強く，また多くの場合，同グループの証券会社と密接な関係があるので留意しておくべき存在である。特に，有価証券投資への意識が高まる一方，専門家へのニーズも増し，また年金をはじめとする分野でこれらの業者の存在は従来以上に大きくなっている。

5 証券市場のおきて

　証券市場は人類の知恵の産物である。長い歳月をかけて，より便利で公正かつ迅速で使い勝手が良いものに改良されてきたのみならず，現在も不断に進化しているものと言える。ここでは，可能な限り自由で大量，反復継続する売買を通じて，公正で納得性ある価格の形成と円滑な取引が行われることが期待されている。

　このような取引を実現するためには，参加者のすべてが守る一定の「おきて（ルール）」が不可欠となる。たとえば，ある投資家は発行体の機密情報を知って有価証券の取引を行っているのに，他の大多数の投資家はそれを知らずに投資していたり，ある発行体が経営上の情報を意図的に開示しなかったり，偽り

の発表を行ったりしたらどうであろうか。証券会社の社員が，価格が変動し得る株式等についてあまり投資経験のない個人顧客に，「絶対に損はしない」と信用させるようなセールス・トークを行うことは許されるだろうか。

こうした「フェアーでない」行為が発生すると，証券市場全体の信用が揺らぎ，結局は利用されないことになってしまおう。過去においても，市場への信頼を傷つけるような行為が起こっている。人間が作った仕組みは，いつでも不公正な行為の脅威にさらされているものと考えざるを得ない。残念ながら，万人に「性善説」を適用するわけにはいかないようである。

そこで，証券市場を巡っては，広範・複雑なルールが定められている。その中心をなすのが証券取引法であるが，同法に基づく政省令や自主ルール，投資信託法等の関連法規も重要である。また，株式や社債の発行は会社法に基づかなければならない。ここで，これらの概要を簡単に説明しておこう。

(1) 商法・会社法

商人の間や商売に関する約束事を法律レベルで定めたものが「商法」である。この商法は，第2編の「会社」という部分（この部分を指して，一般に「会社法」と言っていた）の第4章に株式会社に関する詳細な規定を置いていた。このなかに，株式や社債についての様々なルールが記載されており，これらの有価証券は商法の定めに従って発行されなければならなかったし，その権利義務も商法の規定によったのである。したがって，商法，特にそのなかの会社法は，証券市場のおきての基礎部分であると言うことができた。

この商法の会社に係る第2編は，商法の抜本的改正の議論を経て，2005年（平成17年）6月に新たに「会社法」として独立した。これは，従前の商法第2編と有限会社法，商法特例法などをまとめたうえ，内容の見直しを行ったものである。会社法は，それまでの会社の分類を再構築するとともに，株式会社に関する諸規定にも大きな改正を加えている。2006年5月以降施行され，今後，証券市場と大きな関係を持っていくことになる。

第1章　証券市場の役割

(2)　証券取引法

「証券取引法」は，証券市場の憲法とも言うべき法律である。附則等を含めると300条近い詳細な条文から成る。手続的規定も多く，かつ，この10年間，金融・資本市場の大きな変化を背景に広範で重大な改正が相次いだ。もともと，この法律のルーツは米国の証券諸法にあり，難解な専門用語が多いこともあって，かなり読みにくい。ただし，証券市場を正しく理解するためには，「証券市場の憲法」について，少なくともその概要は知っておく必要がある。

①　米国の証券規制

日本の証券取引法の母法は米国の証券規制であるし，現在の日本の証券市場の様々な仕組みは米国のそれを参考に作られている。のみならず，国際的な証券取引の「グローバル・スタンダード」もほぼ米国流と言ってよい状況である。証券取引法をはじめとする証券制度の改革に当たっても，常に米国の制度が参考にされている。

周知のように，「米国という国は，51の国から成る」ともたとえられる。つまり，1つの連邦と50の州である。「UNITED STATES」と称されるように，州が集まってでき上がった国家である。したがって，法制度も「連邦法」と「州法」の二重構造となっている。証券法制もその例外ではない。ただし，日本の証券制度の範となっているのは，一連の連邦証券法である。米国でも州をまたぐ取引は連邦法が適用されるので，現実問題としても連邦法を押さえておけば十分と言えるだろう。連邦証券法のなかでも，とりわけ「SECURITIES ACT OF 1933（33年証券法）」と「SECURITIES EXCHANGE ACT OF 1934（34年証券取引所法）」が重要である。33年証券法は証券の発行に関して，34年証券取引所法は証券の流通について，それぞれ規定している。

また，米国には「証券取引委員会（SECURITIES EXCHANGE COMMISSION＝SEC）」という公的な準司法的機関があり，証券市場の監視や証券諸法を補う詳細なルール策定を行っている。日本の「証券取引等監視委員会」も

SECを参考に設立された。さらに，業界の自主規制団体として「米国証券業協会（SIA）」や「全米証券ディーラー協会（NASD）」，証券取引所（特に「ニューヨーク証券取引所（NYSE）」）などが広範多岐の自主ルールを定めている。こうした自主規制団体のあり方も，日本で多分に参考にされている。

② 証券取引法

「証券取引法」は，その目的が「国民経済の適切な運営及び投資者の保護に資するため，有価証券の発行及び売買その他の取引を公正ならしめ，且つ，有価証券の流通を円滑ならしめること」にある法律である（証取法1条）。つまり，証券市場の国民経済的な意義・理念を前半で宣言し，後半にその方策として有価証券の発行・流通の両面でおきてを定める，と言っているのである。

構成を簡単にみてみよう。

第1章は，総則として有価証券や証券業務などの定義規定を置いている。第2章が企業内容開示（ディスクロージャー），すなわち有価証券の価値を判断するための関連情報の開示や企業買収等の手段である公開買付け，株券等の保有状況の大きな変更に関する規定などを定めるものである。第3章〜第5章は証券会社や証券業協会，証券取引所などの証券取引関係機構・機関に関する規制である。第6章は証券取引の公正性を確保するための取引規制を定めている。具体的には，詐欺的行為の禁止，意図的な証券価格の操作（相場操縦）の禁止，インサイダー取引の禁止，である。第7章は行政処分関連手続や行政機関の権限委任等，第8章は証券取引法違反の罰則，第9章は証券取引等監視委員会の権限・手続を定めている。

③ 関係政・府令

証券取引法自体も大きな法律であるが，実務上はより技術的で細かいルールが必要である。こうした観点から証券取引法を補完するものとして，数多くの政・府令が定められている。証券取引法施行令や企業内容等の開示に関する府令，証券会社に関する府令，証券取引所に関する府令，不公正取引に関連する

第1章　証券市場の役割

図表1—5　証券取引法と政・府令

証券取引法	証券取引法施行令
総則	証券取引法施行令第3条の4第4号に掲げる特定有価証券を定める内閣府令
企業内容等の開示	証券取引法第2条に規定する定義に関する内閣府令
公開買付けに関する開示 ・発行者である会社以外の者による株券等の公開買付け ・発行者である会社による上場株券等の公開買付け	①企業内容等の開示に関する内閣府令 ②外国債等の発行者の内容等の開示に関する内閣府令 ③特定有価証券の内容等の開示に関する内閣府令
	①発行者である会社以外の者による株券等の公開買付けの開示に関する内閣府令 ②発行者である会社による上場株券等の公開買付けの開示に関する内閣府令
株券等の大量保有の状況に関する開示	株券等の大量保有の状況の開示に関する内閣府令
開示用電子情報処理組織による手続の特例等	証券会社に対する内閣府令
証券会社等（金融機関）	証券会社の行為規制等に関する内閣府令
	証券取引法第161条の2に規定する取引及びその保証金に関する内閣府令
証券仲介業者	証券会社の自己資本規制に関する内閣府令
証券業協会	証券会社の分別保管に関する内閣府令
投資者保護基金	金融機関の証券業務に関する内閣府令
証券取引所	証券仲介業者に関する内閣府令
外国証券取引所	証券業協会の外務員登録事務等に関する内閣府令
証券取引清算機関等	店頭売買有価証券市場等に関する内閣府令
	投資者保護基金に関する命令
	証券取引所に関する内閣府令
	証券先物取引等に関する内閣府令
	財務諸表等の用語，様式及び作成方法に関する規則
	有価証券の空売りに関する内閣府令
	安定操作取引の届出等に関する内閣府令
	証券取引法第161条の規定により過当な数量の売買を制限する内閣府令
	外国証券取引所に関する内閣府令
	証券取引清算機関等に関する内閣府令
証券金融会社	証券金融会社に関する内閣府令
有価証券の取引等に関する規制	証券取引法第170条及び第171条に規定する有価証券等に関する内閣府令
雑則	上場株式の議決権の代理行使の勧誘に関する規則
罰則	財務諸表等の監査証明に関する内閣府令
犯則事件の調査等	上場会社等の役員及び主要株主の当該上場会社等の特定有価証券等の売買に関する内閣府令
附則	会社関係者等の特定有価証券等の取引規制に関する内閣府令

（出所）証券外務員必携　平成18年版

諸府令など数多い。証券取引法と関係政・府令の相関関係については図表1—5を参照されたい。

④　自主規制

　証券取引は「生きたマーケット」で行われるものである。したがって，法令レベルの規制だけでは実質的にも，技術的にも限界がある。そこで，日本証券業協会や証券取引所などの証券業界の自主規制機関が詳細な「自主規制（自主ルール）」を規定している。この方式は米国にならったものである。主なものは，証券取引所の自主規制—定款，有価証券上場規程，業務規程，受託契約準則等，証券業協会の自主規制—定款，公正慣習規則，統一慣習規則，紛争処理規則，理事会決議等，である。

⑤　証券取引等監視委員会

　米国の証券取引委員会（SEC）を範に設立された，証券取引や金融先物取引の公正性維持と投資家の信頼保持を目的とする委員会で1992年に発足した。「証券取引等監視委員会」は，委員長と2名の委員から成る合議制の機関である。主な役割は，証券取引等に係る犯則事件の調査・告発，証券取引関係機関の検査，金融庁長官等への建議である。

6　証券市場の国民経済的意義と日本版金融ビッグバン

(1)　概　説

　本章の1であげたケースでも明らかなとおり，証券市場は企業や個人の資金調達，資金運用の場として大きな意義を持っているわけであるが，これを国民経済的な観点から把握しておくことも大切である。大別すると，国や地方公共団体の資金調達，企業の資金調達，企業経営戦略・財務戦略の実行，個人の資

第1章　証券市場の役割

図表1―6　公共債発行額・現存額

(単位：億円)

公募公共債計

年　月	銘柄数	発行額	現存額
1998年	164	887,971	3,139,386
1999年	189	1,070,150	3,569,331
2000年	221	1,130,508	4,003,354
1998年度	167	1,002,069	3,299,136
1999年度	192	1,051,921	3,693,590
2000年度	232	1,128,517	4,104,189
2004年度	540	2,025,310	6,961,904
2005. 10	52	152,088	7,330,394

(注) 単位未満については四捨五入である。
(資料) 日本証券業協会

金運用，企業や機関投資家の資金運用になる。

また，1996年11月に時の内閣総理大臣から指示された金融システム改革，いわゆる日本版金融ビッグバンの大きな柱が証券市場改革であった。

ここでは，証券市場の国民経済的な位置付けを簡単にみておくとともに，いわゆる日本版金融ビッグバンについて概説することとしよう。

(2)　公共債による資金調達

国や地方の財政資金は，基本的には税金を原資とすべきものであるが，バブル経済期を除くと，1973年の石油ショックを契機とした日本経済の低成長化や景気低迷のなかで，租税収入の伸びは鈍い。また，景気刺激政策のための財政資金出動を賄うためにも，税収のみでは不十分となっている。このような状況下で，過去20年余りの間，国債や地方債の発行額が趨勢的に増加し，2004年度には新規発行額が200兆円を超えた（図表1―6）。公共債の増発は国民経済的にも多くの問題点を有し，発行量の抑制が図られているが，この消化の中心的な役割を果たしているのが証券市場である。また，地方債には大きく「公募地方債」と「縁故地方債」があり，前者について証券市場が一定の役割を担っている。

6　証券市場の国民経済的意義と日本版金融ビッグバン

図表1—7　企業の資金調達手段

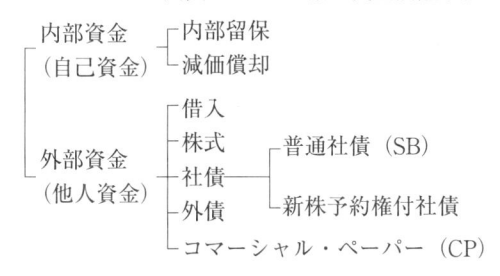

```
            ┌内部資金  ┌内部留保
            │(自己資金)└減価償却
            │
            │          ┌借入
            │          │株式
            └外部資金  │社債──┬普通社債（SB）
              (他人資金)│      └新株予約権付社債
                        │外債
                        └コマーシャル・ペーパー（CP）
```

　国債や地方債は法律に基づいて発行される公共債であるが，さらに根拠法により政府が元本・利息の支払を保証している「政府保証債」がある。これは政府系の金融機関等が発行するもので，日本国内だけではなく海外の証券市場で発行されることも多い（「政保外債」と言う）。

　なお，これらの公共部門の発行する有価証券は債券であり，当然ではあるが株式やエクイティ証券はない。

(3)　企業の資金調達

　証券市場が企業の資金調達に果たす役割は，20世紀後半からとみに高まっている。ここ数年，企業が証券市場から調達する金額は毎年概ね15兆円前後に上っており，外部資金調達に占める有価証券の比重が増している。

　企業の資金調達方法は大別すると図表1—7のように分類できるが，その内訳の推移をみると，1970年代から1990年頃までは借入の比率が5割強，有価証券の比率が1割前後であったものが，2005年には借入40％強，有価証券30％弱になっている（図表1—8）。また，主要国における資金調達状況は図表1—9のとおりである。

　なお，高度情報化（IT化）は有価証券の発行にも大きな影響を与えており，2000年（平成12年）にはこの観点から証券取引法の一部改正が行われ，2001年6月以降，企業内容開示制度の電子化が段階的に実施されている。具体的には，従来，文書の交付を要件としていた有価証券発行時のディスクロージャーを，

第1章　証券市場の役割

図表1―8　民間非金融法人の金融負債の残高，構成比の推移

① 残高の推移

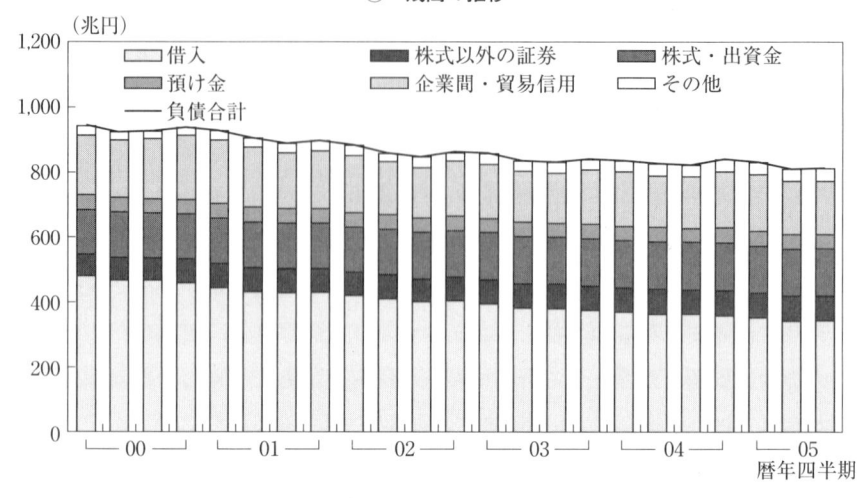

② 構成比等の推移

		2003年	2004年				2005年			2005年9月末残高（兆円）
		12月末	3月末	6月末	9月末	12月末	3月末	6月末	9月末	
残高（兆円）		837	836	822	819	839	834	810	816	
構成比（％）	借入	44.8	44.3	44.1	44.2	42.8	42.5	42.6	42.7	349
	株式以外の証券	9.0	8.9	9.3	9.2	9.2	8.9	9.3	9.1	74
	株式・出資金	17.3	17.3	17.7	17.8	17.6	17.5	18.0	17.8	145
	預け金	5.2	5.0	5.3	5.0	5.2	5.1	5.4	5.1	41
	企業間・貿易信用	20.1	20.1	19.3	19.4	20.6	21.0	20.1	20.4	167
	その他	3.5	4.4	4.4	4.4	4.7	5.1	4.7	4.9	40

（出所）資金循環統計（2005年第3四半期）（日本銀行）

インターネット等を活用したコンピュータシステムである「開示用電子情報処理組織」（通称「EDINET」）という電子媒体でも認める（有価証券届出書，有価証券報告書等の開示は電子開示手続といわれEDINETの利用が義務付けられている），とした点が重要である。

6 証券市場の国民経済的意義と日本版金融ビッグバン

図表1─9 主要国における企業の資金調達構成（最近5年間）

国	借入	その他債務	債券	株式・出資金
日本	45%	28%	8%	18%
米国	22%	45%	19%	14%
英国	35%	2%	16%	48%
ドイツ	60%	6%	1%	33%
フランス	30%	4%	17%	49%
イタリア	32%	17%	1%	50%
カナダ	12%	11%	38%	39%

資金調達全体に占める割合（%）

（出所）資金循環統計の国際比較（2005年第3四半期）（日本銀行）

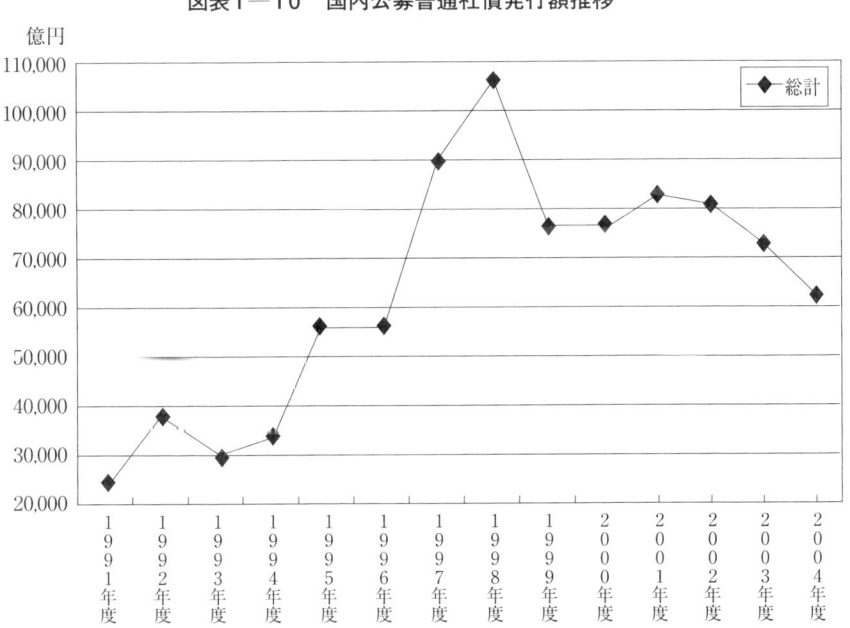

図表1─10 国内公募普通社債発行額推移

（出所）日本証券業協会及び大和証券SMBCデータを基に作成。

35

第1章　証券市場の役割

① デット・ファイナンス

　民間の株式会社が発行する普通社債である。図表1―10で明らかなように，最近数年間の国内普通社債の発行額は概ね6～10兆円の水準になっている。その要因としては，大企業中心に成長速度が鈍化するとともに株価の値上がりが従来ほどではなかったことや超低金利が続いたこともあるが，社債市場の改革による社債市場の整備によるところが大きい。

　また，かつては社債の中心は電力会社が発行する電力債であったが，次第に一般事業債の比重が増している。最近では個人向けの社債の発行も行われ，社債市場の裾野が拡大している。加えて，1999年秋からは都市銀行などの普通銀行の社債発行が認められ高水準の発行をみたが，これも一巡し，企業部門の自己資金が厚みを増すなか新規発行額は弱含みとなっている。

　なお，2000年度からは証券発行のIT化の流れの中で，インターネットによる社債発行（ネット起債）も行われるようになっている。

② エクイティ・ファイナンス

　株式や新株予約権付社債発行などの「エクイティ・ファイナンス」は，バブル期に高水準の発行（国内だけで15兆円あまり）をみた後，1990年代後半には低迷したが，近年は回復基調にある（図表1―11）。最近の特徴は，ベンチャー企業などの成長過程にある新興企業のエクイティ・ファイナンスが増加している点である（図表1―12）。

(4)　金融の証券化

　従来の有価証券による資金調達は，債券によるものであれ，株式等のエクイティ証券によるものであれ，会社等の発行体そのものの財務内容ほかの信用度を背景に実行されるものである。これに対して，発行体の保有する不動産，動産，貸出債権，知的財産等の金銭に換算し得る資産を引当てとして，発行体自身の信用とは切り離して資金調達手段とする方法が，「資産の証券化」である。

6 証券市場の国民経済的意義と日本版金融ビッグバン

図表1―11 公開会社のエクイティ・ファイナンスの状況

(単位：百万円)

年　月	調達合計額 ((A)〜(D)) 件数	調達額	公募増資 件数	調達額(A)	転換社債型新株予約権付社債 件数	調達額(B)	ワラント型新株予約権付社債 件数	調達額(C)	新規公開時公募 件数	調達額(D)
1995年	373	2,239,019	35	203,204	58	737,500	0	0	187	382,926
1996年	616	6,204,584	112	536,805	166	3,289,000	0	0	166	609,146
1997年	278	1,541,796	42	87,998	30	270,490	0	0	142	377,478
1998年	149	2,281,303	27	180,812	10	246,580	0	0	84	1,416,557
1999年	297	2,331,373	96	656,739	33	592,453	0	0	106	354,376
2001年	289	2,489,911	37	748,831	28	300,621	0	0	168	368,903
2004年	403	1,846,386	154	863,433	78	561,453	0	0	171	421,499

発行形態別内訳　海外

年　月	公募増資 件数	調達額(E)	転換社債型新株予約権付社債 件数	調達額(F)	ワラント型新株予約権付社債 件数	調達額(G)
1995年	1	4,006	39	418,638	53	492,743
1996年	8	547,112	83	575,817	81	646,701
1997年	6	195,420	44	547,492	14	62,917
1998年	7	319,153	21	118,199	0	0
1999年	4	103,718	55	407,185	3	216,900
2001年	6	511,500	47	558,004	3	2,050
2004年	8	120,319	146	1,725,810	0	0

(出所) 証券業報2005年11月号データを基に作成。

図表1―12 エクイティ・ファイナンスにおける新規銘柄の比重

	総件数(%)	新規銘柄数(%)	総金額(%)	新規銘柄金額(%)
2003年実績	201(100)	118(59)	832,637(100)	347,131(42)
2004年実績	403(100)	171(42)	1,846,386(32)	421,499(23)

(出所) 図表1―11に同じ。

第1章 証券市場の役割

図表1—13 証券化商品の発行額

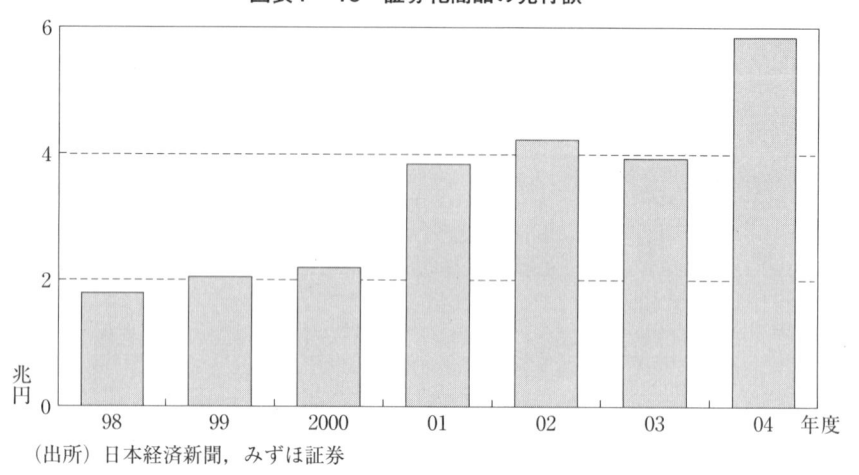

(出所) 日本経済新聞, みずほ証券

図表1—14 主要国の家計金融資産（2003年末）

(単位：億円, %)

	日本 Japan 金額	構成比	アメリカ US 金額	構成比	イギリス UK 金額	構成比	ドイツ Germany 金額	構成比
現金・流動性預金	2,377,595	16.9	319,156	0.9	59,424	1.0	1,886,272	35.7
定期・貯蓄預金	5,499,901	39.1	4,259,372	11.6	1,478,922	25.2		
保険・信託	2,630,040	18.7	2,065,694	5.6	3,168,493	54.1	1,640,881	31.0
年　金	1,446,542	10.3	9,897,157	27.0				
債　券	222,336	1.6	2,353,309	6.4	76,755	1.3	595,949	11.3
株　式	1,040,096	7.4	6,309,349	17.2	638,422	10.9	539,320	10.2
投資信託	323,906	2.3	4,439,746	12.1	258,454	4.4	625,611	11.8
その他	521,597	3.7	7,031,273	19.2	178,461	3.0	—	
合　計	14,062,013	100.0	36,675,057	100.0	5,858,931	100.0	5,288,033	100.0

(出所) 日本…日銀（金融経済統計月報2004年6月号掲載の資金循環統計）
　　　 アメリカ…FRB（Flow of Funds, 2004年6月発表分）
　　　 ドイツ…Bundesbank（Monthly Report, 2004年6月号）
　　　 イギリス…ONS（Financial Statistics, 2004年8月号）

たとえば，リース会社の持っているリース債権を特別の子会社に譲渡し，その特別子会社がそのリース債権を担保として社債を発行するやり方などである。この場合，仮にリース会社本体の格付が低くても，リース債権の質が非常に高いものであれば，リース会社本体で社債を発行するよりも有利な資金調達ができるのである。また，自己資本を充実させたい金融機関などにとっては，証券化によって資産を切り離し総資産を圧縮することで，自己資本比率の向上につなげることもできる。

このような「資産の証券化」は米国で高度に発達したものであるが，日本でも法整備が進められ，企業の証券化ニーズの高まりもあって最近急速に伸びている。現状では，国内証券化を網羅した統計はないが，公募された証券化商品は，2004年度において約6兆円と推定されている（図表1-13）。

なお，証券化については第6章で詳しく説明する。

(5) 個人や企業の資金運用

① 個人貯蓄と資金運用

日本の家計貯蓄額は約1,400兆円と米国に次ぎ世界第2位，イギリスの2倍強，ドイツの3倍強の水準にある。家計は長らく資金超過部門であり，貯蓄意欲の高い国民性とも相俟って，このような高水準なストック形成が実現された（図表1-14）。

貯蓄の内訳は，現金・預貯金で6割前後，保険が2割弱，有価証券は1割強である。バブル期には株式，投資信託を中心に有価証券の比率が2割近くにまで達したが，その後の株式市場の低迷，株価の下落等からウェイトを下げた（図表1-15）。また，国民の貯蓄選好は基本的に安全性重視に置かれていることもあって，欧米に比べるとリスクキャピタルへの関心は必ずしも高くなかった（図表1-16）。しかし，高齢化社会を迎え，老後資金の確保は従来型の保険・年金のみでは十分と言えなくなってきている。また，加入者の自己判断と自己責任を重視する確定拠出年金の導入に示されるように，今後は国民一人ひ

第1章　証券市場の役割

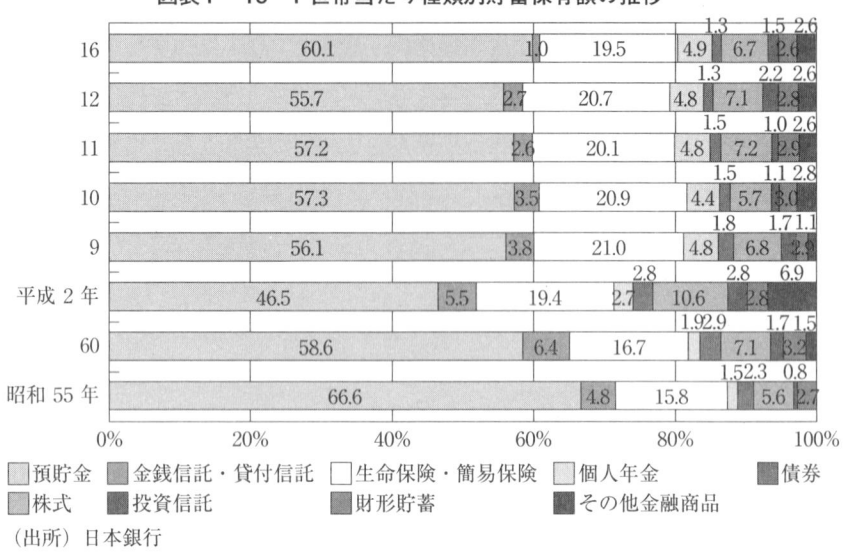

図表1―15　1世帯当たり種類別貯蓄保有額の推移

年	預貯金	金銭信託・貸付信託	生命保険・簡易保険	個人年金	債券	株式	投資信託	財形貯蓄	その他金融商品
16	60.1	1.0	19.5	4.9	1.3	6.7	1.5	2.6	2.6
12	55.7	2.7	20.7	4.8	1.3	7.1	2.2	2.6	2.8
11	57.2	2.6	20.1	4.8	1.5	7.2	1.0	2.6	2.9
10	57.3	3.5	20.9	4.4	1.5	5.7	1.1	2.8	3.0
9	56.1	3.8	21.0	4.8	1.8	6.8	1.7	1.1	2.9
平成2年	46.5	5.5	19.4	2.7	2.8	10.6	2.8	2.8	6.9
60	58.6	6.4	16.7	1.9	2.9	7.1	1.7	1.5	3.2
昭和55年	66.6	4.8	15.8	1.5	2.3	5.6	0.8		2.7

（出所）日本銀行

とりが自らの判断とリスクで資産形成を行う方向になっている。また，証券市場の制度，仕組みの整備・拡充やITの発展，さらには投資家，金融商品の消費者保護の観点からの法整備も進められている。最近は，金融商品等の個人資産の形成について専門的な立場からアドバイスする「ファイナンシャル・プランナー」の人数も増加している。これらの諸点から，将来的に個人にとっての有価証券投資の重要性は一段と増していくものと予想されるのである。

② 企業と資金運用

バブル期には，一般事業会社も積極的に有価証券投資を行い，企業「財テク」と喧伝されたものである。多くの事業会社が，内外の証券市場で低コストのエクイティ・ファイナンスで資金調達を行い，これを不動産やエクイティ証券の投資に利用したのである。しかし，その後の日本経済の信用不安や証券市場の低迷で，有価証券投資により損失を被った事業会社も少なくなく，財務内容の改善と本業への回帰を進めた結果，このセクターの有価証券投資，特にエクイティ証券投資は積極的とは言えない状況である。

6 証券市場の国民経済的意義と日本版金融ビッグバン

図表1—16 日米の家計金融資産構成(2005年9月末)

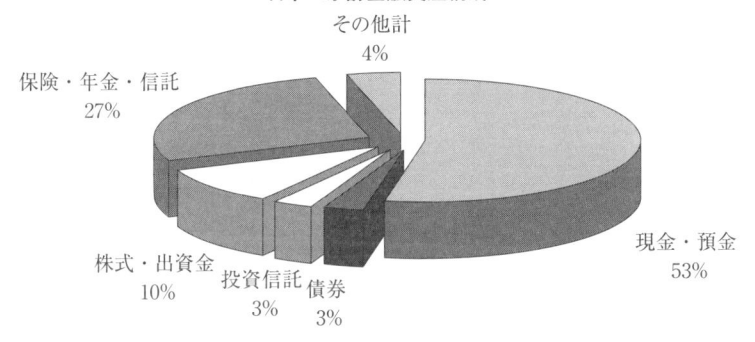

日本の家計金融資産構成
- その他計 4%
- 保険・年金・信託 27%
- 株式・出資金 10%
- 投資信託 3%
- 債券 3%
- 現金・預金 53%

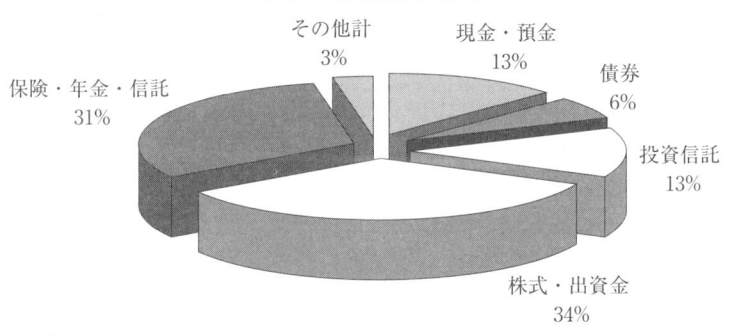

米国の家計金融資産構成
- その他計 3%
- 現金・預金 13%
- 債券 6%
- 投資信託 13%
- 株式・出資金 34%
- 保険・年金・信託 31%

(出所) 日本銀行

　一方，保険会社や投資信託等の機関投資家にとって，有価証券投資は必須のものである。機関投資家の運用する保険，年金，投資信託等の運用の中心は有価証券であるし，先述した高齢化社会の到来により一段と彼らの有価証券投資の重要性が増している。また，機関投資家が投資家としての立場から主張する証券市場に対する様々な意見，提言も市場改革にとって意義を持っている。

(6) 日本版金融ビッグバンと証券市場

　「ビッグバン」とは元来，宇宙誕生時に発生したとされる「大爆発」のことであるが，1984年からイギリスで実行に移された金融制度の抜本的改革のニッ

第1章　証券市場の役割

クネームとしても使われていた。日本においては，第二次世界大戦後の金融制度を性格付けていた規制色の強いシステムが，すでに1980年代頃からの国内外の経済・金融環境の大きな変化のなかで，実態にそぐわないものとなっていた。80年代後半には，金融制度調査会や証券取引審議会などの各審議会でも金融・資本市場の改革について精力的な議論が行われたが，その後のバブル経済の生成・崩壊，さらには日本経済の景気低迷や金融機関の不良債権処理，経営危機問題等によって，その歩みは鈍りがちであった。かつて金融危機，経営危機に瀕した米国金融機関が大きく立ち直る反面で，日本の金融機関，証券会社は破綻が相次ぐなど閉塞感が高まっていた。

こうした危機的な状況下の1996年，政府は2001年までに金融・資本市場と金融機関，証券会社の抜本的改革を断行する旨，宣言した。これが「日本版金融ビッグバン」と言われるものである。

日本版金融ビッグバンは，「自由な市場原理と，公正な市場の形成，グローバルに通用する先端的な金融・資本市場の構築（Free, Fair, Global）」を理念として掲げ，思い切った規制緩和を推進しようとするものである。また，この底流には金融の流れが，銀行等を通じた「間接金融」から証券市場を通じた「直接金融」に大きくシフトしている，との広い意味での「金融の証券化」への認識があった。したがって，ビッグバンによる改革の中心は，証券市場や証券業務に関するものであった。改革の内容は多岐にわたるが，その大半は1998年（平成10年）12月に施行された30本近いオムニバス法，「金融システム改革のための関係法律の整備等に関する法律」，いわゆる「金融システム改革法」によって具体化された。その証券市場関係の主なポイントは次のとおりである。

Ⅰ　資産運用手段の充実等
　　・投資信託等の整備
　　・証券デリバティブの全面解禁
　　・ストック・オプションの利用拡大等
　　・預託証券（DR）による外国株式の上場等円滑化　　　等
Ⅱ　企業の資金調達の円滑化・多様化

・永久債等新しい社債の導入
・社債発行の円滑化
・上場・新規公開等の円滑化
・SPCの制度整備
・店頭登録市場の機能強化
・未上場・未登録株式市場の整備　　　等
Ⅲ　多様なサービスの提供
・証券会社の専業義務撤廃と業務多角化
・株式委託手数料の自由化
・資産運用業の強化
・証券会社の免許制から原則登録制への移行
・投資信託業者の免許制から認可制への移行
・業務相互参入の促進
・持株会社の活用　　　等
Ⅳ　効率的な市場の整備
・取引所取引の改善
・取引所集中義務の撤廃
・私設取引システム（PTS）の導入
・貸株市場の整備
・証券取引・決済制度の整備　　　等
Ⅴ　公正取引の確保
・公正取引ルールの拡充
・罰則の強化
・利益相反防止規制の整備
・紛争処理制度の充実
・有価証券の範囲拡大
・ディスクロージャーの充実　　　等
Ⅵ　仲介者の健全性の確保と破綻処理制度の整備

第1章 証券市場の役割

・自己資本規制比率の見直し
・金融機関等のディスクロージャー充実
・銀行・保険会社の子会社規定の整備
・破綻の際の利用者保護の枠組み整備　　　等

第2章

証券市場の道具立て

第2章　証券市場の道具立て

1　株式会社と株式

(1)　会　社

　社会には様々な集団や組織がある。政府・官庁や大企業のようなピラミッド型の整然とした大きな組織から，趣味の合う人たちが集まったサークルのようなものまで，その種類も数も無数と言ってよいほどである。こうした，集団・組織の中には，明確な目的と財産的基盤を持ち，組織の構成メンバーの役割分担や権限・責任をはっきりさせておくべきものがある。このような集団・組織の影響は，内部の構成メンバーに対してだけにとどまらず，外部の利害関係者にも及ぶからである。
　そこで社会は，法律によりこうした組織の設立，人的構成，財務，権利義務，行為規制などについて定めることとした。具体的には，民法が公益法人一般について規定するほか，会社法や特別法が根拠法になっている。
　多種多様な集団・組織のなかで，「会社」はその基本的な目的を営利事業を営むことに置いているものである。従来，日本には，会社の基本的な根拠法には「商法」と「有限会社法」とがあり，商法は合名会社，合資会社，株式会社について定め，有限会社法は有限会社についての規定を置いていた。さらに「商法特例法」と「商法施行規則」も重要な規定を置いていた。
　合名会社は，会社への出資義務とともに，会社自体の債務に対しても直接的な責任を負い会社業務執行の権利を有する「無限責任社員」から構成される会社，合資会社は，無限責任社員と出資額を限度とした責任のみを負い会社業務執行に参加しない「有限責任社員」から構成される会社である。
　株式会社と有限会社は，ともに出資額を限度とした責任しか負わない「有限責任社員」だけから構成される会社であるが，有限会社は社員の数に限定がありその設立手続や組織が簡素であるなど，中堅規模以下の会社に向いていると

言えた。

　しかし，2006年（平成18年）5月からはこうした従来の会社制度を巡る規定が整理統合され，新たに「会社法」が施行されることとなった。会社法では，会社法制を一本化するとともに有限会社を廃止し，新しく「合同会社（日本版LLC）」を導入した。会社法は，いわば有限会社制度の利点を吸収したものであり，これまでの有限会社スタイルの経営は，有限会社型の「株式譲渡制限会社」を選択することで実現可能である。また，合同会社はヒトを基盤として，彼らの経営自由度を尊重（いわゆる「定款自治」）しつつも有限責任である会社形態で，ベンチャー企業などに適していると言われている。会社法のもとで，会社の種類は，株式会社，合同会社，合資会社，合名会社となり，後三者は「持分会社」と総称される。

　会社法の制定は，「会社法制の現代化」を目的とするもので，その主要内容は上記の会社形態の再整理に加えて，会計参与の導入，公開企業のM＆A等に係る組織再編の簡易化，剰余金分配手続の自由化などである。また，証券市場との関連では，株式・社債の発行等について大きな改正が行われている。

　会社法のもとでも，証券市場にとって重要な存在は「株式会社」である。

(2) 株式会社

　「株式会社」は，株式を構成単位とする会社である。言い換えると，株式会社の社員としての地位は，その持分である株式という割合的な単位で示され，社員の権利義務は株式の保有量に比例して行使，処理されるのである。

　株式会社の社員＝株主（ここで「社員」とは，言うまでもなく日常使用している従業員の意味の会社員，社員ではない）は，会社に出資した額を限度とした有限責任しか負わない。会社自体の債権者に対しては責任を負わないのである。

　このように，株式という有限責任の単位から成る株式会社は，多額の出資者もさることながら，少額の出資者を多数募り，大きな資本を集めることができ

る。株主＝社員の権利義務は，個人としての個性を無視し，純粋にその持分の割合で行使されることから，会社運営にも経済合理的で便利である。近現代の資本主義の発展隆盛は，まことにこの株式会社制度に負うところが大きいと言える。

このような株式を表示した有価証券が株券であったが，「ペーパーレス化」が原則になったことは後述のとおりである。

株式制度は，経済社会の変化に合わせてしばしば改正が加えられている。特に最近では，企業金融や会社ガバナンスの多様化，ベンチャー企業育成ニーズの高まりなどを背景として，株式制度の見直しが継続的に議論され，2001年（平成13年）には3度の，翌2002年（平成14年）にも大きな商法改正が行われた後，上述のように2005年（平成17年）に会社法が成立，2006年（平成18年）より施行されることになった。

また，株式は原則として自由に譲渡できるが，小規模会社や同族会社では譲渡を制限する合理性がある場合も少なくない。また，数種類の株式を発行する場合に，その一部について「譲渡制限」を付けることもあり得る。そこで会社法は譲渡制限に関するルールを整備している。

もっとも，証券市場で中心となる株式は，発行する株式の全部又は一部に定款による譲渡制限を付していない「公開会社」のものである。なお，証券取引所は旧法のもとでは株式譲渡制限を全く付していない会社だけに上場を認めていたが，新しい会社法に基づき，たとえば敵対的買収に対する防衛策としてある種類の株式に譲渡制限を設けているような場合，それが合理的なものであれば上場要件に抵触しないものとされる。

以下，最近の株式制度に関する主要点について説明する。

(3) 株　式

① 額面株式制度の廃止

2001年（平成13年）の商法改正前には，株式には，券面額のある「額面株

式」と券面額のない「無額面株式」とがあった。

「額面株式」は、会社の根本的な決まりである定款に1株金額が定められており、株券上に券面額が表示され、券面額は均一で券面額未満で額面株式を発行することはできなかった。株式会社を設立する時に額面株式を発行する場合には、1株5万円以上でなければならなく、会社が成立した後には5万円を下回ってもよいが、株式分割等を行った場合に、1株当たりの純資産額が5万円未満となってはならなかった。

「無額面株式」は、株券上に券面額の記載のない、額面なき株式である。それが表す株数だけが記載される。無額面株式も会社設立の際には、5万円未満では発行できないが、設立後は会社の実態を反映する価額であれば5万円を下回っても構わなかった。

2001年（平成13年）改正以前から、会社は特に定款で規定しない限り、額面株式、無額面株式の両者を発行できたし、一定の手続により相互の転換が可能であった。かつては、商法上、株式の券面額×発行済株式総数＝資本金額、という関係になっていたが、もはやこうした関係はなく、また株主の地位たる割合的単位として両者の権利内容に何ら差はないためである。そもそも会社の価値を表すものが株価であり、会社の価値は常に変動するのであるから、当然株価も変動すべきものである。したがって、券面額が変化しない方が不自然なのである。

このように、額面株式と無額面株式の2種類を存置する実益に乏しい状況等に鑑み、2001年（平成13年）の商法改正では、両者の区別を撤廃した。実質的には無額面株式への一本化とも言える。したがって、株式の「券面額」という概念がなくなり、従来の額面株式関連の諸規定が整理されることとなった。具体的には、定款や株券記載事項、株主名簿、株式申込み証、登記事項等の額面株式関連事項や額面・無額面の別に関する規定が削除され、額面・無額面株式双方の発行や両者間の転換に関する規定、券面額に関わる規定等が削除された。

また、平成13年改正前は、設立に当たって発行する無額面株式の最低発行価額を5万円としていたが、この規定も削除され、株式＝無額面株式の発行価額

第2章　証券市場の道具立て

の制限はなくなった。

②　株券の原則不発行

2004年（平成16年）の商法改正で，定款の定めがある場合には株券を発行しなくてもよいこととなったが，会社法ではこれを進め，原則として株券を発行しないこととなった。従来とは反対に，定款に定めがある場合にのみ株券を発行できる。有価証券のペーパーレス化に沿った対応である。

③　最低資本金額

従来，株式会社の最低資本金は1,000万円であったが，会社法ではこの制限が撤廃された。したがって，「資本金1円」の会社も設立可能である。債権者保護等については，取締役の責任制度や会社計算の透明化で対応する。なお，資本金制度自体は存在し，純資産額が300万円未満の場合には剰余金があっても配当はできない。

④　株主の権利

株主は会社の所有者なのであるから，様々な経済的権利や会社経営に対する権利を有する。株主の権利は原則として保有する株式の数に応じて平等の扱いを受けることになっている。これが「株主平等の原則」と言われるものである。株式には後述のようにいくつかの種類があるが，株主平等の原則は同じ種類の株主間に当てはまるものである。

「株主の権利」について理論上はいくつかに分類できるが，重要なものは「自益権」と「共益権」，「単独株主権」と「少数株主権」である。

「自益権」とは，株主として会社から経済的利益を受ける権利，すなわち「剰余金配当請求権」や「残余財産分配請求権」，「株式買取請求権」などを言い，「共益権」とは，会社の経営に参画する権利，つまり株主総会における「議決権」や会社の責任追及等を目的とする「訴権」などを言う。

一方，単独株主権とは1株主でも行使できる権利，少数株主権とは一定株数

1　株式会社と株式

以上で行使できる権利，という分類である。会社法上，特に定めがなければ単独株主権である。

⑤　端株と単元株制度

株式会社は，株式の分割や併合（1株を複数の株式に分けることが「株式分割」，複数の株式を1株にまとめてしまうことが「併合」である），株主割当増資（既存株主に対して新株式を割り当てて資本金を増加させること）などを行うことがあり，その結果1株に満たない端数が生じることがある。こうした1株に満たない端数の株式のうち，会社の端株原簿に記載されたものを「端株」と言った。

端株主の権利は，自益権に限られていた。2001年（平成13年）の商法改正により，端株制度採用の有無や，採用した場合の端株の大きさは会社が自由に決めることとされた。

「単元株制度」とは，一定数の株式を1単元とし，議決権は1単元につき1個とする制度のことである。

端株制度と単元株制度は基本的に同じ発想によるものであり，会社法ではその統一がなされた。すなわち，端株制度を廃止して単元株制度に一本化したのである。1単元の株式数を増やす場合には株主総会の「特別決議」が必要だが，1単元の株式数を減らす場合は「取締役会決議」でよい。なお，単元未満株主の権利は，定款によって制限できない権利（株式分割等により株式を受ける権利，株式買取請求権など）と，定款によって制限できる権利（利益配当請求権，株主代表訴訟提起権など）に分かれている。

⑥　株式買取請求権

株主は組織再編や事業譲渡等に反対する場合には，一定の条件でその保有する株式を会社に買い取ってもらう権利を持つ。この「株式買取請求権」は，単元未満株主のように議決権を持たない株主も含め，すべての株主に認められるようになった。議決権を有する株主は，株主総会前に会社に組織再編等に反対

51

する意思を通知しかつ当該株主総会決議で反対すること，議決権のない株主は一定の期間内に反対の意思を会社に通知する必要がある。

⑦　種類株式

一般の株式を「普通株式」と言う。会社法は，普通株式以外に権利等が普通株式と異なる数種類の株式について定めている。後者を「種類株式」と言い，剰余金の配当，残余財産の分配，株主総会において議決権を行使できる事項等が普通株式と異なるものや，当該種類の株式について一定の条件で当該株式会社がそれを取得するもの，株主総会決議事項等に拒否権を持つもの，などがある。

配当や会社の残余財産の分配について普通株より優先されるものが「優先株式」，劣後するものが「劣後株式（後配株式）」である。優先株は通常，株主総会における議決権のない「完全無議決権株式」である。株主総会決議事項の一部について議決権を行使できない株式が「議決権制限株式」である。公開会社の場合には，議決権制限株式は発行済株式総数の2分の1までの発行が認められている。

株主が当該株式会社に対して当該種類の株式を取得するよう請求できる株式が「取得請求権付株式」（その株式を買い取るように請求できる権利—売る権利，プットオプションの付いた株式と言える），当該株式会社が一定の事由が生じたことを条件として当該種類の株式を取得できるものが「取得条項付株式」（その株式を買い取ることのできる権利，コールオプションの付いた株式と言える）である。なお，会社法前には，株主が転換請求権を持ち取得対価を株式とする種類株式を「転換予約権付株式」と言い，会社が転換権を有し取得対価を株式とする種類株式を「強制転換条項付株式」と言ったが，会社法のもとでは前者が「取得請求権付株式」，後者が「取得条項付株式」として整理された。

また，株主総会や取締役会等の決議事項について，これらの決議のほか，当該種類株式の株主を構成員とする「種類株主総会」の決議があることを必要と

し，株主総会決議事項などについて拒否権を有する株式は，これを友好的株主に保有させれば効果的な買収防衛策となり得るので「黄金株」と称される。

譲渡制限があるかないかも株式の種類の1つとして整理されたことから，種類株式についてのみの譲渡制限も認められることとなった。

⑧ 自己株式の取得

発行会社にとってその発行する株式が「自己株式」である。自分の会社の株式，という意味で「自社株」とも俗称される。一定の場合には，自己株式の取得が認められる（会社法155条に列挙）。自己株式の取得は，臨時株主総会でも決議できる。自己株式を買い付けてそのまま自社で保有するものを「金庫株」と言う。

なお，自己株式は株式の分割，併合など，ある種類の株式につき一律にかつ当然に効力が生ずる場合以外は，自益権を認められない。

⑨ 新株予約権

「新株予約権」とは，株式会社に対して行使することにより，当該株式会社の株式の交付を受けることができる権利である。つまり，会社から予め与えられた，その会社の新株を取得する権利であり，既存株主に発行するものと株主以外の第三者に発行するものがある。有償の場合と無償の場合がある。一定の手続規則が置かれているが，敵対的買収への対抗策としても注目された。なお，会社は「自己新株予約権」を行使することはできない。

2 債 券

「債券」をごく日常的な感覚で表現すると，一種の「借金証文」である。ただし，単に借金があることを証拠付けるだけではなく，この証文自体が借金そのものを化体し権利行使の要件ともなっている。つまり，証券取引法上の有価

第2章　証券市場の道具立て

証券である。

　具体的には，国や地方公共団体，政府系の機関，一般企業，金融機関などが発行し，広く投資家から一度に多額の資金を調達するための手段なのである。債券の発行体は，金銭消費貸借（おカネの貸し借り）の債務者として元本である債券発行額の返済と，一定の利息の支払義務がある。このような元本，利子とその返済支払方法，借入の期間などの発行条件は債券の券面上に示される。

　通常の金銭消費貸借と異なり，債券は有価証券であるから，一時に多額の資金を多数の投資家から同じ条件で調達することができる。また，株式と異なり，債券で調達した資金は他人資本であり，貸借対照表には自己資本ではなく負債（通常，長期負債）として計上される。株式には期限がなく発行会社に元本返済の必要はないが，債券には原則として一定の期限があり満期までに元本を返済しなければならない。

　多種多様な債券が発行・流通しており，その概要は図表2—1のとおりである。

(1)　国　債

　元本，利子の支払について最も信用度が高い，「国が発行する債券」である。国は，その財政運用上の必要性によって様々な借入を行うが，これらの債務負担行為であって有価証券の発行によるものが「国債」である。国債の歴史は古く，そもそも明治維新直後に富国強兵，殖産興業政策を財政面から支えるために発行され，日露戦争時には戦費調達手段としても発行された。第二次世界大戦後は，1966年に国債発行が再開され，それ以降，国債の多様化が進められている。70年代後半の「国債の流動化策」は，日本の本格的な債券流通市場を発展させる契機となった点でも重要である。

　国債の分類には，一般に発行目的によるものと期限によるものとがある。

　発行目的によって分類すると，歳入債，融通債，繰延債，の3種であるが，債券市場にとって最も重要な国債は，「歳入債」である。歳入債には，歳出を賄うための歳入資金を調達するためのもので，「建設国債」（公共事業費，出資

2 債券

図表 2—1 債券の種類

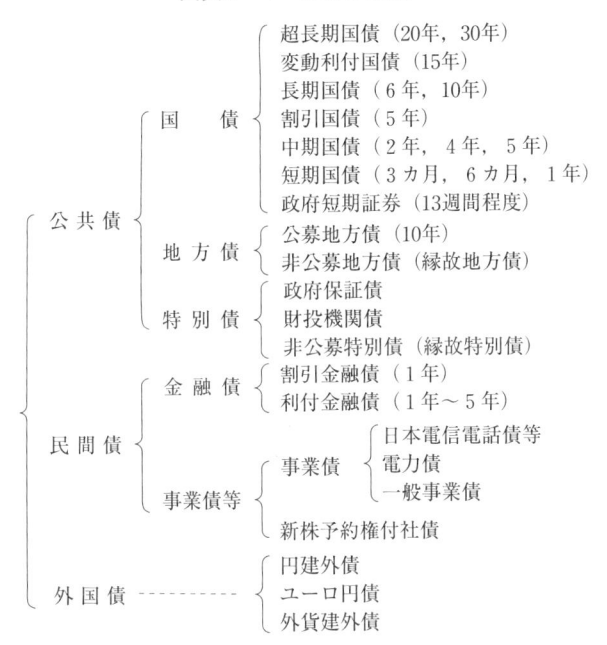

```
         ┌ 国  債 ┬ 超長期国債 (20年, 30年)
         │        ├ 変動利付国債 (15年)
         │        ├ 長期国債 (6年, 10年)
         │        ├ 割引国債 (5年)
         │        ├ 中期国債 (2年, 4年, 5年)
         │        ├ 短期国債 (3カ月, 6カ月, 1年)
  公共債 ┤        └ 政府短期証券 (13週間程度)
         │ 地方債 ┬ 公募地方債 (10年)
         │        └ 非公募地方債 (縁故地方債)
         │ 特別債 ┬ 政府保証債
         │        ├ 財投機関債
         └        └ 非公募特別債 (縁故特別債)
         ┌ 金融債 ┬ 割引金融債 (1年)
         │        └ 利付金融債 (1年～5年)
  民間債 ┤ 事業債等┬ 事業債 ┬ 日本電信電話債等
         │        │        ├ 電力債
         │        │        └ 一般事業債
         └        └ 新株予約権付社債
  外国債 ┈┈┈┈┬ 円建外債
              ├ ユーロ円債
              └ 外貨建外債
```

(注) 日本放送協会 (NHK) 発行の放送債券は, 発行形態の類似性から一般事業債に分類される。

金, 貸付金の原資として財政法に基づき発行される), 「赤字国債」(特例国債。建設国債の発行によっても歳入不足を補えない場合に, 公共事業費などを除いた歳出資金を確保するために, 特例公債法に基づき発行される), 「借換え債」(国債の整理・償還のために国債整理基金特別会計に基づき発行される) の 3 種類がある。なお, 発行目的が異なっていても, 投資対象としての相違はない。

「融通債」とは, 国庫の毎日の資金繰りを賄うために発行される国債, 「繰延債」とは, 当面の支払の代わりに国債を発行してその償還期限まで支出を繰り延べることを目的とする国債である。

国債の期限は最短 3 カ月程度から最長30年までである。以下, それぞれの概要をみておこう。

第2章 証券市場の道具立て

① 超長期国債

20年利付国債，30年利付国債のことである。実務上，期間10年超の債券を「超長期債」と呼んでいる。現在ある国債のなかで，発行から償還までの期間が最も長い。もともと，生保，年金資金のような長期安定的運用ニーズの高い資金向けに，1983年に15年債と20年債が発行され，1999年には30年債が発行されている。証券取引所にも上場されている。

発行方法は，価格競争入札による「公募入札方式」をとっている。

② 長期国債

10年利付国債と6年利付国債がある。10年債は国債の中心的銘柄で，国債発行額全体の半分程度を占めている。証券取引所にも上場されており，発行方法は60％が「価格競争入札」，40％が証券会社，銀行等から組成される国債引受シンジケート団による「シ団引受方式」となっている。

6年債の発行は，価格競争入札による「公募入札方式」によっている。

③ 中期国債

2年，4年の利付債と5年割引債（毎期の利子がない代わりに，割引価格で発行される債券）がある。国債が大量に発行される中で，個人層にもその消化を促す目的で導入された。利付債は価格競争入札による「公募入札方式」で，割引債は「シ団引受方式」で発行されている。

④ 短期国債

3カ月，6カ月，1年の割引債である。大量に発行された国債の償還に対応するとともに，借換え債の発行日を分散させるために，1986年に導入された法人向けの国債である。「TB（トレジャリー・ビル）」とも言われる。

⑤ 政府短期証券

国の一般会計や特別会計で発生する一時的な資金不足を賄うために発行され

る，期間13週間程度の割引国債である。外国為替資金証券，食糧証券，財務省証券の3種類であり，法人向けの融通債である。「FB（ファイナンシャル・ビル）」とも言われる。

⑥ 交付国債，出資・拠出国債

繰延債として，戦没者遺族等への給付金に代えて発行されるものが，「交付国債」，日本が国際機関に対しての出資や拠出に代えてこれらの機関に交付されるものが，「出資・拠出国債」である。

⑦ 個人向け国債

わが国の国債保有は金融機関，法人等に偏っており，個人の比重は2％強と国際的にみても非常に低い。そこで国債の個人消化を促進する観点から2003年春からは，期間10年の変動利付で，額面1万円の個人向け専用の国債が発行され順調に購入されている。

(2) 地方債

都道府県や市町村等の地方公共団体などが，財政収入の不足を補うために発行する債券である。「広義の地方債」は，地方自治法と地方財政法を根拠に証書借入や証券発行により発行されるものであるが，証券市場に関連があるものは，地方財政法に基づく証券発行によるものである。なかでも証券会社や金融機関を通じて，広く投資家に販売される「公募地方債」が重要である。公募地方債に対して，特定の金融機関等の少数の投資家に縁故で直接買い取ってもらう地方債を「縁故地方債」と呼んでいる。

現在，公募地方債を発行できる団体は，都道府県の一部と政令指定都市の合計35団体である。

なお，2002年以降，非公募団体の地方公共団体のなかで，資金使途を明らかにしたうえで地域限定で住民対象に発行する「ミニ公募地方債」が人気を呼ん

でいる。また，複数の地方公共団体による地方債の共同発行の動きもある。

(3) 政府機関債（特別債）

政府関係の都市再生機構，東日本高速道路㈱等，公営企業金融公庫などの公社，公団，東京湾横断道路㈱，関西国際空港㈱などの特殊会社が発行する債券である。これらのうちで，元利払に政府保証の付いているものが「政府保証債」である。

「財投機関債」は，財政投融資計画の対象機関（財投機関）が個別に発行する公募債であるが，政府保証はない。

なお，日本放送協会（NHK）の放送債券は，「一般事業債」に分類される。

(4) 金融債

特別法により一定の金融機関に発行が認められている債券である。かつては長期信用銀行3行と農林中央金庫，商工組合中央金庫，全国信用金庫連合会が発行していたが，金融再編を経て，現在ではみずほコーポレート銀行，新生銀行，あおぞら銀行，三菱東京UFJ銀行，農林中央金庫，商工組合中央金庫，しんきん中金等が発行している。期間1年〜5年の利付債と期間1年の割引債がある。発行方式には，主に法人向けの「募集発行」と，個人向けの「売出発行」とがある。いずれの方式であっても，応募額が発行予定額に満たなくても，応募額で債券を成立させられる。原則として無記名，無担保である。

(5) 事業債（普通社債）

民間会社の発行する債券を総称して「社債」と言い，会社法では「会社が行う割当てにより発生する当該会社を債務者とする金銭債権」と定義されている。新株予約権付社債を含むが，新株予約権付社債は株式との関連性が強く，実務

上はエクイティ証券として扱われている。

　ここで言う社債はエクイティ的な性格がない，"元本プラス利子"の普通の債券である。これは「普通社債（ストレイト・ボンド，SB）」とも言い，民間会社の発行する普通社債を「事業債」とも呼ぶ。また，一般に社債といった場合には「普通社債」を意味する。

　事業債は，担保の有無によって担保付社債と無担保社債に分類される。近時の社債市場の規制緩和により，事業債の主流は無担保社債になっている。また，電気事業法や放送法，日本電信電話株式会社法等の法律により，電力会社やNHK，NTTなどは，社債権者が会社の全財産について優先弁済権を与えられており，「一般担保付社債」と言われる。これら電力会社等以外の通常の民間会社が発行する社債を「一般事業債」と言う。

(6) 外国債

　海外の発行体による，あるいは円以外の外国通貨で発行される，又は日本以外の地域で発行される債券が，「外国債（外債）」である。したがって，アメリカの会社がアメリカで発行する債券はもちろんのこと，ドイツの地方公共団体が日本国内で発行する債券や，日本の政府系金融機関がヨーロッパでドル建で発行する債券も外債である。通常，外債は以下のように分類される。

①　外貨建外債

　円以外の通貨で発行される債券であり，日本の発行体が発行するものと外国の発行体が発行するものとがある。多種多様であるが，米国連邦政府が発行するドル建の「財務省証券」が最大である。

②　円建外債

　外国の発行体が日本国内で円建で発行する債券であり，「サムライ債」とも称する。主要な発行者は国際機関や外国政府・自治体，世界的規模の大会社な

第2章　証券市場の道具立て

どである。

③　ユーロ円債

海外にある円に着目して，日本国外で発行される円建の債券である。最近は日本以外の非居住者による発行が増加しているほか，国内市場への還流制限も緩和され，重要性を増している。

④　二重通貨債

伝統的な普通の債券は利払，元本償還ともに同じ通貨でなされる（円債なら利子も償還金も円）が，近時は利子と元本の支払を別の通貨で行うものも少なくない。一般に利子を円建で，元本を外貨建で行うものを「二重通貨債（デュアルカレンシー債）」，利子を外貨建で，元本を円建で行うものを「逆二重通貨債（逆デュアルカレンシー債）」と呼んでいる。

(7) 固定利付債と変動利付債

一般的な債券の支払金利は，償還期（満期）まで一定である。たとえば，5年債で支払金利が毎年3％であれば，初年度も2年度目も5年度目も各年度に支払われる金利（実務上では「クーポン」と言う）は3％である。このように，期中のクーポンが固定的で変化しない債券を「固定利付債」と言う。利払回数は，通常の国内債券は毎年2回，海外で発行されるものは年1回が多い。

これに対して，6カ月ないし3カ月ごとにクーポンの見直しが行われる債券を「変動利付債」（＝フローター）と言う。変動利付債金利の基準になる市場金利を「ベンチマーク金利」と言い，LIBORが使われることが多い。発行体の信用力（格付）や市場の情勢によって上乗せ金利（スプレッド）は異なる。たとえば，6カ月円LIBORが1％で発行体の債券スプレッドが20bp（ベーシスポイント）＝0.2％であれば，その金利はL＋20bpである，というように表す。

(8) 仕組債券

後述する金融工学を活用したデリバティブを取り入れた，バリエーション豊かな債券群を「仕組債券」と総称している。債券金利が株価に連動するように日経平均オプションを組み込んだ「日経平均連動債」や，購入するときは社債であるが一定期間後その債券発行体とは別の企業の株式に転換する「他社株転換可能債」，ある期間のプログラムを設定しその期間中何回も変動利付の外貨建債券を発行すると同時に通貨スワップと金利スワップを行使して円建の固定利付債に変換するなどの「MTNプログラム」など，様々な種類がある。証券化によって発行される債券も仕組債と言われることがある。

なお，仕組債に対して通常の固定利付債を「プレーンバニラ」とも言う。

3 新株予約権付社債

2で説明した様々な債券は，他人資本を調達する手段であり，調達資金に対して金利を支払うことを基本とする。したがって，発行体の自己資本に算入されることはない。株式のようなエクイティ証券と大きく異なる点であり，「デット証券」と呼ばれる。しかし，一方で，一定の条件で株式に変わり得る，あるいは株式を購入することのできる特殊な社債もある。会社法は新株予約権の考え方を中心に，これらを整理している。現実には株式に準じた位置付けを与えられており，実務的にはエクイティ証券として取り扱われることが多い。

(1) 新株予約権

2001年（平成13年）の商法改正により，株式コールオプションが法律上も導入された。このコールオプションが，「新株予約権」であり，新株予約権を有する者が，会社に対して新株発行や会社が保有する自己株式の移転を要求でき

る権利である。新株予約権の法定により，ストックオプションや従来の転換社債，新株引受権付社債の規定もほぼ一貫的に整備されることとなった。つまり，新株予約権付社債とは，新株予約権の付いた社債とされ，社債と新株予約権とは分離して譲渡することができない（会社法2条22号，254条2項，3項）。

　新株予約権の発行は，原則として取締役会決議によるが，株主以外の者に対して「特に有利な条件」で発行する場合には，株主総会の「特別決議」が必要である。

(2)　新株予約権付社債その1（転換社債型）

①　概　要

　2001年（平成13年）商法改正前においては，発行された時は普通社債であるが，その所有者が一定期間内に株式への転換を請求することにより，当初から決められている条件でこの社債を同じ発行会社の株式に転換することができる債券を，「転換社債」と呼んでいた。その後，前述のとおり，商法改正による「新株予約権」概念の導入に伴い，「新株予約権の分離譲渡ができず，社債発行価額と新株予約権の行使価額が同額で，予約権行使に当たっては必ず社債が償還され社債の償還額が新株予約権の行使に際して払い込むべき金額に充当される新株予約権付社債」（旧商法341条ノ3）と定義された。会社法はこの規定を削除したため，新株予約権の行使により新株予約権者は株式の交付を受けるとともに金銭を受け取ることもできるようになった。これを「転換社債型の新株予約権付社債」とも言う（英語で「convertible bond」と言うことから，現在でも「CB」と呼ばれることがある）。

　転換できる一定期間のことを「転換請求期間」と言い，株式へ転換する条件（具体的には転換するための株価）を「転換価額」と言う。

　転換社債型は株式に転換し得る付加的な価値を持っているのであるから，発行者は通常の社債に比べて支払金利を低くすることが可能となる。したがって，株価の先行きに展望がある会社であればあるほど金利を低くし得る。プレーン

な社債にエクイティ価値を加味した社債なのである。これを，新たに発行された転換社債型の投資家サイドからみれば，発行会社の株式に転換することで株価上昇のメリットを享受し得る一方で，株価が思わしくなければ満期まで社債のまま保有して元本の償還を受ければよい。この場合は普通社債より低い金利となるが，全体として考えれば単純な株式投資よりもリスクは低いと言える。CBは株式に変換し得ることから，「潜在株式」とも言われる。

　転換社債型の発行，投資の繁閑はほぼ株式市場の状況とパラレルである。株式市場が活況で株価が上昇基調にあれば発行量は増加し，株式市場が低迷すると転換社債型の発行は低水準となる。バブル期の転換社債の発行額は6～7兆円，売買高は60兆円近くに達したが，景気・株式市場低迷期の1998年は発行額が2,000億円強，売買高は7兆円弱であった。株式市場が回復に転じた2004年の発行額は5,600億円強であった。この点からも転換社債型がエクイティ証券とみなされることが理解されよう。

② 特　徴

　発行価額は額面（100円）発行が通常で，利率はSBより低い。かつては，業界統一の転換社債の基準金利に基づいて利率が決められていたが，現在は転換社債型の流通価格を参考にしつつ，転換権のオプション価値の算定と発行体の格付による理論的なクーポン水準を加味して主幹事証券会社が決定している。

　期間は2年から15年であり多様化が進んでいるが，7年以下のものが多い。

③ 転換条件

　株式に転換する条件として予め決められている，株式1株を取得するための株価を「転換価額」（日常的には「転換価格」）と言う。言い換えると，転換によって発行することになる1株の値段である。転換価格は，転換社債型の募集開始の直前日の発行会社株価の終値を基準に，その若干上（0～2.5％程度）の水準で決められている。

　発行された転換社債型を株式に転換できる期間を「転換請求期間」と言い，

第2章　証券市場の道具立て

通常は発行日1，2カ月後〜社債償還日前日までである。

転換社債型は，転換請求期間中に転換請求を行うことで初めて株式に転換される。具体的には，信託銀行等の転換請求受付場所に転換請求書が到達した時点で効力が発生する。転換して株主になると，社債利子は支払われず株式の配当金が支払われることとなる。

④　転換社債型新株予約権付社債の多様化

転換社債の魅力を向上させるため，特に株式市場低迷期に多様な転換社債が開発された。その後の商法改正を経て，様々な転換社債型新株予約権付社債となった。その主なものは次のとおりである。

・割増償還金付転換社債型……償還時に100円以上に割増して償還される転換社債型
・期中償還請求権付転換社債型……満期前に社債権者がプットオプションを行使することで償還請求を行い，割増して償還される転換社債型
・停止条件付期中償還請求権付転換社債型……一定期間の算定株価が転換価格の一定値を上回らない場合だけ償還され得る期中償還請求権付転換社債型
・転換価格下方修正条項付転換社債型（MSCB）……一定の期間における修正した算定株価が，転換請求期間内のある決定日の株価を下回る場合には，転換価格が修正算定株価に修正される転換社債型
・コール条項付転換社債型……一定の条件で，発行会社に転換社債の全額を償還する権利を与えている転換社債型

(3)　新株予約権付社債その2（ワラント型）

①　概　要

2001年（平成13年）商法改正前は，「ワラント」と呼ばれる新株を引き受ける権利が付いた社債を「新株引受権付社債」又は「ワラント債」，「WB」と呼

んでいた。現在では、このタイプの新株予約権付社債を「ワラント型の新株予約権付社債」と呼ぶこともある。

ワラント型の保有者は、当初に決められた行使期間の間に、一定の行使価格で権利を行使して、新株を引き受けることができる。一見、転換社債型と似ているが、転換社債型はある条件のもとに請求すれば株式に「転換」するものであるのに対し、ワラント型は予約権（ワラント）を行使して、かつ行使価格に対応する株式代金等を払い込まなければならない。

ワラント型は株式の引受権という甘味剤が付与されているので、発行会社は社債の利率を低くできるし、投資家は通常の株式より少ない投資金額で大きな成果をあげることも可能である。ただし、損失も大きくなる危険性もあるので留意しなければならない。転換社債型と同様、ワラント型も株式と密接な関係を有し、エクイティ証券として取り扱われる。また、株式に変換し得ることから「潜在株式」とも言われる。

このように、ワラントは株式を購入する権利であるから、後述する「コールオプション」の一種である。会社法のもとでは、社債と新株予約権を分離して譲渡できないとされるので、この限りでは旧法下の分離型ワラント債は発行できないように思える。しかし、社債と新株予約権を同時に発行することは可能であり、分離型の規定は特に設けられていないが実質的には変わらないことになる。

② 特　徴

発行価額は、額面もしくは額面を若干上回るオーバーパーである。利率は転換社債型に準じる。発行会社は、ワラントによって買い付けることのできる株式の数量を予め任意に決定できる。これを「付与率（付与割合）」と言い、付与率100％であれば、社債額面全額が新株引受対象となるが、50％であれば、社債券面額の半額だけが対象となる。日本では、従来、付与率100％のワラント債が発行されている。なお、当然ではあるが、付与率は100％を上回ることはできない。

③ 新株予約権の行使

新株予約権（ワラント）を行使する時の新株発行価額が，「行使価額（行使価格）」である。これは，条件決定日の発行会社株価の終値から若干上の水準で決められる。ワラントの行使期間は，ワラント債発行日後数週間〜償還日の前日までが一般的である。

4 派生証券取引

(1) 派生証券とは

「派生証券」とは，有価証券に係る先物取引，オプション取引，スワップ取引等のデリバティブ取引のことである。「デリバティブ取引」とは，株式や債券などのある資産（原資産）そのものの取引ではなく，それらから派生的に生まれる取引のことである。デリバティブ取引は原資産の取引と異なり，原則としてバランスシートに記載されないオフバランス取引であるとともに，諸リスクの軽減や投資成果の比例級数的拡大を目的に行われるものである。

この15年間に金融関連のデリバティブは急拡大した。新しいタイプの債券や仕組債，エクイティの新商品等の開発や新株予約権付社債の条件決定，等，有価証券取引の分野でも盛んに活用されている。デリバティブ取引の発展は，いわゆる金融工学と呼ばれる高度な数理処理の金融・証券分野における応用・発展に負うところが大きい。証券取引法は，有価証券に係るデリバティブ取引に一定の規定を置いている。

① 先物取引

ある商品の将来における取引価格を，現時点で決定しておく取引である。すなわち，商品の特定の数量の，特定の将来の時点における特定の値段を現在決めておき，期限までに取引を完了させることを約束するもので，反対売買や差

金決済を認める取引のことである。「反対売買」とは，売りに対する買戻し，買いに対する売戻しを言い，「差金決済」とは，売買を相殺した残額の受渡しを行うものである。

先物取引に類似した取引に「先渡取引」があるが，先物取引が対象商品や取引方法が標準化され取引所で取引され，期限前の自由な相殺決済ができるものであるのに対して，先渡取引は相対取引で対象商品，取引方法等が標準化されておらず，決済は期限日の現物の受渡しによることを原則としている。

② スワップ取引

異なる取引を有する当事者の間で，これらの取引を相互に同価値のものと認め合って交換する取引のことである。正確には，「複数当事者間で，各自が持っている異なる取引の現在価値の等しいキャッシュフローを交換するもの」である。たとえば，固定金利貸出と変動金利貸出や円建債権とドル建債権はそれぞれ異なる取引であるが，相互のキャッシュフローの現在価値が等しければ交換（swap）できることとなる。

③ オプション取引

ある特定の商品を，将来のある時点，時期に，予め決めた価格で買う権利や売る権利を取引するものである。商品自体の取引ではなく，売買それぞれの「権利」の取引である。買う権利を「コールオプション」，売る権利を「プットオプション」と言う。権利であるから，その権利を行使するかしないかは，権利保有者の自由である。

たとえば，ある商品の値段が現在1,000円であるが，今後大幅な値上がりが予想され，3カ月後には1,500円程度が見込まれている時に，3カ月後1,400円で購入するコールオプションを購入した者がいるとする。予想どおり，この商品の価格が1,500円になればコールオプションを行使するであろうが，予想に反して1,200円であればオプションを実行せずに市場から1,200円で買っても構わないのである。他方，オプションを行使される相手方は，常に取引に応じる

67

義務がある。このように，オプションの保有者は一方的な権利を持つので，相手方にはオプション料（オプションプレミアム）という手数料を支払わなければならない。

(2) 有価証券デリバティブ取引

証券取引法は1988年以降，有価証券に係るデリバティブ取引についての規定を整備してきた。当初は取引所で行われるものに限っていたが，現在では店頭デリバティブ取引にまで拡大するとともに，不公正取引規制を及ぼすようになっている。その概要は以下のとおりである。

① 有価証券先物取引

取引所で行われる有価証券の先物取引を定めたものである。国債先物取引や外国国債先物取引などである。

② 有価証券指数等先物取引

取引所における，株価指数（証券取引所などが多数の銘柄の株価を一定の算式によって指数化したもの）等の有価証券指数や有価証券価格を利用した先物取引である。有価証券価格の先物取引は日本国内では行われていないが，将来的に可能性があるため法的整備を先行させたものである。

③ 有価証券オプション取引

有価証券の売買，有価証券指数等先物取引，これらに準じる取引で証券取引所が定める取引を対象とするオプション取引である。

④ 外国市場証券先物取引

外国の有価証券市場で行われる有価証券指数等先物取引，有価証券オプション取引と類似する取引であり，シカゴ商業取引所のS&P500株価指数先物取引，

シンガポール金融取引所の日経平均先物取引などがある。

⑤　有価証券先渡取引

相対でなされる有価証券の先渡取引のことである。

⑥　有価証券店頭指数等先渡取引

相対でなされる有価証券指数等の先渡取引のことである。

⑦　有価証券店頭オプション取引

相対でなされる有価証券取引であり，例示されているものは，有価証券の売買，有価証券店頭指数等先渡取引，有価証券店頭指数等スワップ取引，有価証券店頭指数の差金授受，有価証券価格の差金授受を対象とするオプション取引である。これらは例示であるので，こうしたオプション取引類似の取引も可能である。

⑧　有価証券店頭指数等スワップ取引

当事者の一方又は双方が，有価証券の価格や有価証券店頭指数の一定期間の変化率に基づいて金銭を支払うスワップ取引のことである。

5　投資信託

(1)　概　説

「投資信託」とは，多数の投資家から集めた資金を運用の専門家が有価証券や不動産などに投資し，その運用成果を投資家たちにその出資した資金の額に応じて分配する仕組みである。言い換えれば，基本的には投資・運用にあまり詳しくない人々がプロの運用を活用するための手段であり，他方で投資信託に

第2章 証券市場の道具立て

集められた資金は，多種多様な資産で運用されるため，単一の投資に比べてリスクの平準化が図れるという特徴もある。したがって，通常は投資信託は広く一般投資家や法人投資家から資金を集める「公募型」であるが，法人投資家などの中には，自社のある程度まとまった資金を単独で，投資信託の仕組みを利用して運用したいというニーズもある。専用投資信託であり，私募的な投資信託である。

また，投資信託の仕組みについては，信託のスキームを使ったもののほかに，米国で普及している株式会社の株式による方式もあり得る。さらに，集めた資金の運用対象は有価証券だけでなく，不動産も含めるのが欧米式である。

日本の投資信託は，1951年以来，半世紀の歴史を持ち，その残高も証券市場の繁閑によって波はあるが，概ね順調に伸びてきた。図表2—2に示したように，1993年には純資産総額が50兆円に達した。しかし，個人金融資産に占める割合は約3.3％と欧米に比べて低く，国民一人ひとりの金融資産のより有効な活用策としての投資信託への期待が寄せられていた。投資信託制度の改善は徐々に実施されていたものの，このようなニーズを満たすには不十分であり，より抜本的な改正が求められていたところ，日本版金融ビッグバンは投資信託制度の改善を大きく取り上げ，1998年（平成10年）には従来の証券投資信託法が大きく改正された。さらに2000年（平成12年）には，金融の証券化の動向等を踏まえた大改正が実施された。こうした法整備と長引く低金利下の金利選好，さらに株式市況の回復も手伝い，2005年には急回復した。

これらの改正により，根拠となる法律名もそれまでの「証券投資信託法」から「証券投資信託及び証券投資法人に関する法律」，さらには「投資信託及び投資法人に関する法律」へと変わっていった。投資信託の運用対象は原則として有価証券と不動産であり，公募型と私募型のいずれも認められ，契約型に加えて会社型が導入されるなど，日本の投資信託は新しい段階に入っている。以下，分説しよう。

図表2—2　契約型公募証券投資信託の推移

(単位：百万円)

年月	証券投資信託 純資産総額	株式 純資産総額	公社債 純資産総額
1991	41,473,846	28,562,421	12,911,425
1992	43,300,572	21,103,092	16,783,771
1993	50,737,529	19,547,495	20,111,863
1994	43,408,338	17,451,491	16,783,710
1995	47,957,175	14,681,685	21,273,685
1996	48,668,072	12,779,793	21,669,152
1997	40,649,538	9,986,574	19,099,844
1998	42,739,300	11,496,091	16,963,233
1999	51,353,673	15,696,387	18,866,409
2000	49,399,222	14,610,532	23,817,597
2001	45,280,739	14,905,433	22,652,436
2002	36,016,038	16,372,841	14,121,634
2005.11	52,413,302	38,381,375	10,970,068

(出所) 投資信託協会資料を基に作成（MMFを除く）。

(2) 投資信託の定義

投資信託の意義は前述したとおりであるが，「投資信託及び投資法人に関する法律」（以下「投信法」と言う）は，投資信託とは「信託財産を委託者の指図に基づいて主として有価証券，不動産その他の資産で投資を容易にすることが必要であるもの（特定資産）に対する投資として運用することを目的とする信託であって，投信法に基づき設定され，かつ，その受益権を分割して複数の者に取得させることを目的とするもの」と定義する（なお，このなかで主とし

て有価証券に対する投資として運用することを目的とするものが証券投資信託である）とともに、証券投資法人とは「資産を主として特定資産に対する投資として運用することを目的として投信法に基づいて設立された法人である」と規定している。

ここで「信託財産」とは、投資運用の原資として他の資産から分別されて信託会社（信託銀行）に信託された財産のことであり、「委託者」とは運用の指図を行う専門会社（投資信託委託会社）である。信託会社は、投資信託委託会社の運用の指示どおりに有価証券等を売ったり買ったりするのであるが、その運用成果を受け取る権利は、投資家の出資金額に応じて分配される受益権に示されるのである。また、会社型投資信託では、受益権ではなく証券投資法人の株式によることとなる。

(3) 投資信託の種類

投資信託の種類は多く、その分類方法も様々である。法律構成による分類（会社型か契約型か）、受益権証券の買戻しの有無による分類（買戻しされ得るものが「オープン・エンド型」、買戻しされないものが「クローズド・エンド型」）、新たな追加設定の有無による分類（追加設定されるものが「オープン型（追加型）」、されないものが「ユニット型（単位型）」）、組入商品による分類（株式に投資するものが株式投資信託（株式投信）、株式に投資せず債券だけを組み入れるものが公社債投資信託（公社債投信）、募集の方法による分類（公募か私募か）、運用方針・目的による分類（安定型か成長型か等）など多様な分類法がある（図表2—3, 2—4）。

なお、投資信託をリスクとリターンの観点から分類すると図表2—5のとおりである。

5 投資信託

図表2—3 我が国投資信託の全体像（2005年11月現在）

単位：億円　（　）は本数

```
投資信託合計
788,749(4,584)
├─ 公募投信 545,029(2,713)
│   ├─ 契約型投信 524,970(2,685)
│   │   ├─ 証券投信 524,133(2,640)
│   │   │   ├─ 株式投信 383,813(2,410)
│   │   │   │   ├─ 単位型 20,498(300)
│   │   │   │   └─ 追加型 363,315(2,110)
│   │   │   │       ├─ ETF 32,146(13)
│   │   │   │       └─ その他 331,168(2,097)
│   │   │   ├─ 公社債投信 109,700(216)
│   │   │   │   ├─ 単位型 2,490(67)
│   │   │   │   └─ 追加型 107,210(149)
│   │   │   │       ├─ MRF 68,039(13)
│   │   │   │       └─ その他 39,170(136)
│   │   │   └─ MMF 30,618(14)
│   │   └─ 証券以外の投信 837(45)
│   │       ├─ 金銭信託受益権投信 640(14)
│   │       └─ 委託者非指図型投信 197(31)
│   └─ 投資法人 20,058(28)
│       ├─ 証券投資法人 88(2)
│       └─ 不動産投資法人 19,969(26)
└─ 私募投信 243,720(1,871)
    ├─ 契約型投信 243,111(1,868)
    │   ├─ 証券投信 243,111(1,868)
    │   │   ├─ 株式投信 233,755(1,702)
    │   │   └─ 公社債投信 9,355(166)
    │   └─ 証券以外の投信
    └─ 投資法人 609(3)
        ├─ 証券投資法人 609(3)
        └─ 不動産投資法人
```

※不動産投資法人のみ毎月（ひと月遅れ）データ

（出所）投資信託協会

(4) 契約型投資信託とその仕組み

これは契約に基づき，委託者，受託者と受益者の3面関係から成立している投資信託である。最近まで，日本の投資信託はすべて契約型であったことは前述のとおりである。

① 投資信託委託業者

「投資信託委託業者（投資信託委託会社）」は，内閣総理大臣の認可を受けた業者であり，投資信託の運用を中心として，投資信託の中核的存在である。主要な業務は，信託財産を預かっている信託会社に対する運用の指図であるが，

73

第2章 証券市場の道具立て

図表2—4 投資信託協会の分類——株式投信の場合——

大分類	定　義
国内株式型	約款上の株式組入限度70%以上で主として国内株式に投資するファンド。小分類として，一般型，大型株型，中小型株型，店頭株型，業種別選択型，ミリオン型がある。ただし，ミリオン型は給与天引き方式による累積投資専用ファンドでミリオンの名称を用いているもの。
外国株式型	約款上の株式組入限度70%以上で主として外国株式に投資するファンド。小分類として，一般型，北米型，アジア・オセアニア型，欧州型，中南米型，アフリカ型がある。
バランス型	約款上の株式組入限度70%未満で株式・公社債等のバランス運用，あるいは公社債中心に運用するファンド。
転換社債型	約款上の株式組入限度30%以下で主として転換社債に投資するファンド。
インデックス型	約款上，株式への投資に制限を設けず各種指数に連動する運用成果を目指すファンド。小分類として，日経225連動型，TOPIX連動型，その他がある。
業種別インデックス型	約款上の株式組入限度70%以上で主として国内の各種業種に投資するファンド。小分類として，建設・不動産株型，医薬品・食品株型，科学・繊維・紙パルプ株型，石油・非鉄株型，鉄鋼・造船株型，電気・精密株型，自動車・機械株型，商業株型，金融株型，公益株型がある。
派生商品型	派生商品を積極的に活用するファンドでヘッジ目的以外に用いるもの。
限定追加型（追加型のみ）	当初設定後一定期間は新規資金による追加設定が可能だが，その後の追加設定は分配金による再投資もしくはスイッチングのみのもの。

投資信託契約に関する事項や諸報告書，開示書類等の作成，受益証券の募集・発行，受益証券の基準価額の計算，収益分配金，償還金の支払なども行う。

② 信託約款

投資信託委託会社が受託会社と投資信託契約を結ぶためには，内閣総理大臣に予め届け出た「信託約款」によらなければならない。信託約款に記載される主な事項は，委託者及び受託者，受益者に関する事項，委託者，受託者の業務に関する事項，信託の元本額に関する事項，受益証券に関する事項，信託の元

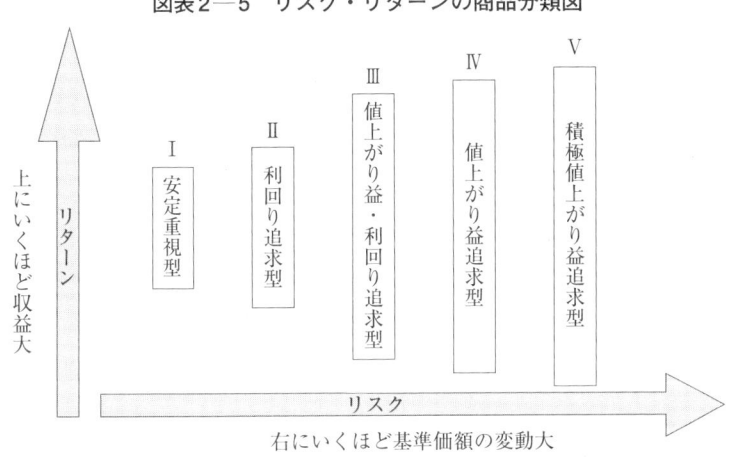

図表2—5　リスク・リターンの商品分類図

リターン（上にいくほど収益大）

- Ⅰ　安定重視型
- Ⅱ　利回り追求型
- Ⅲ　値上がり益・利回り追求型
- Ⅳ　値上がり益追求型
- Ⅴ　積極値上がり益追求型

リスク　右にいくほど基準価額の変動大

（出所）投資信託協会

本及び収益の管理及び運用に関する事項など多岐にわたっている。

③　受託会社

投資信託の財産は，すべて「受託会社」の名義となるわけだが，受託会社には信託会社か信託業務を営む銀行のみがなれる。受託会社の主要な業務は，信託財産の管理，計算，委託会社の指図に基づく信託財産の運用，などであり，投資信託受託財産は信託会社の他の信託財産と分別して管理することが要求されている。

④　受益者

投資信託の利益を受ける権利が受益権であり，この受益権を有する者が「受益者」である。要するに投資信託の投資家のことである。受益権は，均等に分割された受益証券に示されるのであるから，受益証券の真正な所有者が受益者である。受益者の権利は，投資信託の収益分配請求権や償還金請求権，受益証券の買取り・解約請求権，信託財産関係帳簿書類の閲覧・謄写請求権，などである。

第2章　証券市場の道具立て

⑤　受益証券

「受益証券」の券種は信託約款に定められ，通常は1，5，10，50，100，1,000口券のうち，数種類が発行される。受益証券には，記名式と無記名式とがある。受益証券は，法定の諸事項を記載して受託会社が認証しなければならない。

⑥　販売業者

投資信託の販売は，委託会社が直接行うこともできるが，中心的な「販売業者」は証券会社である。なお，1998年からは銀行も投資信託の販売を行うことが可能となった。販売を証券会社等に委ねる場合には，委託会社は信託約款に基づき販売会社を指定する。販売会社は，受益証券の募集取扱いや売買，収益分配金・償還金支払の取扱い等を行っている。また，2005年10月から郵便局による販売も認められた。

⑦　契約型投資信託の仕組み

「契約型投資信託」の運営と仕組みは，図表2―6のとおりである。まず，投資家は一般的には証券会社に投資信託の購入を申し込み，代金を支払う。証券会社は，多数の投資家からの申込代金をまとめて委託会社に渡し，委託会社は受託会社（信託銀行）にこの資金を預ける。信託銀行は受益証券を発行し，この受益証券は委託会社から証券会社に，そして投資家にその申込口数に応じて交付される。委託会社は，資金の運用について信託銀行に指示を出す。運用対象となった有価証券等は，信託銀行が他の信託財産から分別管理する。運用の成果はプラスであれマイナスであれ，すべて受益者に帰属する。

⑧　投資信託協会による契約型投資信託の分類

「契約型投資信託」は伝統的に，株式投資信託と公社債投資信託，公募投資信託と私募投資信託，単位型と追加型等に分類されているが，業界団体である投資信託協会は1984年以来，投資信託のリスクとリターンの程度に応じて，ま

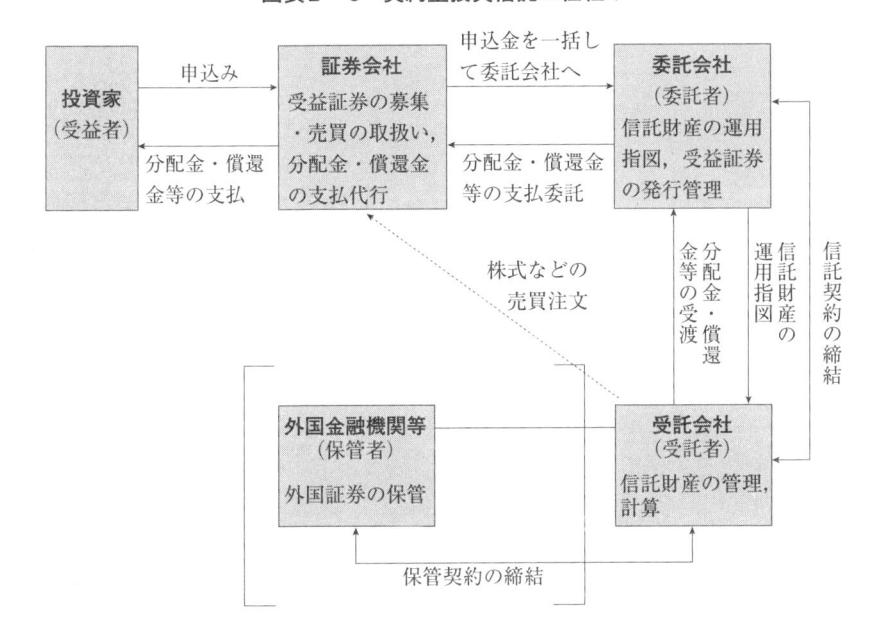

図表2―6　契約型投資信託の仕組み

た94年からは主に投資方針を基準にして分類を行っている。その概要は前掲の図表2―4, 2―5のとおりである。

(5) 会社型投資信託とその仕組み

「会社型投資信託」は，投信法に基づいて設立される投資法人による運用を行い，投資家は投資法人の株式に相当する投資口を取得するものである。投資法人の基本的な仕組みは会社法上の株式会社に類似するが，用語は異なる。会社法との呼称の相違は，発起人が設立企画人に，定款が規約に，株式が投資口（株券が投資証券）に，株主が投資主に，取締役が執行役員に，監査役が監督役員に，ということになっている。

投資法人は，資産運用以外の業務はできず，また内閣総理大臣に届け出ることを要する。注意すべき点は，投資法人は自身では運用はできず，運用会社に

第2章　証券市場の道具立て

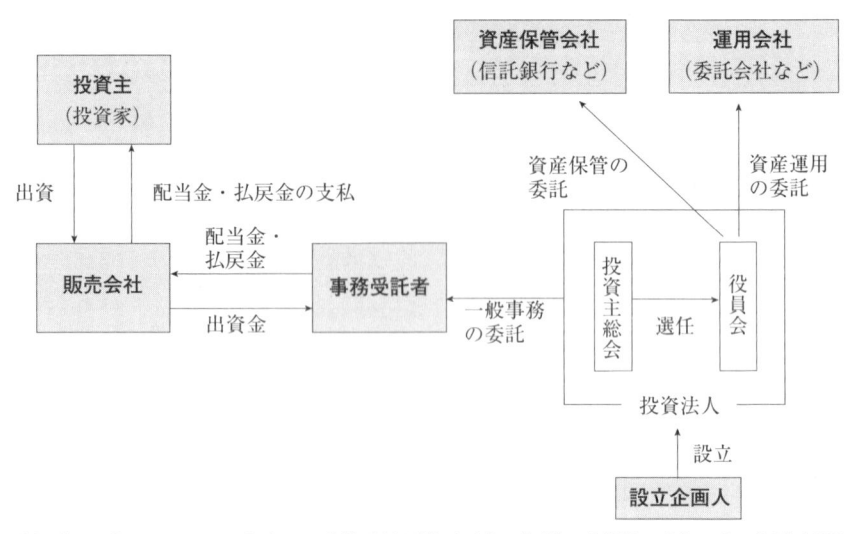

図表2―7　会社型投資信託の仕組み

(出所) 図表2―6, 2―7ともに証券外務員必携 (平成18年版),『詳説　現代日本の証券市場』(2002年版) を基に作成。

運用を委ねなければならないことである。運用会社には，投資信託委託会社や投資一任業者などがなる。また，投資法人は資産を信託銀行などの資産保管会社に預ける必要がある。さらに投資口の募集や投資証券の発行，名義書換その他の一般事務をも証券会社などの一般事務委託者に委託しなければならない。要するに，投資法人は株式形態の投資信託を組成するための「うつわ」に徹しているのである。

発行される証券は記名式の投資証券のみであり，社債は発行できない。投資証券は随時，追加発行が可能であるし，規約に定めてあれば投資主の請求によって払戻しにも応じることとなっている。

以上の仕組みは図表2―7のとおりである。

(6)　最近注目される投資信託のタイプ

投資信託は上述の制度改革とも相俟って，次々に新しいタイプが開発がされ

図表2―8　ETFの特徴

項目	ETF	通常の投資信託
上場の有無	東証に上場	非上場
取引可能時間	東証の取引時間中いつでも可能	申込時間まで
取引価格	リアルタイムで変動する市場価格	当日の基準価額(申込み時点では未定)
注文方法	指値,成行等	値段の指定は不可能
信用取引	可能	不可能
取扱会社	どの証券会社でも取扱い可能	販売会社のみ
設定(発行)と交換(解約)	現物株式	金銭
売却時課税	株式と同様 (特定口座による源泉徴収可)	個別元本方式で利益の20%(10%) (特定口座による源泉徴収可)
分配金課税	総合課税扱いで20%(10%)の源泉徴収 (年間10万円以下は確定申告不要)	分配金に一律20%(10%)源泉徴収
最低投資金額	現在10万円程度	1万円程度から可能
販売手数料	買付け・売却の際に 証券会社の定める委託手数料	購入の際に 一定の販売手数料が一般的
信託報酬	低 (0.11～0.29%)	高 (0.6～0.8%が一般的)

(注)　(　)内は2007年12月もしくは2008年3月までの特例

ている。

　特に注目されているものが,「株価指数連動型上場投資信託(ETF)」である。これは,東証株価指数(TOPIX)や日経平均,日経300,S&P/TOPIX150,の各株価指数の動きに連動するように運用される投資信託であり,証券取引所に上場され株式と同様に市場でリアルタイムの売買ができるものである。投資信託会社は,ETFの運用会社として運用資産である現物株(信託銀行に信託される)の価値が当該ETFが対象とする株価指数に連動するように株式を保有し,株価指数構成銘柄が変更された場合などにはそれとの見合いで銘柄の組換えなどを行う。

　ETFの特徴の1つは,設定(発行)や解約(交換)が金銭ではなく株式の現物によって行われる点にあることから,投資信託会社は,株価指数とETFを連動させるために銘柄やその数量を決定することになる。なお,投資信託会

第2章　証券市場の道具立て

社との間で現物株式とETFの取引を行うことのできる証券会社を「指定参加者」と言う。投資家は，証券取引所において株式と同様にETFの売買を行う。2006年現在，東京証券取引所に上場されているETFは11銘柄である。

　通常の投資信託と比較したETFの特徴は，信用取引が可能なこと，どの証券会社でも取り扱っていること，低コストな運用スキームをとっているため信託報酬が低くなっていること等である（図表2—8参照）。

　一方，複数の投資信託を傘下にして投資信託に投資する形態の「ファンドオブファンズ」も設定されている。企業年金制度改革に伴って導入された確定拠出年金（日本版401k）の運用も，実質的には年金加入者が投資信託を選択するスキームのものが多くなってきており，ファンドオブファンズをはじめとして投資信託の重要性と多様化はますます増していくものと予想されている。

第3章

証券市場のプレイヤーたち

第3章　証券市場のプレイヤーたち

1　証券業務と証券会社

(1)　概　説

　「証券業務」とは，正確には証券取引法に証券業として定められている業務のことである。一見，証券業務に似ているものであっても，証券取引法に証券業としての規定がなければ狭義の証券業務ではない。証券取引法は「「証券業」とは，銀行，優先出資法第2条第1項に規定する協同組織金融機関その他政令で定める金融機関以外の者が次に掲げる行為のいずれかを行う営業をいう。」と定め，大きく9種類の行為を列挙している（証取法2条8項参照）。ただし，一般社会ではたとえば有価証券の投資アドバイスや投資信託の委託業務，有価証券の保護預り業務なども証券業務と認識されることが多いであろう。これらは証券会社が営んでいるし，証券会社の行う業務なのであるから，証券業務である，と考えるのも無理からぬ判断であろう。一般論で言う分にはさほどに間違っていると気にする必要はないかもしれない。
　しかし，法律上は，証券会社の業務＝証券業務ではなく，証券会社の業務＞証券業，なのである。つまり，証券会社は「証券業＋他の業務」に従事しているわけである。これは，歴史的な経緯や間接金融と直接金融の担い手論からも，実は重要な意味を持つものである。また，最近は金融業務，証券業務の中味の分離独立化（「アンバンドリング（unbundling）」と言われる）が進んでおり，このような観点から正確な理解をしておく必要がある。
　1998年（平成10年）の証券取引法改正前は，証券業を営むためには主務官庁である大蔵省（当時）等の免許が必要であったが，現在では原則として内閣総理大臣への登録を行えばよいことになっている。もちろん，登録については資本規模や自己資本規制の関係等から一定の登録拒否事由があり，誰もが登録を認められるわけではない。また，元引受業務やデリバティブ関連業務など，高

1 証券業務と証券会社

図表3－1　証券会社組織の例

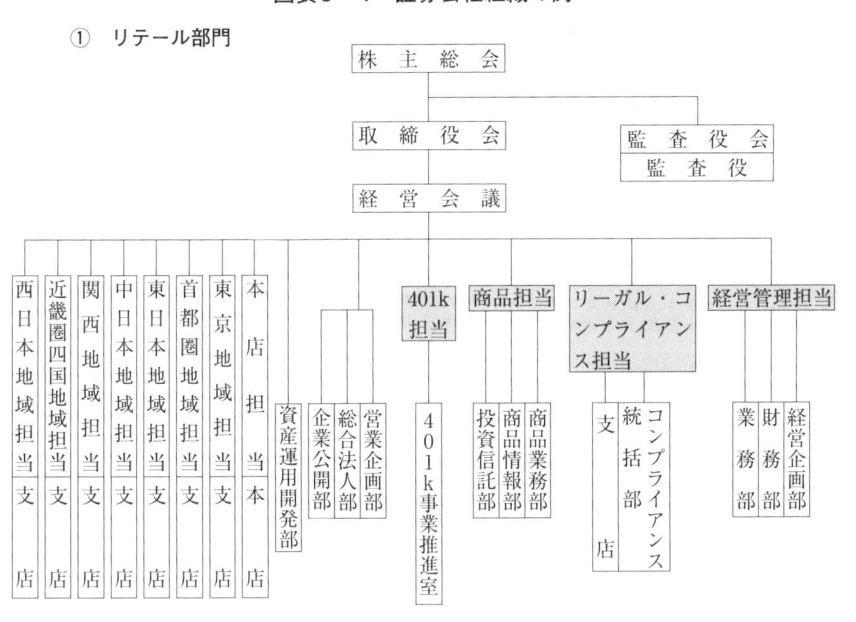

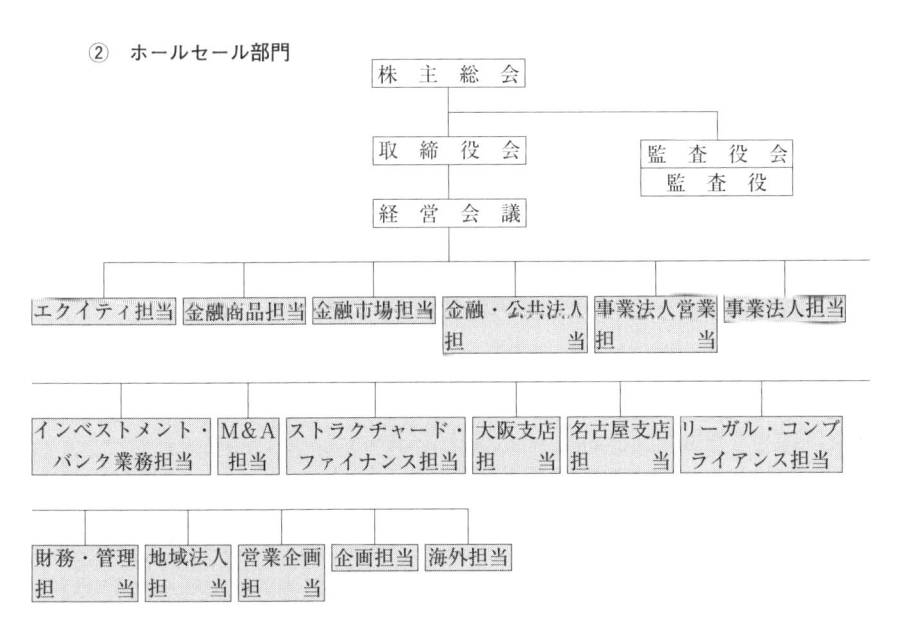

① リテール部門

- 株主総会
  - 取締役会
    - 経営会議
      - 西日本地域担当支店
      - 近畿圏四国地域担当支店
      - 関西地域担当支店
      - 中日本地域担当支店
      - 東日本地域担当支店
      - 首都圏地域担当支店
      - 東京地域担当支店
      - 本店担当本店
      - 資産運用開発部
      - 企業公開部
      - 総合法人部
      - 営業企画部
      - 401k担当
        - 401k事業推進室
      - 商品担当
        - 投資信託部
        - 商品情報部
        - 商品業務部
      - リーガル・コンプライアンス担当
        - 統括部
        - コンプライアンス支店
      - 経営管理担当
        - 業務部
        - 財務部
        - 経営企画部
  - 監査役会
    - 監査役

② ホールセール部門

- 株主総会
  - 取締役会
    - 経営会議
      - エクイティ担当
        - インベストメント・バンク業務担当
        - 財務・管理担当
      - 金融商品担当
        - M&A担当
        - 地域法人担当
      - 金融市場担当
        - ストラクチャード・ファイナンス担当
        - 営業企画担当
      - 金融・公共法人担当
        - 大阪支店担当
        - 企画担当
      - 事業法人営業担当
        - 名古屋支店担当
        - 海外担当
      - 事業法人担当
        - リーガル・コンプライアンス担当
  - 監査役会
    - 監査役

83

第3章　証券市場のプレイヤーたち

いリスクへの抵抗力，高度の専門性を要する業務に関しては認可を要することとなっている。証券会社の組織については図表3—1を参照されたい。

なお，証券会社や後述する証券取引所その他に関して，認可等の証券取引法上の権限は一義的には内閣総理大臣に属するものの，実際にはそれらの多くは金融庁長官，証券取引等監視委員会ほかに委任されている（証取法194条の6）。ただし，本章ではすべて内閣総理大臣に統一して説明してあるので，必要に応じて証券取引法を参照されたい。

(2) 証券業務

証券取引法2条8項が証券業について定めているが，これらは証券会社の本業である。同法は，「証券業務」を基本的に行為の態様として分類・規定しているが，これらの証券業は対象商品により，それぞれ株式，債券，投資信託，デリバティブについて当てはまるものである。

① 有価証券の売買等

「ディーリング業務」と言われる。自己の計算による株式，債券等の有価証券の売買，有価証券指数等先物取引，有価証券オプション取引，外国市場証券先物取引のことである。

② 有価証券の売買の媒介，取次ぎ又は代理：取引所有価証券市場における売買等の委託の媒介，取次ぎ又は代理

分かりにくい用語であるが，まず「媒介」とは，自分自身は売買等の契約当事者にはならず，第三者として他人同士の契約成立に尽力する行為のことである。つまり，売買等の成立の有無についての責任は負わない。「取次ぎ」とは，取引は自分の名で行うが損益の帰属等は委託者にある（これを「委託者の計算で」と言う）有価証券の売買を引き受けることであり，いわゆる「ブローカー業務」である。「代理」とは，委託者の名前で有価証券の売買等を引き受ける

行為である。

また、取引所における取引は、取引所会員だけが行えるので、非会員は顧客からの委託注文を、会員業者に委ねることになる。こうした場合が委託の媒介、取次ぎ、代理である。

③ 有価証券店頭デリバティブ取引又はこれらの取引の媒介、取次ぎもしくは代理等

1998年（平成10年）の証券取引法改正で認められた業務である。それまで刑法上禁止されている賭博との関係が不明確であった点を、立法的に明らかにしたものである。有価証券の先渡取引、店頭指数等先渡取引、有価証券店頭指数等スワップ取引などとその媒介ほかの行為が証券業として認められることとなった。なお、これらの業務を営むためには、主務官庁の認可が必要である。

④ 有価証券の引受け・売出し

証券取引法の引受業務に関する規定振りはやや複雑である。同法は2条に様々な定義規定を置いているが、引受け自体の直接的な定義ではなく「引受人」の定義を援用している。また、証券業の定義の前に、引受業務を理解するために不可欠の「募集」「売出し」「私募」の定義がある。さらに、証券取引法21条には「元引受契約」の定義を置いている。したがって、ここではまず、募集、売出し、私募の意味を明らかにしておく必要がある。

「募集」とは、「新たに発行される」有価証券の取得の申込みの勧誘及びこれに類するものとして府令で定めるものであって、多数の者（一定のプロの機関投資家のみの場合を除き、50名以上）を相手方とするものをいう。要するに、投資家等に対して新規に発行された有価証券を購入するように「勧誘」する行為のことであり、発行そのものではない。勧誘行為を伴わない発行は証券取引法上の募集ではない。たとえば、会社設立に当たっての発起人引受けにより株式を発行する場合や新株予約権付社債の新株予約権行使による新株発行などは、募集には当たらない。

第3章　証券市場のプレイヤーたち

　「売出し」とは，「すでに発行された」有価証券の売付けの申込み又はその買付けの申込みの勧誘であって，均一の条件で多数の者（50名以上）を相手方として行うものである。売出しも売り付ける行為のことではなく，勧誘行為そのものを意味する。

　なお，募集，売出しともに多数の者に当たるかどうかは，実際に有価証券を取得した者の数ではなく，勧誘した対象者の数による。

　「私募」とは，「新たに発行される」有価証券の取得の申込みの勧誘のうち，募集に該当しないものを言う。具体的には，一定の機関投資家（「適格機関投資家」と言う）だけが相手の場合には人数に関係なく（「プロ私募」と言う），それ以外は50名未満（「少人数私募」と言う）の勧誘行為を意味する。

　さて，「引受け」である。証券取引法は，引受けに関して「有価証券の募集若しくは売出し又は私募に際し，第2条第6項各号のいずれかを行う者をいう」と定めるが，引受人について定義している第2条第6項は次のような内容である。

　「**第2条第6項**　この法律において「引受人」とは，有価証券の募集若しくは売出し又は私募に際し，次の各号のいずれかを行う者をいう。

　　一　当該有価証券を取得させることを目的として当該有価証券の全部又は一部を取得すること
　　二　当該有価証券の全部又は一部につき他にこれを取得する者がない場合にその残部を取得することを内容とする契約をすること」

　すなわち，新たな有価証券の発行や既発行有価証券の売出し，あるいは私募に当たって，これらの有価証券を売り出す目的で，証券会社が自己名義で，その全部又は一部を取得したり，売残りがあった場合にそれを取得する契約を結ぶことを引受けと言う。前者を「買取引受け」と言い，後者を「残額引受け」と言う。何れの場合にも，引受けは，有価証券の発行を引受け証券会社のリスクにおいて保証する行為である。発行者や売出人等は，引受けが行われた以上，原則として発行代り金の取得を約束されるのである。これを証券会社のサイドからみると，有価証券の売残りリスクを負担するのであるから，相当の財務基

盤を要するということとなる。このため，証券取引法改正の後も，元引受業務を営むには主務官庁の認可を必要としているのである。

このような引受契約を発行会社や有価証券所有者と締結する証券会社を「元引受証券会社」と言い（証取法21条4項参照），元引受証券会社が引き受けた証券の一部を引き受ける証券会社を「下引受証券会社」と言う。引受証券会社，特に元引受証券会社は，引受業務を通じて証券発行による資金調達という直接金融の枢要な担い手になっているのである。

⑤ 有価証券の募集もしくは売出しの取扱い又は私募の取扱い

これらは引受行為ではなく，他人が募集，売出し，私募を行うに際して，この者のために有価証券の勧誘を行う行為のことを言う。募集等の勧誘行為の代行である。したがって，引受けのような売残りを負担するリスクはない。なお，銀行等の金融機関は，公共債等を除き原則として募集，売出し，私募は直接できないが，私募の取扱いは可能である。

⑥ 私設取引システム運営業務

「私設取引システム」（Proprietory Trading System（PTS））というのは，コンピュータ・ネットワークを活用して取引所外で有価証券取引を行うものである。もともと米国で発展していたが，日本には取引所集中義務があったため困難であった。日本版金融ビッグバンによって取引所集中義務が撤廃されたため，証券取引法による手当てがなされた。証券取引法は，電子情報処理組織を使用して多数当事者間で，一定の売買価格決定ルールにより，有価証券の売買，売買の媒介，取次ぎ，代理を行う行為，としている。私設取引システム運営業務を行うためには，主務官庁の認可が必要である。

(3) 証券業以外の業務

証券会社がその本業である証券業を円滑に遂行するためには，証券業だけで

第3章　証券市場のプレイヤーたち

なくこれに関連した業務を営むことができる必要がある。そこで，投資家利益等に反しない範囲で，このような関連業務を証券会社の業務として認めることとしている。かつては，証券会社はできる限り証券業に特化すべきという「専業主義」がとられていたため，証券業以外の業務範囲は極めて狭かったが，1998年（平成10年）の証券取引法改正によってこれら業務の範囲は格段に広くなった。

証券業以外の業務は，その内容によって，付随業務，届出業務，承認業務に分類される。

①　付随業務

証券会社は，届出や承認なく，有価証券の保護預りや有価証券投資情報の提供等の業務は「付随業務」として営むことができる（証取法34条1項）。具体的には，図表3—2のとおりである。

②　届出業務

証券会社は，内閣総理大臣に届け出ることにより，投資顧問業務や投資信託業務等を兼業できる（証取法34条2項，3項）。この「届出業務」は図表3—3のとおりであるが，これらの業務は別途それぞれの業務に係る法律に基づく認可等が必要である。

③　承認業務

証券会社は，付随業務，届出業務以外の業務であっても，個別に内閣総理大臣の承認を受けることによってそれを営むことができる（証取法34条4項，5項）。承認を与えるかどうかの基準は図表3—4のとおりである。

④　その他資産管理・運用サービス

証券会社の業務範囲が拡大するなかで注目されるサービスが，「証券総合口座」や「ラップ口座」である。証券総合口座とは，MRFのような安全度の高

1　証券業務と証券会社

図表3―2　付随業務（証取法34条1項）

①	有価証券の保護預り		の分配に係る業務の代理
②	社債等振替法の口座管理機関として行う振替業	⑨	累積投資契約の締結
③	有価証券の貸借取引又はその媒介・代理	⑩	有価証券に関連する情報の提供・助言
④	信用取引に付随する金銭の貸付け	⑪	他の証券会社・外国証券会社・登録金融機関の業務の代理，そのほか解釈により付随業務とみなされている業務
⑤	顧客からの保護預り有価証券を担保とする金銭の貸付け		
⑥	有価証券に関する顧客の代理		
⑦	投信の収益金・償還金・解約金の支払に係る業務の代理		
⑧	会社型投信の配当金・払戻金・残余財産		

図表3―3　届出業務（証取法34条2項，3項）

①	投資顧問業，投資一任契約に係る業務	⑪	その他内閣府令で定める業務として；①金地金の売買又はその媒介・取次ぎ・代理，②譲渡性預金の売買又はその媒介・取次ぎ・代理，③円建銀行引受手形の売買又はその媒介・取次ぎ・代理，④抵当証券の販売・保管業務，⑤組合契約，中小企業等投資事業有限責任組合契約の締結又はその媒介・取次ぎ・代理，⑥匿名組合契約の締結又はその媒介・取次ぎ・代理，⑦金銭債権の売買又はその媒介・取次ぎ・代理，⑧貸付参加契約の締結又はその媒介・取次ぎ・代理，⑨保険募集業務，⑩所有不動産の貸借，⑪物品賃貸業務，⑫経営相談業務，⑬電子計算機のプログラムの作成，販売，計算受託業務，⑭確定拠出年金運営管理業務，⑮前各号に付帯する業務
②	投資信託委託業		
③	資産保管会社の業務		
④	金融先物取引業		
⑤	商品取引業		
⑥	有価証券関連以外のデリバティブ取引（金利先渡取引，為替先渡取引，直物為替先渡取引，店頭金融先物取引，商品デリバティブ取引，スワップ取引，オプション取引）		
⑦	通貨の売買又はその媒介・取次ぎ・代理		
⑧	貸金業		
⑨	商品投資販売業		
⑩	小口債権販売業		

図表3―4　承認業務（証取法34条4項，5項）

承認基準；①当該業務が関係法令に違反しない，②リスク算定方法が妥当で自己資本規制比率に反映されている，③リスク算定，管理部所が営業部門から独立している，④投資家保護策が整備されている，⑤社内規制が整備されている，⑥自己資本規制比率が140％以上

第3章　証券市場のプレイヤーたち

い短期公社債投信を活用し，有価証券取引に伴う実質的資金決済等の機能を持った証券会社版総合口座である。ラップ口座とは，証券会社が投資顧問業を行う場合に認められる投資一任契約（証取法34条2項1号）を利用して顧客の資産運用を行い，その残高に対して一定の手数料を徴求するサービスで，相当高額の預り資産（たとえば5,000万円以上）を持つ個人投資家を対象とする。いわゆる「富裕層向けのプライベート・バンキング（PB）」と呼ばれる分野で，最近急速に伸びている。

(4)　証券会社の登録制

　以上のような業務は，いずれも公共性が高く，誰もが営めるものではない。したがって，証券会社は証券取引法に基づき登録された株式会社のみとされているのである。もっとも，1998年（平成10年）の証券取引法改正前の規制はより制限的で，まずは証券業を一般的に禁止して，特に大蔵大臣（当時）から免許を取得した株式会社だけに認めるという，証券会社の「免許制」をとっていた。これは，かつて登録制を採用していたところ，いわゆる1965年（昭和40年）の証券不況時にその問題点が多々発生したことによる。しかし，その後30年余り経過するなかで，国際的な規制緩和や自由化の要請を受けた日本版金融ビッグバンによって，再び登録制に移行したのである。

　証券取引法改正後の「登録制」は，登録申請手続を明確化し登録拒否要件を具体的に掲げるとともに，証券会社登録簿の公衆縦覧を認めるなど，証券会社の公共性の観点からの規定を置いている。

①　登録申請

　証券業を営もうとする株式会社は，商号，資本金の額，取締役・監査役の氏名，本店その他の営業所の名称・所在地等を登録申請書に記載し，所定の添付書類と一緒に内閣総理大臣に提出しなければならない。「登録申請」を受けた内閣総理大臣は，証券取引法28条の4に列挙されている登録拒否要件に当たら

ない限り，登録を拒否できない。

② 登録拒否要件

証券取引法は，株式会社でない者，資本金額が政令で定める金額に満たない株式会社（現状では5,000万円），純財産額が政令で定める金額に満たない株式会社，自己資本規制比率が120％を下回る株式会社，取締役・監査役に不適格者等がいる株式会社等々，を登録拒否要件として規定している。これらのいずれかに該当する場合には，内閣総理大臣は登録申請を拒否しなければならない。

なお，前述のように，高度の専門性やリスク管理を要する業務については，内閣総理大臣の認可が必要とされている。具体的には，有価証券店頭デリバティブ取引に係る業務，有価証券の元引受業務，私設取引システム（PTS）運営業務であり，認可の審査基準として，認可を受けようとする業務に係る損失の危機の管理に関し適切な体制及び規則の整備を行っていることや，業務別に一定の最低資本金基準を満たしていることが規定されている。

また，内閣総理大臣は，公益又は投資者保護のため必要な最小限度内で認可に条件を付することができる。

(5) 証券仲介業

2003年（平成15年）の証券取引法改正で新たに認められた業務で，証券会社等からの委託を受けて当該証券会社等のために有価証券の売買の媒介等を行うものである。仲介業者は制限的かつ間接的とはいえ，実質的に証券業務を行うこととなる。「証券仲介業」は，21世紀に入っても低迷を続ける証券市場を活性化し，「貯蓄から投資へ」という国民経済的な課題を実現させる一つの方途として導入された。

証券仲介業はあくまでも仲介業務であるが，投資家保護と取引の公正を期すために，証券会社に準じた諸規則に服する。

なお，証券仲介業は登録しなければならない。また，複数の証券会社等から

第3章　証券市場のプレイヤーたち

受託することも可能である。

(6) 最良執行義務

2004年（平成16年）の証券取引法改正で，取引所集中義務の撤廃に見合うような形で，証券会社に対する注文の「最良執行義務」が定められた。証券会社が有価証券の売買等に関する顧客からの注文に対しては，銘柄ごとに最良の取引条件で執行するための方針と方法（最良執行方針等）を定めなければならない，とするものである。アメリカのduty of best excution of securities transaction （SEC のRule 11Ac1-5等に規定）を参考に制定された。

2　市場開設者

(1) 概　説

証券市場は，その機能面から伝統的に「発行市場」と「流通市場」に分けて説明されている。「発行市場」とは，企業などの証券発行者が株式や債券という有価証券を発行する「場」のことであり，「流通市場」とは，いったん発行されたこれらの有価証券の売買が行われる「場」を指す。発行市場と流通市場には密接な関係があり，たとえば発行市場における新規発行証券の「値段」は，この証券と類似の証券の流通市場における値段が重要な基準となるし，流通市場における証券価格の形成には，当該証券の発行者の財務状況，利益水準が大きな影響を与える。したがって，発行市場と流通市場という明確に分別した理解は必ずしも適当ではないという見解もある。

しかし，証券市場のルール，規制は，証券発行と証券売買とは連携を持ちながらも別個の規定振りとなっており，また発行サイドと投資家サイドでは，証券価格等について利益相反的関係にもある。そこで，本書では両市場の関連性

を念頭に置きつつも，伝統的な区別に従って記述していくこととする。

なお，上では両市場を便宜的に「場」と表現したが，現在ではこうした「場」は必ずしも目に見える物理的なスペースとしての場を意味するものではない点に留意しておきたい。情報，コンピュータ技術の高度な発展によって，多くの場合これらの「場」は目に見えないネットワークのなかに存在するようになっているのである。

証券流通市場は，証券取引所で行われる「取引所市場」とそれ以外の「店頭市場」に区別される。これらの市場開設者として重要なものは証券取引所である。

証券取引所と日本証券業協会は，市場開設者としての機能とともに自主規制機関としての重大な役割も担っているが，この点については後述する。

(2) 証券取引所

① 機　能

市場開設者としての「証券取引所」の機能を一言で表せば，その開設する市場に反復継続する大量の有価証券等の需要と供給を集中・統合させて，当該有価証券の取引の便宜性・譲渡性・換金性を高めつつ（これを「流通性を高める」と言う），需給を反映した公正な価格形成に寄与するところにある。証券取引法による定義は，「有価証券の売買，有価証券指数等先物取引，又は有価証券オプション取引を行うための市場を開設するために，証券取引法に基づいて設立された組織」であり，その設立には内閣総理大臣の免許が必要である。

そもそも証券取引所は，17世紀に東インド会社を嚆矢とする株式会社が発明された直後にオランダに創設されたと伝えられるように，資本主義，株式会社制度と切り離すことができない重要な仕組みである。日本では，1878年（明治11年）の株式取引所条例により東京と大阪に設立された。その後，幾多の変遷を経，第二次世界大戦後は証券取引法に基づき会員組織とされ，地方取引所，第2部市場等が開設されたが，2000年（平成12年）12月の改正証券取引法施行

第3章 証券市場のプレイヤーたち

によって株式会社形態の組織も認められることとなった。

これを受けて，大阪証券取引所，続いて東京証券取引所が株式会社に改組された。最近は，取引のコンピュータ化が大いに進むとともに，地方取引所の再編・統合が行われている。また，2000年には，東京証券取引所にベンチャー企業向けの新市場，「マザーズ」が創設された。2004年12月には，店頭売買有価証券の市場であった「ジャスダック」が証券取引所に改組された。

② 組織等

証券取引所は，その会員又は株主のために有価証券市場を開設する組織であり，原則として営利目的で業務を営んではならない。組織に関しては，証券取引法や定款に詳細多岐にわたる規定が置かれている。現行の東京証券取引所の組織概要は，図表3—5のとおりである。

③ 上場規制

証券取引法上のすべての有価証券が証券取引所における取引の対象になるわけではない。取引所は，発行体の規模や内容，上場有価証券数，証券分布状況等に照らした有価証券上場規程，有価証券上場審査基準，上場廃止基準等を定めて，有価証券の上場，上場有価証券の管理，上場の廃止を行っている。

国内の株券に関する審査基準には，発行者が継続的に事業を営み，かつ，経営成績の見通しが良好なものであること，事業を公正かつ忠実に遂行していること，企業内容等の開示を適正に行うことができる状況にあること，その他公益又は投資者保護の観点から取引所が必要と認める事項についての実質審査と，上場株式数，株式分布状況，設立後経過年数，純資産額，利益の額，財務諸表等の虚偽記載がないこと，株式事務代行機関の設置，株式の様式，株式の譲渡制限がないこと，等々の形式基準がある。

上場するためには，発行体が取引所に上場を申請し，取引所が審査して適格と認めると内閣総理大臣に届け出ることとなっている。2006年4月現在，主な上場有価証券は，株券，新株予約権付社債券，社債券，国債証券，地方債証券，

2　市場開設者

図表3－5　東京証券取引所の組織

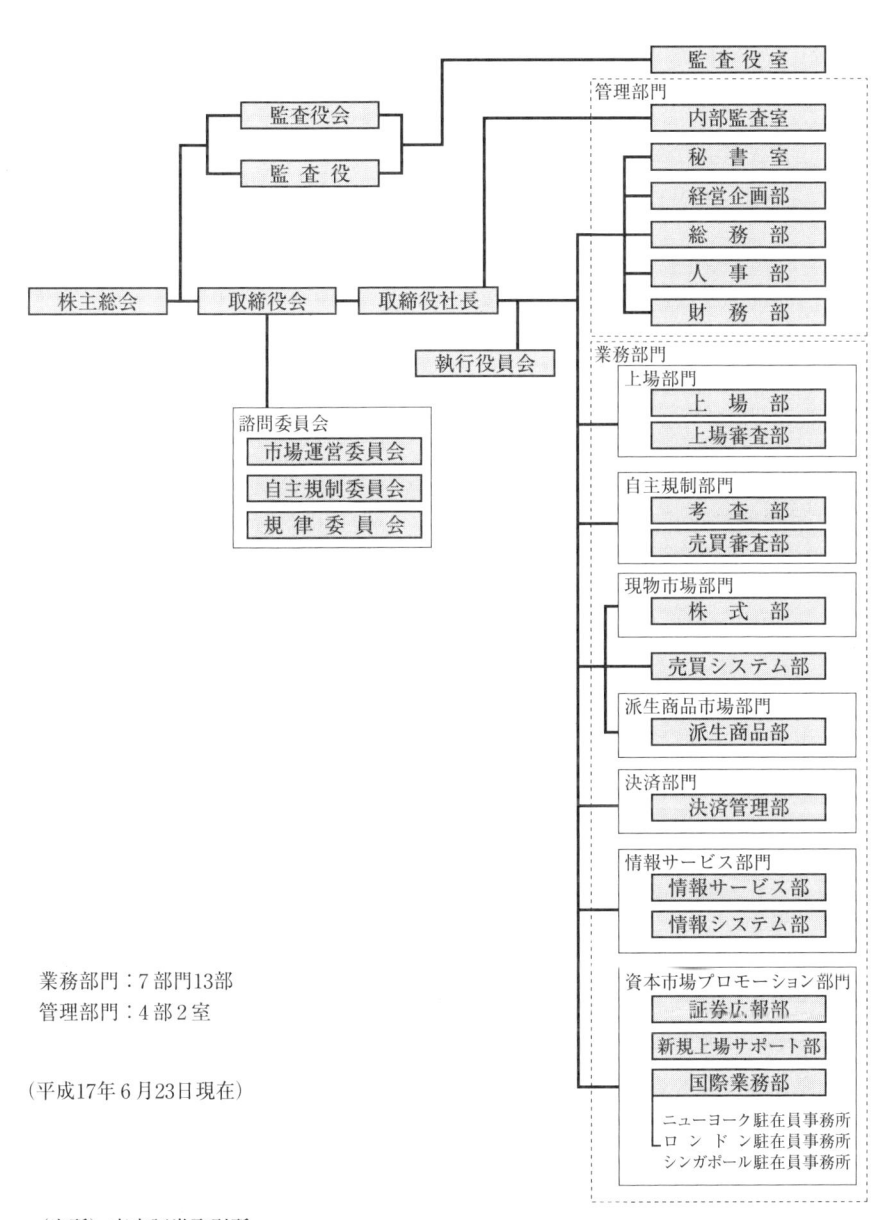

```
                                            ┌─────────────┐
                                            │  監査役室    │
                              ┌─────────────┤─────────────┤
              ┌──────────┐    │ 管理部門     │  内部監査室  │
              │ 監査役会 ├────┤             ├─────────────┤
              ├──────────┤    │             │  秘 書 室    │
              │ 監査役   │    │             ├─────────────┤
              └──────────┘    │             │  経営企画部  │
                              │             ├─────────────┤
                              │             │  総 務 部    │
                              │             ├─────────────┤
                              │             │  人 事 部    │
                              │             ├─────────────┤
                              │             │  財 務 部    │
┌────────┐  ┌──────────┐  ┌────────────┐   └─────────────┘
│株主総会├──┤ 取締役会 ├──┤ 取締役社長 │
└────────┘  └─────┬────┘  └─────┬──────┘   業務部門
                  │             │          ┌─────────────┐
                  │       ┌─────┴──────┐   │ 上場部門    │
                  │       │ 執行役員会 │   │ ┌─────────┐ │
                  │       └────────────┘   │ │ 上 場 部 │ │
                  │                        │ ├─────────┤ │
            ┌──────────────┐               │ │上場審査部│ │
            │ 諮問委員会   │               │ └─────────┘ │
            ├──────────────┤               ├─────────────┤
            │市場運営委員会│               │ 自主規制部門│
            ├──────────────┤               │ ┌─────────┐ │
            │自主規制委員会│               │ │ 考 査 部 │ │
            ├──────────────┤               │ ├─────────┤ │
            │ 規律委員会   │               │ │売買審査部│ │
            └──────────────┘               │ └─────────┘ │
                                           ├─────────────┤
                                           │現物市場部門 │
                                           │ ┌─────────┐ │
                                           │ │ 株 式 部 │ │
                                           │ ├─────────┤ │
                                           │ │売買システム部│
                                           │ └─────────┘ │
                                           ├─────────────┤
                                           │派生商品市場部門│
                                           │ ┌─────────┐ │
                                           │ │ 派生商品部│ │
                                           │ └─────────┘ │
                                           ├─────────────┤
                                           │ 決済部門    │
                                           │ ┌─────────┐ │
                                           │ │ 決済管理部│ │
                                           │ └─────────┘ │
                                           ├─────────────┤
                                           │情報サービス部門│
                                           │ ┌─────────┐ │
                                           │ │情報サービス部│
                                           │ ├─────────┤ │
                                           │ │情報システム部│
                                           │ └─────────┘ │
                                           ├─────────────┤
                                           │資本市場プロモーション部門│
                                           │ ┌─────────┐ │
                                           │ │ 証券広報部│ │
                                           │ ├─────────┤ │
                                           │ │新規上場サポート部│
                                           │ ├─────────┤ │
                                           │ │ 国際業務部│ │
                                           │ └─────────┘ │
                                           │ ニューヨーク駐在員事務所│
                                           │ ロンドン駐在員事務所│
                                           │ シンガポール駐在員事務所│
                                           └─────────────┘
```

業務部門：7部門13部
管理部門：4部2室

（平成17年6月23日現在）

（出所）東京証券取引所

政府保証債，金融債，投資信託の受益証券，投資証券，外国債券等である。

有価証券が上場されると，証券取引法の投資者保護に関する諸規定が適用されることとなる。

④ 株式取引方法

証券取引所の中心的な「株式取引方法」（債券取引については，取引所業務規程等参照）は，個別競争売買（オークション）方式による「売買立会取引」である。立会時間は，現在，午前9時〜11時の「前場（ぜんば）」，午後12時30分〜3時の「後場（ごば）」が原則であるが，証券取引のグローバル化のなかで，いわゆる時間外取引，夜間取引も普及しつつある。

売買立会取引の大半は，決済・受渡しが売買契約締結4日後に行われる「普通取引」である。取引の種類には，普通取引のほか「当日決済取引」（原則として売買契約の当日に決済が行われる），「発行日決済取引」（一定の場合に，新株券発行の一定期間前に当該新株券の売買を行い，予め定めた株券発行後のある日に決済を行うもの）がある。

売買立会取引では，注文を売り・買い別に市場に統合し，すべてを価格優先・時間優先の原則で行う。「価格優先の原則」とは，売りにおいては低い値段の売り呼び値が高い呼び値に優先し，買いにおいては高い値段の買い呼び値が低い呼び値に優先すること，「時間優先の原則」とは，同じ値段の呼び値間では，時間的に先立つ呼び値が優先すること，である。

売買契約締結の方法としては，ザラバ方式，板寄せ方式などがある。「ザラバ方式」とは，立会開始後最初の値段がついた後，立会終了時まで継続して行われる方法のことで，価格優先，時間優先原則に従って執行される。「板寄せ方式」は，立会開始後最初の値段を決定する場合等の方法で，値段成立時点までに発注された有効な注文のすべてを価格優先原則によって付け合わせ，一定の要件を満たす単一の価格で値段が決定されるものである。

売買立会取引以外の取引は，投資家の利便性の観点から1997年以降導入された仕組みがその中心で，単一銘柄取引，バスケット取引，終値取引，立会外取

引の4種類がある。

⑤ 有価証券先物等取引

証券取引所では，上述の現物有価証券だけではなく，「有価証券デリバティブ」の取引も取り扱っている。具体的には，有価証券先物取引（長期国債先物取引，超長期国債先物取引，中期国債先物取引等），株価指数先物取引（東証株価指数（TOPIX）先物取引や業種別株価指数先物取引等），株券オプション取引，国債証券先物オプション取引，株価指数オプション取引等である。

以上の取引の概要を，東京証券取引所についてみると図表3―6のとおりである。

(3) ジャスダック証券取引所

① 機　能

証券取引法に基づいて設立された同法上の認可法人である日本証券業協会は，長らく店頭売買有価証券市場の開設とそこにおける有価証券売買の円滑と公正を確保する存在として重要であった。しかし，1998年（平成10年）の「金融システム改革法」の施行をきっかけに，店頭市場の運営業務を株式会社化する機運が生まれ，2001年2月からは日本証券業協会が中心となって増資したジャスダック株式会社に市場運営業務の大半を移管した。さらに，2004年には証券取引所の免許を取得して，「株式会社ジャスダック証券取引所」に改組された。その組織と現状は，図表3―7，3―8のとおりである。

② 上　場

ジャスダックに上場するためには，一定の基準を満たすものでなければならない。元来は，アメリカの「NASDAQ」を範としたところから「JASDAQ（ジャスダック）市場」と呼ばれていた。もともと上場有価証券以外の有価証券は，各証券会社の店頭で個別・相対で取引がなされていたが，1963年（昭和

第3章 証券市場のプレイヤーたち

図表3―6 取引所における取引の概要

				立 会 時 間
株券	内国株券			午前立会（9:00～11:00），午後立会（0:30～3:00） （半休日は午前立会のみ）
	優先出資証券			
	外国株券			
債券	国債証券	条件付取引		〃
		通常取引		午後1:00～1:30（半休日は午前9:30～10:00） 各銘柄ごとに1回の約定値段が決定されるときまで
	外国債券	円貨建	標準取引	午後1:30～2:00（半休日は午前10:00～10:30） 各銘柄ごとに1回の約定値段が決定されるときまで
			特別取引	午前立会（9:00～11:00），午後立会（0:30～3:00） （半休日は午前立会のみ）
		外貨建		午後1:30～2:00（半休日は午前10:00～10:30） 各銘柄ごとに1回の約定値段が決定されるときまで
	国債証券及び外国債券以外の債券 （地方債，特殊債，金融債，社債）			午前立会（10:30～11:00までの間において，各銘柄ごとに1回の約定値段が決定されるときまで）とし，午後立会は行わない
転換社債型新株予約権付社債券	円貨建			午前立会（9:00～11:00），午後立会（0:30～3:00） （半休日は午前立会のみ）
	外貨建			
交換社債券				〃
新株引受権付社債券				〃
国債証券に係る有価証券先物取引				午前立会（9:00～11:00），午後立会（0:30～3:00）イブニング・セッション（3:30～6:00（超長期国債先物取引を除く。））（半休日は午前立会のみ）
国債証券先物取引に係る限月間スプレッド取引				午前立会（9:00～11:00），午後立会（0:30～3:00）イブニング・セッション（3:30～6:00（超長期国債先物取引を除く。））（半休日は午前立会のみ）
株価指数先物取引				午前立会（9:00～11:00），午後立会（0:30～3:10） （半休日は午前立会（9:00～11:10）のみ）
株券オプション取引				〃
国債証券先物オプション取引				午前立会（9:00～11:00），午後立会（0:30～3:00）イブニング・セッション（3:30～6:00（超長期国債先物に係るオプション取引を除く。）） （半休日は午前立会（9:00～11:00）のみ）
株価指数オプション取引				午前立会（9:00～11:00），午後立会（0:30～3:10） （半休日は午前立会（9:00～11:10）のみ）

（出所） 東京証券取引所業務規程

2 市場開設者

呼値の単位	売買(取引)単位
1株(口)の値段が， 　2,000円以下　　　　　　　　　1円 　2,000円超　3,000円以下　　　　5円 　3,000円超　3万円以下　　　　 10円 　3万円超　5万円以下　　　　　50円 　5万円超　10万円以下　　　　100円 　10万円超　100万円以下　　 1,000円 　100万円超　2,000万円以下　　1万円 　2,000万円超　3,000万円以下　　5万円 　3,000万円超　　　　　　　　10万円	1単元の株式の数を定めている会社…1単元の株式の数　1単元の株式の数を定めていない会社…1株　ただし，特に指定した銘柄については，取引所が定める1口。ただし，特に指定した銘柄については，取引所がその都度定める口数 1,000株，500株，100株，50株，10株又は1株 (時価を基準として定める。)
・最終利回りにより呼値を行う場合は，0.001% ・値段により呼値を行う場合は，額面100円につき，1銭	額面5万円
額面100円につき，1銭	額面5万円
〃	額面100万円又は額面10万円(銘柄ごとに，発行されている券種の最小額面金額)
〃	額面100万円。ただし，呼値を行う場合の最低数量は，額面1,000万円(登録債により決済を行うこととする条件を付した呼値を行う場合は，額面100万円)
100ポイント(=銘柄ごとに，発行されている券種の最小額面金額)につき，0.01ポイント	銘柄ごとに，発行されている券種の最小額面金額
額面100円につき，1銭	額面1,000万円又は額面100万円
額面100円につき，1銭	額面100万円，額面50万円又は額面10万円(銘柄ごとに，発行されている券種の額面金額)
100ポイント(=銘柄ごとに，発行されている券種の額面金額)につき，0.1ポイント	銘柄ごとに，発行されている券種の額面金額
額面100円につき，5銭	1証券
額面100円につき，1銭	額面100万円又は額面50万円(銘柄ごとに，発行されている券種の額面金額)
額面100円につき，1銭	額面1億円
0.5ポイント(東証銀行業株価指数に係るものは0.1ポイント)	株価指数先物取引における株価指数の数値に1万円を乗じて得た額
対象株券1株の呼値の制限値幅の下限の値段が 　2,000円未満　　　　　　　　　50銭 　2,000円以上　3,000円未満　　　2円50銭 　3,000円以上　3万円未満　　　　5円 　3万円以上　5万円未満　　　　 25円 　5万円以上　10万円未満　　　　50円 　10万円以上　100万円未満　　　500円 　100万円以上　2,000万円未満　5,000円 　2,000万円以上　3,000万円未満　25,000円 　3,000万円以上　　　　　　　　5万円	株券プットオプション又は株券コールオプション1単位(権利行使価格で対象株券の売買単位の売付け又は買付けを成立させることができるオプション1単位)
権利行使により成立する国債証券先物取引の対象銘柄の額面100円につき，1銭	国債証券先物プットオプション又は国債証券先物コールオプション1単位(権利行使対象物限月取引において，権利行使価格で額面1億円の売付け又は買付けを成立させることができるオプション1単位)
5ポイント以下の呼値…0.1ポイント 5ポイントを超える呼値…0.5ポイント (1ポイント=1万円)	株価指数プットオプション又は株価指数コールオプション1単位(現実指数と権利行使価格との差に1万円を乗じて得た額の金銭を受領する取引を成立させることができるオプション1単位)

※ただし，取引所が呼値の単位を引き下げる必要があると認めて特に指定したものは，当該呼値の単位を下回る呼値の単位

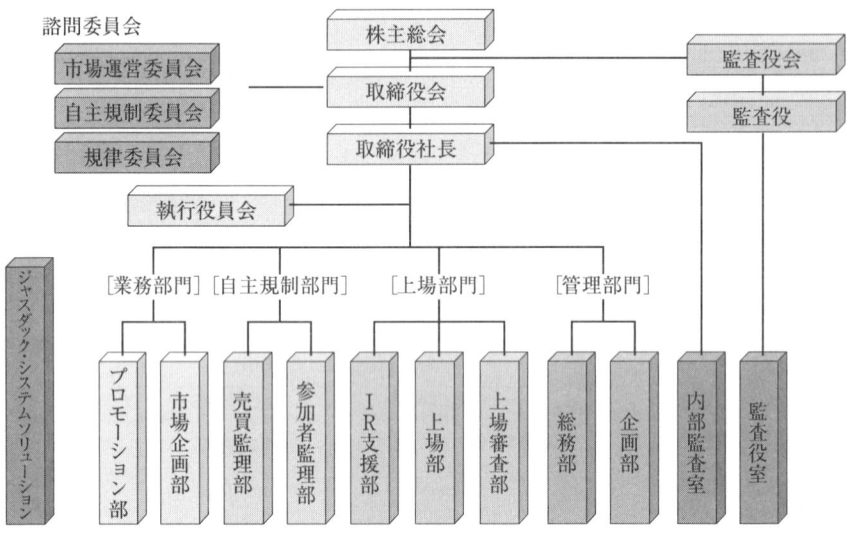

第3章　証券市場のプレイヤーたち

図表3―7　ジャスダック証券取引所の組織図

（出所）ジャスダック証券取引所

図表3―8　ジャスダック市場の現状

	1997	1998	1999	2000	2001	2002	2003	2004
売買高(百万株)	1,375	1,244	4,142	3,457	3,297	―	―	―
時価総額(億円)	92,276	77,424	274,108	102,832	89,270	69,834	93,845	123,556
売買代金(百万円)	2,657,458	1,552,739	12,193,876	11,422,759	5,012,628	3,668,323	6,346,385	12,568,059
会社数	834	856	868	886	926	939	943	944
銘柄数	834	856	868	886	926	939	943	952
新規会社数	105	62	73	97	98	70	63	71

（出所）ジャスダック証券取引所

38年）にこれらのなかで，協会の定める基準を満たしたものの取引を組織的に実行するために株式店頭市場が発足した。この店頭市場は時とともに規制を緩和して機能を充実させていったが（図表3―9），特に1983年（昭和58年）と1998年（平成10年），2001年（平成13年）の改革が重要である。

　1983年には，中堅企業の株式売買市場としてNASDAQを参考にした登録ディーラー制度の導入や勧誘規制の緩和，公募増資の容認などの大きな改革が行

2 市場開設者

図表3-9 ジャスダック市場のあゆみ

年		月	内容
1983年	(昭和58年)	11月	新しい「株式店頭市場」発足 主な改善事項は(1)登録制度の改善(2)公募増資の容認(3)情報開示の充実等
1986年	(昭和61年)	7月	店頭登録会社の投資信託組入れ容認
1987年	(昭和62年)	5月	店頭登録会社の転換社債発行を容認
1989年	(平成元年)	2月	(1)登録前の株式移動、第三者割当増資に対する規制強化 (2)株式公開における一部入札制度の導入
1990年	(平成2年)	8月	登録銘柄300社を達成
1991年	(平成3年)	10月	JASDAQシステム稼働
1992年	(平成4年)	7月	証券取引法において店頭売買有価証券について相場操縦の禁止、インサイダー取引等の規制を適用
		10月	保管振替制度を実施
1994年	(平成6年)	5月	登録銘柄500社を達成
		6月	登録審査の改善
1995年	(平成7年)	5月	登録銘柄600社を達成
		7月	店頭登録特則銘柄(フロンティア銘柄)制度を創設
1996年	(平成8年)	1月	店頭登録会社の新株引受権付社債発行を容認(適債基準の撤廃)
		4月	登録銘柄(本則銘柄)の取引に係る確認書の徴求撤廃等
		6月	店頭銘柄700社を達成
		12月	店頭特則銘柄第1号を登録
1997年	(平成9年)	6月	証券取引審議会答申 株式店頭市場の位置付けを取引所市場の補完的市場から競争的市場へ見直し
		7月	未上場・未登録株の投資勧誘の緩和
		9月	ブックビルディング方式の導入、登録銘柄800社を達成
1998年	(平成10年)	11月	日本証券業協会インターネット開示システム(JDS)を稼働
		12月	証券取引法の改正・施行 株式店頭市場の位置付けの見直し 株式店頭市場の抜本的改革に着手 マーケット・メイカー制度の導入 登録基準の見直し 日本店頭証券㈱が㈱ジャスダック・サービスに改組
1999年	(平成11年)	7月	JASDAQ-BLOOMBERG INDEX 公表開始
		8月	「市場改革の行動計画」公表
		10月	登録標準日程・登録審査日程の公表
		11月	店頭市場プロモーション室の設置 登録審査書類の簡素化実施
		12月	登録基準の弾力的見直し実施 株式交換法制に対応した規則改正実施
2000年	(平成12年)	2月	特徴のある未公開企業を公開できる仕組みを設けるため、登録基準を追加
2001年	(平成13年)	2月	㈱ジャスダック・サービスが、日本証券業協会から店頭市場の運営業務を委託される。併せて、㈱ジャスダックに改組
		5月	新JASDAQシステム稼働
2003年	(平成15年)		JASDAQマーケットメイクシステムの見直し
2004年	(平成16年)	12月	㈱ジャスダック証券取引所に改組

(出所) 日本証券業協会

われた。その後，ジャスダック市場は大きな発展を遂げたが，市場の位置付けとしては取引所市場の補完市場であるとされていた。

1998年（平成10年）には，金融システム改革の一環としての証券取引法改正により，店頭売買有価証券市場は取引所有価証券市場と並立しこれと競合的関係にある市場，と位置付けられ，2001年（平成13年），市場運営業務の株式会社化が，そして現在は証券取引所となったことは上述のとおりである。

③ **売買方法**

ジャスダックにおける売買方法は大別して2種類ある。第1は，組織化が進んでいる市場において注文を1カ所に集中させて売買を行う「オークション方式」（「オーダードリブン方式」とも言う），第2は，証券会社が売買それぞれに価格を提示して売買を行う「マーケット・メイク方式」（「クォートドリブン方式」とも言う）である。

〔オークション方式〕

証券取引所における売買方法と基本的に同じであるが，相対取引を原則とすることから一物一価は成り立たない。また，成り行き注文もできない。ただし，度重なる売買システムのレベルアップにより，相当程度の流動性を有する銘柄の小口注文の大量処理を効率的に処理できるようになっている。

具体的には，1991年に稼働開始したJASDAQシステムを利用している。同システムは，売買システムと情報伝達システムの2つのシステムから成っている。「売買システム」では証券会社間の，登録銘柄，店頭管理銘柄と店頭転換社債の売買処理をオンラインでリアルタイムに行っている。また，「情報伝達システム」は，売買値段や気配の証券会社からの申告や各種問い合わせ，店頭市況情報の提供等をオンライン・リアルタイムで行っている。

〔マーケット・メイク方式〕

オークション方式は，流通量が多い銘柄の取引において効率的かつ公正な価格形成に資するものであるが，比較的小規模で発行・流通量の少ない企業の株式取引には必ずしも適当ではない。さりとて，このような銘柄を市場の自然な

2 市場開設者

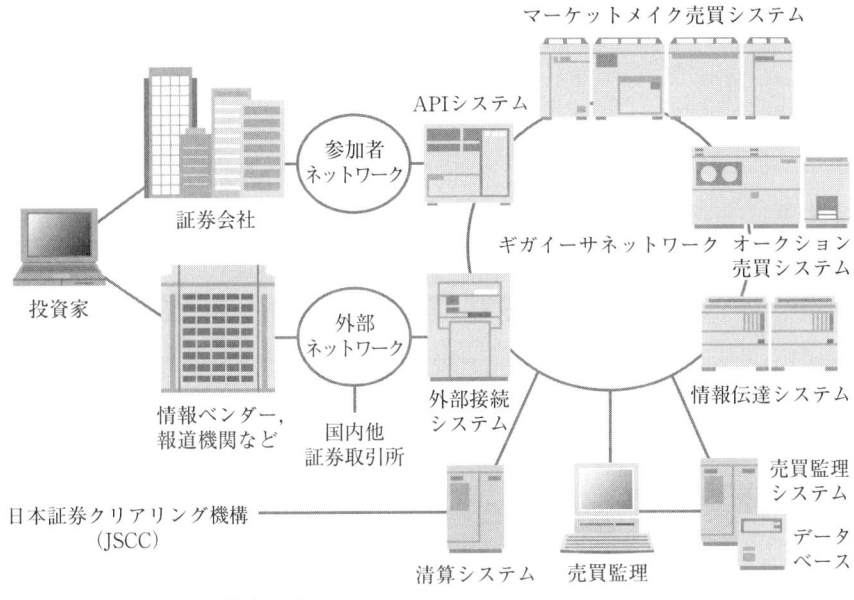

図表3—10　JASDAQシステムなどの概略構成

(出所) ジャスダック証券取引所

動きのみに委ねていると売買自体の成立が難しいこととなる。そこで工夫されたのが，マーケット・メイク方式である。

「マーケット・メイク方式」は，一定の銘柄についてマーケット・メイカーとなることを届け出た証券会社が，その銘柄の売り気配と買い気配ならびに株数を常時提示し，マーケット・メイカーは自分が提示した気配で売買に応じるものとする仕組みである。

2005年9月末時点で，マーケット・メイク銘柄の数は239銘柄，マーケット・メイカーは21社で1銘柄当たりのマーケット・メイカー数は11.3社である。

〔システムの向上〕

店頭売買有価証券市場では，売買システムのレベルアップを続けている。2000年3月には，JASDAQの付随システムとしてマーケット・メイク銘柄の小口約定システムを稼働させ，2001年5月からは高速回線を利用して従来の10

数倍の売買処理速度を有する新システムを立ち上げた。さらに2003年には，オークション方式とマーケット・メイク方式の長所を組み合わせた，より高速で効果的かつフレキシブルなシステムである「APIシステム」が導入された（図表3—10)。

(4) 新しい市場が生まれた経緯

　1990年代のアメリカの経済繁栄は，進取の気概を持ったベンチャー企業の躍進に負うところが大きいと言われている。日本においても，ベンチャー企業を育成・発展させるためにベンチャー・キャピタルの設立や証券会社の新規公開営業が行われていたが，市場に株式を公開するための基準は相当に厳しく，特に優れた技術や人材を持っていても資金や財務面が弱い草創期のベンチャー企業にとっては必ずしも利用しやすいものではなかった。

　1990年代半ばには，日本証券業協会が通常の店頭市場より株式公開基準を緩和した「店頭特則市場」を発足させたが，当時は店頭市場が取引所市場の補完と位置付けられていたうえ，社会からの認知度も十分ではなく，思わしい成果を上げられなかった。大阪証券取引所や名古屋証券取引所も新市場を開設したが，これらも所期の目的を十分に達成しているものとは言い難かった。

　その後，ベンチャー企業の公開支援が喫緊の課題として共通に認識されるようになり，1998年には，証券業協会の店頭市場が1号基準と2号基準の2本立てに（2号基準は利益基準や純資産基準がなく，ベンチャー向け市場と言える），また1999年11月には，東京証券取引所が新興企業向け市場である「マザーズ」を開設した。店頭市場は2004年に基準を一本化したうえ，前述のようにジャスダック証券取引所となった。さらに，2000年6月には，全米証券業協会（NASD）とソフトバンクが大阪証券取引所と提携して，ベンチャー向け市場であるナスダック・ジャパン市場を創設したが，2002年12月には大証が単独で運用する「ヘラクレス」市場となった。また，地方の証券取引所においてもベンチャー向け市場の開設が相次いだ。

3 証券保管振替機構

　株式等の売買を行った場合には，株券等の受渡し・決済を行うのが原則である。いわば，物品を売買した時におカネを支払う一方でその物品の引渡しを行うのと同じ道理である。ところが，有価証券の受渡し・決済はなかなかに厄介である。まず，対象である証券類は通常は「紙」であるから滅失・毀損しやすいし，数量の確認もかなり面倒である。また，関係者は直接的な売買の当事者（投資家）だけではなく，取引の過程には売り・買いそれぞれの委託を受けた証券会社や取引所等が介在するため，物理的な流通経路も複雑である。さらに，日々の取引数量は膨大である。他方で，最終投資家にとっては保管に不安もある証券を，自分自身で保持していなければならないという動機は一般にそれほど強くはない。直接の物理的な占有をしていなくても，権利行使に問題がなければよいはずであろう。

　このような点に鑑みて設けられたのが「有価証券の保管振替制度」であり，同制度を運営しているのが「株券等の保管及び振替に関する法律」に基づいて設立・運営されている「株式会社　証券保管振替機構」（通称「ほふり」）である。

　同制度は，証券保管振替機構（以下「機構」と言う）に有価証券を集中的に保管して，有価証券の受渡しは証券券面を物理的にやり取りするのではなく機構に設けた口座の振替で行うとともに，有価証券の保有権利者は券面なしで権利行使できるようにしたものである。機構の関係者は大別して，参加者（証券会社，銀行，保険会社等），最終投資家（顧客），発行会社の三者である。

　機構の仕組みを証券会社を通じた株式売買のケースでみると，次のとおりである。まず投資家は，機構の参加者である証券会社に顧客口座を開設する。証券会社は，機構に参加者口座を開設し，自社が預託する株券についての口座残高を持つ。つまり，投資家は取引証券会社に設けた顧客口座を通じて，間接的

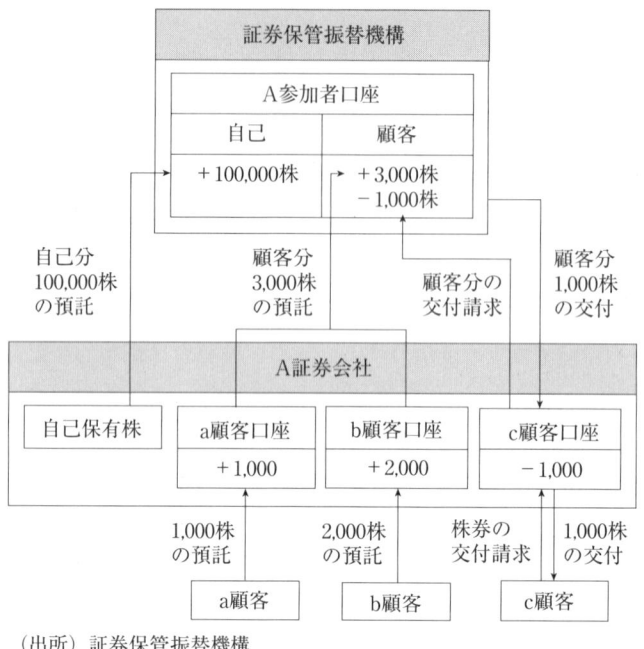

第3章　証券市場のプレイヤーたち

図表3—11　証券保管振替機構の仕組み

```
                    証券保管振替機構
          ┌─────────────────────────────┐
          │        A参加者口座           │
          │   自己      │    顧客        │
          │ +100,000株  │  +3,000株      │
          │             │  -1,000株      │
          └─────────────────────────────┘
     自己分        顧客分         顧客分の   顧客分
   100,000株     3,000株         交付請求   1,000株
    の預託       の預託                     の交付
                    A証券会社
    ┌─────┬─────────┬─────────┬─────────┐
    │自己 │ a顧客口座│ b顧客口座│ c顧客口座│
    │保有株│ +1,000  │ +2,000  │ -1,000  │
    └─────┴─────────┴─────────┴─────────┘
            1,000株   2,000株   株券の    1,000株
            の預託    の預託    交付請求   の交付
             a顧客     b顧客              c顧客
```

（出所）証券保管振替機構

に機構に参加するわけである（図表3—11）。機構に預託された株券は，参加者や投資家別に分別することなく「混蔵保管」される。参加者と投資家は，顧客口座簿と参加者口座簿に記載されている株式数に応じて共有持分権を持つものとされるのである。投資家や証券会社が，機構に預託した株券の売買等を行った場合には，顧客口座簿や参加者口座簿の振替により受渡しが行われる（図表3—12）。投資家と参加者(証券会社)は，いつでも機構から株券を引き出せることになっている。

　機構は，預託された株券を株主名簿上機構の名義に書き換えて，参加者からの報告に基づいて顧客を「実質株主」として発行会社に通知する。発行会社は，これを受けて「実質株主名簿」を作り，実質株主に対して直接，配当金等の支払を行うのである。

　機構の取り扱う有価証券は，国内上場株券，新株予約権付社債券，社債券，

3 証券保管振替機構

図表3—12 取引所取引の例

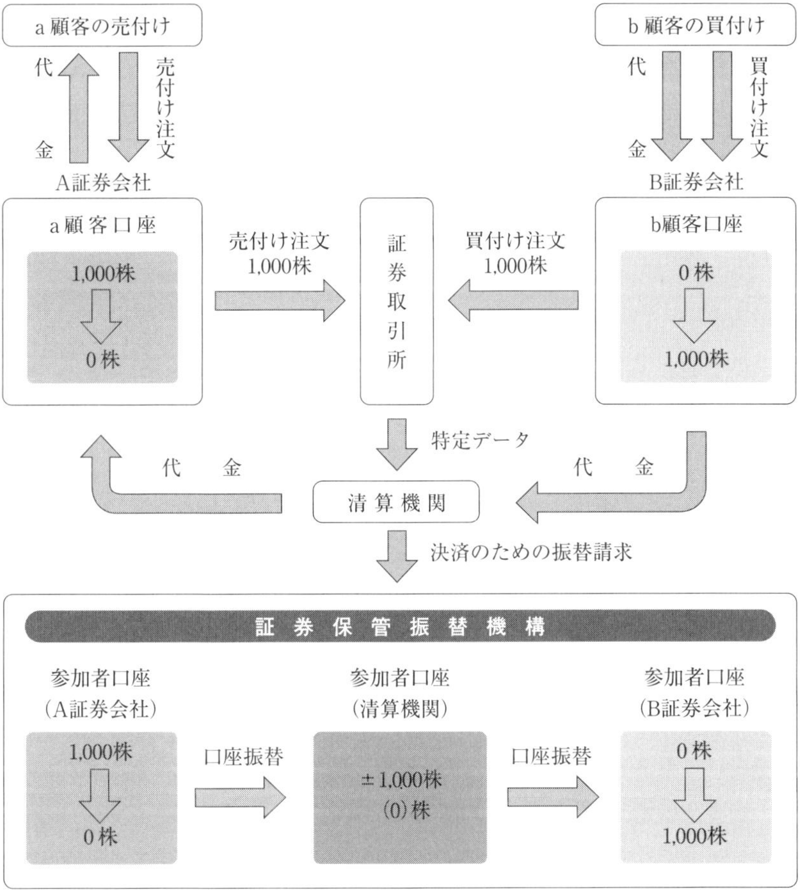

ETF（株価指数連動型投資信託受益証券），REIT等，共同組織金融機関の優先出資証券となっている。2005年度において，機構が取り扱っている会社数は3,781社であり，国内公開会社のすべてである。また，機構の株券保管残高は2005年11月末で2,719億株にのぼり，国内公開会社の発行済株式総数の75％が預託されている。

また，株券等の電子化（ペーパーレス化）を定める法律が成立し，2009年（平成21年）までの間に施行される運びとなっていることから，ほふりでは

2005年に株券電子化小委員会を立ち上げ，現行の保管振替制度からペーパーレス化に対応した新たな振替制度への円滑な移行を図るための実務処理等の検討を行っている。株券のペーパーレス化は，日本の証券決済制度の安全性，効率性と利便性の向上により，証券市場の発展やグローバリゼーションに資するもので，一連の証券決済改革のなかでも重要な位置を占めている。

4　証券金融会社

(1)　現物取引と信用取引

　普通，モノを購入するときには，自分の持ち金の範囲でしか買わないし，モノを売る場合にも，自分で実際に所有しているモノを売却する。このように，取引に当たり，現実に売買当事者が持っているおカネとモノを交換するのが「現物取引」である。有価証券の売買も，まずは現物取引ありき，と言ってよいだろう。しかし，経済社会が進んでくれば，おカネを借りてモノを購入したり，モノを借りてそれを売ったりする行為も盛んになってくる。いわゆる信用供与を受けて取引を行うわけである。さらに，信用供与を受けた売買取引の清算を，制度や契約上，その取引の期間内に反対売買を行って決済する「差金決済」も行われるようになる。こうした信用供与を柱として，実質的な差金決済を可能とした証券取引の制度が，「信用取引」である。

　証券取引法は，信用取引を「証券会社が顧客に信用を供与して行う有価証券の売買その他の取引」と定義している（証取法156条の24，161条の2）。具体的には，証券会社が一定の保証金（「委託保証金」と言う）を徴収することで顧客・投資家に買付けのためのおカネや売り付けるための有価証券を貸し（品貸し），顧客が少ない資金でその売買取引を行うものである。ここで，関係者は証券会社，顧客，対象物は有価証券とされているが，現実の関係者では後述の証券金融会社も重要であるし，対象有価証券は株式と考えてよい。

このように，信用取引は少ない資金や持株で大きな取引を可能とするもので投機的性格が強い。それでは，投機的な信用取引がなぜ制度的に認知されているのだろうか。一般に説明される理由は，株式市場には厚みのある高い流動性によってこそ公正な価格形成が期待できるところ，実需に基づく取引だけではこの目的を十分には実現できない，そもそも市場には投機的思惑もある仮需を含めた多様な需給が大量に投入されることで，いわゆる本来的な市場原理が働き価格形成が円滑になされる，このような観点から信用取引は非常に重要な意義を有する，というものである。ただし，信用取引はレバレッジの高い極めてハイリスク・ハイリターンの取引である。したがって，参加する投資家には十分な自己責任能力が備わっている必要があり，制度運営上もこうした点を考慮したものになっている。

　信用取引には，証券取引所上場株券等を対象とし証券取引所の規則に基づく伝統的な「制度信用取引」，証券取引所上場株券等を対象とするが，金利，品貸し料などを顧客と証券会社の間で決める「一般信用取引」がある。制度信用取引には後述の貸借取引が利用できるため，信用取引の中心的存在となっている。

　なお，信用取引は，証券会社—顧客間では信用供与が行われるが，取引所においては実物取引が行われるものである。つまり，取引所では実需による通常の売買がなされ，信用供与＝おカネや有価証券の貸借関係は，顧客と証券会社の間に残るだけである。この点が，第二次世界大戦前に行われていた清算取引が取引所取引の一種として差金取引を目的としていたところと異なる。

(2) 証券金融会社

　信用取引において顧客に信用供与する者は，一義的には証券会社であるが，そのすべてを各証券会社が自前で賄えるわけではない。そこで，証券会社に対して資金や株券等を融通する存在が設立された。これが証券金融会社である。「証券金融会社」は，証券取引法に基づいて金融庁の免許を取得し，証券取引

第3章　証券市場のプレイヤーたち

所の会員に対して信用取引の決済に必要な金銭や有価証券を貸し付ける業務を営む特殊な金融機関である。現在は，東京証券取引所会員業者を対象として業務を行っている日本証券金融株式会社，大阪証券取引所会員を相手とする大阪証券金融株式会社，名古屋証券取引所会員を対象とする中部証券金融株式会社の3社がある。

証券金融会社と会員証券会社との間で行われる信用取引に係る貸付けを「貸借取引」と言う。会員証券会社は，予め証券金融会社と貸借取引契約を締結する。会員証券会社は，貸付株券や貸付金額の価額に一定の掛目を乗じた「貸借担保金」を差し入れる必要がある。なお，貸借担保金は有価証券で代用することができるが，その種類と現金換算率（代用掛目）は個別に定められている。

5　投資顧問業者

(1)　投資顧問とは

投資顧問とは，日常用語的には広く有価証券投資等に関するアドバイスを行うことを指すが，証券市場のプレイヤーとして重要な存在は，法律上の根拠を持った投資顧問会社のことである。歴史的には，いわゆる「街の投資顧問」と言われる集団や，投機筋のグループが不透明な取引によって問題視されたことも少なくなかった。そこで，1986年（昭和61年）に，投資顧問業務の適正な運営を確保して投資者保護を図るために「投資顧問業法（有価証券に係る投資顧問業の規制等に関する法律）」を制定し，投資顧問業者は同法に基づく登録を要するものとした。

したがって，「投資顧問業」とは，株式や債券等の有価証券に対する投資判断に関して有償で投資家に助言を行う専門業務のことであり，投資顧問業務を営む業者が投資顧問業者である。投資顧問業務には，「投資助言業務」と「投資一任業務」とがある。「投資助言業務」は，助言だけを行うもので，業法上

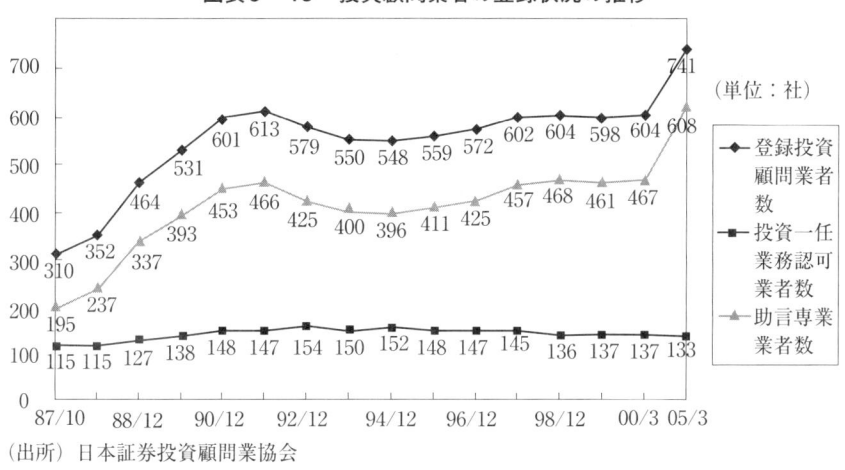

図表3―13　投資顧問業者の登録状況の推移

（単位：社）

年月	登録投資顧問業者数	投資一任業務認可業者数	助言専業業者数
87/10	310	115	195
88/12	352	115	237
(90以前)	464	127	337
90/12	531	138	393
-	601	148	453
92/12	613	147	466
-	579	154	425
-	550	150	400
94/12	548	152	396
-	559	148	411
96/12	572	147	425
-	602	145	457
98/12	604	136	468
-	598	137	461
00/3	604	137	467
05/3	741	133	608

（出所）日本証券投資顧問業協会

は内閣総理大臣への登録だけでよい。これに対して「投資一任業務」は，顧客から有価証券の価値等の分析に基づく投資判断を一任され，この投資判断に基づいてその顧客のために投資を行うのに必要な権限を委任される契約（投資一任契約）を結ぶなどして，投資判断と投資に必要な権限を投資家から委任されているものである。投資一任契約は，証券投資に関する重要な部分を任されるものであるから，これを営むためには業務の内容と方法を定めたうえで内閣総理大臣の認可を受けなければならないことになっている。

（2）投資顧問業者

投資顧問業者数はバブル期に大きく増加した後，減少に転じたが，2000年以降は増加傾向にある。内訳は，助言専業業者が80％強，投資一任業者が20％弱である（図表3―13）。投資顧問契約残高は2005年3月末で108兆円弱，一任契約は約80兆円，助言契約は約28兆円，となっている（図表3―14, 3―15）。

第3章　証券市場のプレイヤーたち

図表3―14　認可投資顧問業者（投資一任会社）の契約資産残高推移

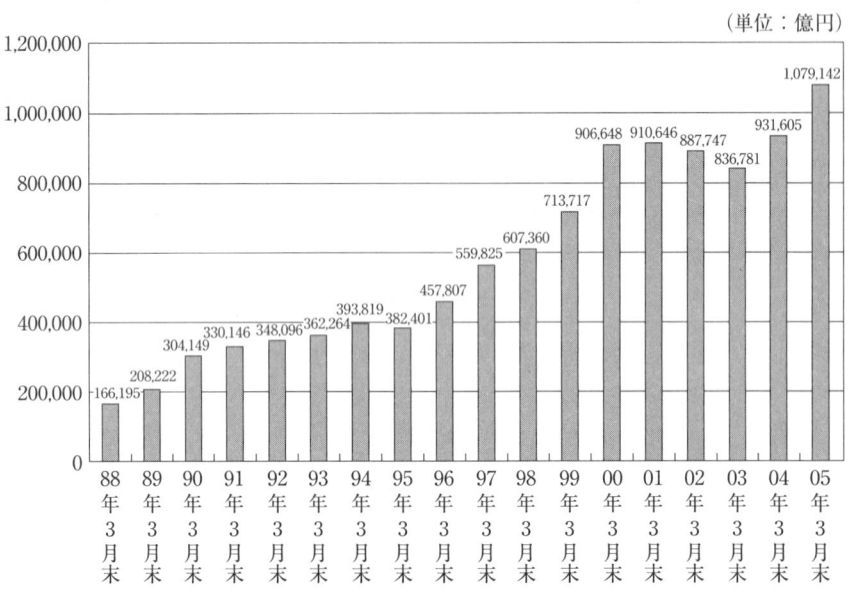

(単位：億円)

88年3月末	166,195
89年3月末	208,222
90年3月末	304,149
91年3月末	330,146
92年3月末	348,096
93年3月末	362,264
94年3月末	393,819
95年3月末	382,401
96年3月末	457,807
97年3月末	559,825
98年3月末	607,360
99年3月末	713,717
00年3月末	906,648
01年3月末	910,646
02年3月末	887,747
03年3月末	836,781
04年3月末	931,605
05年3月末	1,079,142

(注) 2001年3月末まで契約元本ベース。2002年3月末から時価ベース。
(出所) 図表3―13に同じ。

図表3―15　投資一任契約，助言契約の内訳表

(単位：億円)

	92年3月末	93年3月末	94年3月末	95年3月末	96年3月末	97年3月末	98年3月末
一任契約	159,489	152,008	161,423	157,481	175,705	244,904	285,377
助言契約	188,607	210,256	232,396	224,920	282,102	314,921	321,983
合計	348,096	362,264	393,819	382,401	457,807	559,825	607,360

	99年3月末	00年3月末	01年3月末	02年3月末	03年3月末	04年3月末	05年3月末
一任契約	327,569	428,988	502,481	551,679	537,039	636,692	796,913
助言契約	386,148	477,660	408,165	336,068	299,743	294,913	282,229
合計	713,717	906,648	910,646	887,747	836,781	931,605	1,079,142

(出所) 図表3―13に同じ。

(3) 日本証券投資顧問業協会

1987年（昭和62年）に投資顧問業法に基づき「社団法人　日本証券投資顧問業協会」が設立された。同協会は，投資者の保護と投資顧問業の健全な発展に資することを目的とする，投資顧問業者を会員とする民法上の公益法人である。

6　格付会社

(1) 格付とは

　有価証券に投資しようとする場合には，その有価証券の収益性やリスクについて分析し判断することになる。この判断材料としては，発行会社が法律に基づいて公表する財務・経営状況に関する諸資料（後述するディスクロージャー資料）や会社概要，新聞・雑誌などの関連資料，あるいは有価証券投資のベテランや証券業界のプロの意見などがある。しかし，投資家によって投資分析のノウハウ・知識は相当に異なるし，できるだけ客観的な評価基準が存在することには大きな意味がある。このような，有価証券についての投資判断の基準を記号化して示したものが「格付」である。

　格付は，理屈のうえでは，すべての有価証券が対象になるし，実際に大半の主要な有価証券には何らかの格付が付されている。ただし，株式や投資信託については，証券会社系の研究機関や調査部門によるものがほとんどであり，比較的中立的でかつ格付業務に特化した会社（格付会社）による格付は，債券が中心である。最近では証券化関連商品にも格付が付されており，投資に当たって大きな参考にされている。

　もともと，格付はアメリカで発達した。すでに古く20世紀初頭から鉄道債に対する格付が行われていたが，格付の重要性が飛躍的に高まったのは大恐慌以降である。1970年代には短期のCP格付が始まるとともに，金融・資本市場の

第3章　証券市場のプレイヤーたち

国際化の進展に伴って格付もグローバル化していった。日本で本格的な格付が開始されたのは，80年代に入ってからであるが，徐々にその信頼性が高まり，現在では債券の発行条件等に非常に大きな影響を与えている。1997年の日本の金融危機時に，発行企業の証券のみならず国債に対する格付も大きな影響を与えたことは記憶に新しい。

(2) 格付の意義

　格付は前述のように，とりわけ債券投資に際して重要視される。格付は債券等の元利金支払の確実性＝安全性を符号で分かりやすく表示した格付会社の意見だからである。符号は格付会社によって異なり，たとえば，最上級格付はある格付会社ではAAA，別の格付会社ではAaaという符号を用いている。当該債券の発行会社の財務内容等が悪化して格付が引き下げられれば，その債券の価格は低下し，流通利回りは高くなる。実務的には，債券利回りの基準になっている国債やスワップ金利（これらを「ベンチマーク」と言っている）とその債券との利回格差（「スプレッド」と言う）が拡大するし，逆に格付が引き上げられればスプレッドは縮小する。

　また，すでに発行されて流通している債券と同一の発行会社が新たに債券を発行する場合にも，その発行条件を決定するために格付が大きな参考にされる。イールド・カーブ（債券の年限と利回りの相関をグラフで示したもの）と格付スプレッドも債券投資や債券発行に係る重要な判断基準となっている。

(3) 格付会社

　世界の格付会社では，アメリカの格付会社が歴史と実績がある。主要なものは，ムーディーズ，S&P，フィッチ等である。また，日本では日本格付投資情報センター（R&I）と日本格付研究所（JCR）が代表的である。格付会社は，それぞれ独自に債券等を分析しているため，同一銘柄に対しても各社によって

図表3―16　主要格付会社の概要

	日本格付投資情報センター(R&I)	日本格付研究所(JCR)	Moody'S Investors Service (MDY)	Standard & Poor'S (S&P)	Fitch IBCA	Thomson Bank watch	Duff&Phelps Credit Rating
本社所在地	東京	東京	米国NY	米国NY	米国NY, 英国LDN	米国NY	米国シカゴ
設立	1979 1998合併	1985	1900	1860	1913 1997合併	1974	1932
株主	日経グループ, 銀行, 証券等	銀行, 保険会社等	Dun & Brudstreet	McGrow-Hill	Fimalac(仏の持株会社)	Thomson Corporation	Duff&Phelps
格付対象	1,100 日本企業 855	600 日本企業 524	5.500 日本企業 307	7,000 日本企業 215	1,400 日本金融35	1,300 日本金融45	n.a.
特色	日本で最も歴史があり(20年), 国内社債カバー率90%強。98年4月JBRIとNISが合併。	日本で第2位の実績。生保・信託など機関投資家が大株主。	国際的に展開。10の海外拠点。"勝手格付"で市場浸透図る。情報提供に力入れる。	国際的に展開。17の海外拠点。MDYと並び, 世界2大格付会社。	米Fitchと英IBCAが97年合併。14の海外拠点。積極拡大中。金融機関格付で実績。	金融機関専門。世界的に展開。格付は公表せず。	中南米, 東南アジアなどに幅広く展開。

格付が異なる場合も少なくない。投資や発行に当たっては，こうした差も考慮される。なお，内外の格付会社の概要は図表3―16のとおりである。

7　証券アナリスト

　証券投資に関して最近とみに存在感を高めているものが，「証券アナリスト」である。「アナリスト」とは，情報等を分析する専門家のことであり，世の中には軍事専門の軍事アナリストもいれば，金融問題の分析を行う金融アナリストもいる。ここでは，証券分析の専門家のことである。証券アナリストには債券アナリストもいるが，単にアナリストと言った場合には主として発行会社と

その株式に関する分析に従事する者を指している。

「証券アナリスト」は，発行会社の財務諸表や様々なデータ，業界データと情報の収集・分析，発行会社等への聞き取り調査や工場などの実地見学等を行いながら，発行会社のエクイティ価値を分析し，レポート等でその証券投資への参考意見を述べる。証券アナリストはアメリカで誕生・発展し，資格制度としての公認アナリスト（CFA）制度がある。日本でも近年，アナリストの意見が投資判断や株価に影響を与えるようになってきた。日本には検定アナリスト制度がある。

証券アナリストには，証券会社やその系列研究機関に属している「セル・サイドのアナリスト」と，機関投資家等に所属する「バイ・サイドのアナリスト」がいる。これらのアナリストは，発行会社と投資家の間で，投資情報に付加価値をつけて仲介する重要な意味を持っている。ただし，ごく最近では発行企業情報の公正な開示への要請と高度情報化技術の発展で若干，位置付けも変わってきている。

8　金融機関と証券業務

(1)　銀行と証券

日本では，戦後長らく銀行は原則として証券業務を兼営することはできず，証券会社も銀行業務を営むことができなかった。これは主に戦後，アメリカの制度を導入したことを理由とするものである。アメリカでは，1929年の大恐慌と銀行不況の原因の1つは，当時銀行が証券業務を営んでいたことからくる様々な弊害にあるとされていた。この経験を踏まえて，銀行と証券の厳密な分離を規定した1933年銀行法（グラス・スティーガル法）が設けられたのであるが，その後，銀行界と証券界はお互いの業務乗入れを巡って激しい論争を展開した。現在では，この規制は実質的にほとんど撤廃されたものと言ってよく，

グラス・スティーガル法は過去のものになったと言われている。

日本ではグラス・スティーガル法の考え方が，証券取引法65条に盛り込まれた。ところが，1975年以降，次第に銀行が証券業務への関心を高め，1985年頃は証券会社も大手中心に銀行業務への参入を検討し始めた。その後，日本経済の構造変化に伴い，金融システムのあり方そのものに根本的な再検討が加えられるようになっていった。平成に入ると，それぞれが100％子会社を通じて相互乗入れを実施するような制度改革も行われるようになったのである。

(2) 日本版金融ビッグバン

「日本版金融ビッグバン」は，日本の戦後金融制度を特徴付けてきた規制色の強い仕組みを抜本的に改めるとともに，それまでの間接金融（銀行業）中心のシステムを直接金融（証券業）主体のものに変えていくことを目的としたものである。

第二次世界大戦後の日本の金融制度は，もともと金利の規制，外国為替の規制，業務の規制が強く，かつ金融当局である大蔵省（当時）が強力な権限と指導力を発揮していた。特に，銀行業に対しては厳格な参入規制がなされる一方で，事実上銀行の破綻は存在しないような構造になっていた。証券業に関しても免許制をはじめとして，銀行業と類似の仕組みであった。こうした金融行政は，「護送船団方式」とも呼ばれていた。しかし，日本の経済構造が大きく変化するなかで，いわゆるバブル経済が崩壊した後の不良債権問題と，これを主因とする銀行・証券の経営破綻が頻発するようになると，従来型の方式が限界をみせてきた。加えて，急速なマーケットのグローバル化もあって，今までのシステムでは立ち行かないようになってしまったのである。

こうした点への反省と対応策として打ち出されたものが，金融システム改革（いわゆる「日本版金融ビッグバン」）だったのである。Free, Fair, Globalを理念とするビッグバンの内容は多岐にわたるが，銀行の証券業務への参入に関連した部分の骨子は，子会社を通じたほぼ全面的な参入を認めるとともに，銀

第3章　証券市場のプレイヤーたち

行本体にも相応の業務規制緩和を行ったところにある。

(3)　拡大する金融機関による証券業務

　最近は，金融機関による証券業務への参入がますます拡大している。その理由としては，貯蓄から投資へのシフトが国民経済的課題とされるなか，強大な販売力を持つ金融機関にもその一翼を任せようとの政策目的の存在がある。また，かつては証券取引法65条を絶対視していた証券業界も，金融環境激変のもとでは従前ほどまでにはこれにこだわらず，むしろ金融機関との提携等を通じて前向きな業務展開を進めようとの方向に転換しているようである。

　むろん，金融機関が証券業務に関わる場合には，利益相反や投資家保護にも十分，意を用いなければならない。現行のシステムはこうした考えに基づき，次第に金融機関による証券業務の範囲を拡大しているものと考えられよう。

　金融機関は，公共債や証券化商品に係る証券業務全般と投資信託等の売買，取次ぎ・代理等や一部有価証券の私募の取扱い，有価証券店頭デリバティブ取引の媒介，取次ぎ・代理等を行える（証取法65条2項）。また，自己が議決権の過半数を保有する証券子会社を通じて，一定のファイヤー・ウォール（親金融機関とその証券子会社の間に生じ得る利益相反などの弊害を防止するための規定）を設ければ，すべての証券業務を営むことができる（証取法65条の3他）。

　これらに加え，2004年（平成16年）の証券取引法改正で金融機関による証券仲介業務も認められた。

9　証券会社の安全性規制と投資家保護

　証券市場のプレイヤーのなかでも，特に投資家＝顧客との接点が多いものが証券会社である。このため，証券会社の安全性保持やその破綻時等における投

118

資家保護策が重要である。

(1) 自己資本規制比率

投資家保護の観点から，制度的にも実態的にも最も重要な規制が「自己資本規制比率」である（証取法52条）。これは，証券会社のトータルなリスク管理を充実させるため1990年（平成2年）に導入された後，次第に強化・格上げされ，リスク算定方法等を一段ときめ細かく規定するところとなっている。

「自己資本規制比率」とは，固定化されていない自己資本が，リスク相当額をどれだけカバーしているか，を算定するものである。

すなわち，（自己資本－固定的資産）÷リスク相当額　である。

ここで，リスク相当額は，①市場リスク相当額…保有有価証券等の価格変動リスク，②取引先リスク相当額…取引相手の債務不履行等による損失のリスク（与信相当額に取引相手別のリスクウェイトを掛ける），③基礎的リスク相当額…事務処理の誤り等日常的な業務の遂行上発生し得るリスク，の3種類に分けられている。

1998年（平成10年）の改正で，自己資本に関連してその補完的項目につき劣後ローンに加え劣後社債を追加したほか，リスク相当額について以下のような見直しを行ったうえ，2001年（平成13年）には金融システム改革法に基づき「証券会社の自己資本規制に関する内閣府令」が定められた。

市場リスクに関しては，各有価証券のリスクウェイトを見直すとともに，非上場有価証券の評価を時価評価とする，従来のリスクウェイト算定方式に加えて，市場リスクを取引内容や一般市場リスク，個別リスクに細分化したうえで合計していく「分解法」と「内部管理モデル方式」を採用した（上記内閣府令8条，9条）。また，取引先リスクについては，これまで対象となっていなかった債務保証契約等の与信行為をリスクに算入することとし，有価証券店頭デリバティブ取引について一定の相殺（ネッティング）を認めるとともに，取引先のリスクウェイトをより詳細に定めた。

第3章　証券市場のプレイヤーたち

証券会社は，毎月末に自己資本規制比率を内閣総理大臣に届け出ることを要する。

こうした自己資本規制比率をメルクマールとして，早期是正措置が発動される仕組みがとられている。すなわち，証券取引法上はこの比率が120％未満となった場合には，具体的な改善計画の提出・実行を要し，投資家保護のために必要なときは業務改善命令を発出する，100％未満となった場合には3カ月以内の業務停止命令を出し，3カ月経過後も回復の見込みがないときには登録取消しとする旨規定されている。さらに，内閣府令上では140％以下となった場合には，直ちに当局へ報告し財産状況を説明しなければならない。

(2) 業務及び財産の状況等の開示

証券会社は，上場会社等である場合のディスクロージャーに加え，いっそうの財務内容の開示充実を図るため，銀行の開示規制と類似の規制を受けている。

会社法，証券取引法上の一般的な開示規制は，発行段階と流通段階のそれぞれに営業報告書や目論見書，有価証券報告書等に関し詳細な定めがあることは周知のとおりである。

ここで，銀行の開示規制（銀行法21条等）類似の規制とは，具体的には，営業年度ごとの業務及び財産の状況に関する事項を記載した説明書類の作成とその全営業所における備置き義務（証取法50条等），四半期ごとの自己資本規制比率記載書面の作成，備置き・公示義務である（証取法52条）。

投資家や証券会社の利害関係人は，通常のディスクロージャーに加え，証券会社の業務，財産，自己資本規制比率の状態について，従来よりはるかに簡便かつ詳細に知り得るような体制になっている。

(3) 証券取引責任準備金

証券会社は，証券事故に伴う損失補塡に備えるために，取引の数量に応じて

一定の「証券取引責任準備金」を積み立てる必要がある（証取法51条，証券会社に関する内閣府令35条）。これは事故顧客の保護はもちろん，補填した証券会社の財務健全性が損なわれ他の一般顧客をも害することのないようにするためのものである。

(4) 顧客資産の分別管理

　証券取引に伴ういわゆる「保護預り」は，証券会社が取引先顧客からその有価証券取引等に関連して有価証券や現金を原則として有償で預かる業務である。金融機関の預金のような意味で返還義務を要するものではなく，他人の財産を預託された寄託者として返還義務を負っているものである。

　従来にもまして，証券業への参入が容易になっている（また退出もしばしば起こり得る）一方で，いわゆる投資家の自己責任原則が重要視されていくなかで，保護預りされた顧客資産の管理保護は極めて重大な意味を持っている。1997年の大型証券会社経営破綻に際しては，日本銀行や大蔵省（当時）を中心に関係者の協力によって被害を最小限に食い止めたが，より安定的できっちりした法整備が望まれるところでもあった。

　そこで，1998年（平成10年）の証券取引法改正に当たって，証券会社の顧客資産の「分別保管義務」を規定することとなった（証取法47条）。証券取引法と証券会社の分別保管に関する命令（2004年（平成16年）に改正され，「内閣府令」となった）の定めによると，証券会社は，預託を受けた有価証券と特定性のある有価証券（顧客の計算において占有する有価証券のこと）は証券会社の固有財産と分別し，確実・整然と保管しなければならず，証券会社が預託された金銭や特定性のない有価証券に関しては，証券業を終了した場合に顧客に返還すべき額に相当する金銭（顧客分別金）を信託会社等に信託して，証券会社の固有財産と分別して保管しなければならないものとされる。かかる規定の違反に対しては，行政処分とともに刑事罰の対象になる。なお，実務上は，日本証券業協会が公正慣習規則（有価証券の寄託の受入れ等に関する規則）で広

第3章　証券市場のプレイヤーたち

範・詳細なルールを定めている。

上記の分別管理は，1998年の秋に実態調査が行われ，1999年春から実施のスケジュールが起案された。現実には中小証券会社の多くは短期間内の対応に難色を示したが，業界，各業者の懸命の努力で，予定どおり2000年4月から実施されている。また，2002年4月からは日本証券業協会の理事会決議に基づく分別保管の実効性の確保に関する措置が講じられている。

(5)　投資者保護基金

証券会社破綻に際しての投資家保護の資金的裏付けとしては，従来，寄託証券補償基金があった。しかし，これは1969年に証券会社が任意に設立した財団法人であって，補償の仕組みも補償額も不十分であった。山一証券，三洋証券といった大型の破綻を教訓として，1998年（平成10年）の証券取引法改正で創設された新制度が「投資者保護基金」である。

「投資者保護基金」は，大蔵大臣の認可を受けて設立された，20以上の証券会社が会員となっている証券取引法に基づく法人である。複数の基金もあり得，当初は，2つの基金（いわゆる協会系と外資系）が存在していたが，2002年7月に統合され「日本投資者保護基金」（会員数289社）として再発足した。日本国内で営業するすべての証券会社は，基金に加入することを義務付けられており，廃業その他の特別のケースを除いて基金の脱退は認められない。

基金の業務は2種類である。第1は，顧客に対する金銭の支払，第2は，証券会社に対する融資である。

顧客への支払とは，顧客資産に関する債務で証券会社による円滑な弁済が困難と認められるものについて，当該証券会社に成り代わって顧客への金銭支払を行う業務である。顧客への支払額は1,000万円を限度とする。なお，ここで顧客とは，適格機関投資家や公共団体等を除く「一般顧客」に限られる。除外される投資家は，自己責任能力が高く要保護性が低いものと考えられたのである。上述した分別管理で本来は十分であるべきであるが，その補完ならびに不

測の事態に備えた体制であると言えよう。

　次に，証券会社に対する融資は，破綻証券会社が顧客資産の迅速な返還を行えるように定められた業務である。内閣総理大臣の了解通知を踏まえて実行されることとなっている。

　融資制度は，証券会社の顧客への弁済が「困難ではないが迅速にはできない」場合に限定して適用されることになっている。

　なお，基金は証券会社が倒産手続に入った場合にも一定の権限を与えられている（証取法79条の60等）。

第4章

資金調達からのアプローチ

第4章　資金調達からのアプローチ

1　有価証券による資金調達の意味

　国，地方公共団体や企業が資金調達を行う方法には，大きく分けて2種類ある。1つは金融機関等から融資を受ける，つまり借金をするやり方であり，もう1つは証券市場を通じて資金の手当てを行うものである。それぞれの方法には一長一短があるし，資金調達を行おうとする企業などの業績や財務状況，取引関係等によって使い分けをしていくべきものである。

　金融理論の立場からは様々な説明の仕方がなされるが，本書では資金調達を仲介する者が自らのリスクでおカネを供給する方法を「間接金融」，資金調達を仲介する者はあくまでも仲介に徹し，最終的なリスクは投資家がこの仲介者を通じて負う方法を「直接金融」と位置付けている。端的に言うと，銀行等の貸出，融資が間接金融（経済的には，銀行は預金者から集めたおカネを企業等に貸し出すのであるが，貸出リスクは銀行自体が負担する。したがって，融資が焦げ付いたときにも預金者にそのリスクは及ばない建前である）であり，証券市場を利用した債券や株式の発行が直接金融（債券や株式を発行した発行体が元本・利息を返済できなくなったり破綻しても，仲介者である証券会社はリスクを負わない）である。

　第1章で説明したように，21世紀の日本の金融システムは大きく直接金融にシフトしていくべきものとされた。社債や株式による資金調達の比重は傾向的に大きくなっているし，成長過程にあるベンチャー企業へのリスク覚悟の資金供給（このような性格の資金を「リスクキャピタル」と言う）には，株式発行などの直接金融がより適している。また，資金配分に伴うリスクは金融機関だけが負うのではなく，証券市場を通じて企業，機関投資家から個人まで広く国民全体が負担すべきである，と考えられているのである。

　このような有価証券による資金調達は，資金調達者からすればコストが低くかつ大きな金額の調達が可能である。また，投資家からみれば銀行預金等に比

べて高い投資収益を期待することができる。ただし，外部の保証でも付けない限り元本・利息の支払が保証されているものではなく，かつ市場動向（いわゆる相場）によって元本の価格は変動する。有価証券投資を行う者は，こうした有価証券の性格を十分理解しておく必要がある。

　投資家が，投資しようとする有価証券の性格を理解するためには，それぞれの有価証券と発行体についての正確で十分な情報がタイムリーに提供されなければならない。この情報開示を法律上定めている制度を，「ディスクロージャー（企業開示）規制」と言う。ディスクロージャーは，有価証券発行に伴うもの（発行開示）と有価証券の流通過程で要請されるもの（流通開示）に大別されるが，本章では発行開示について後述し，流通開示については第5章で触れることとする。

　有価証券発行における一連の手続や規制と，これらが遂行される場を，「発行市場（プライマリー・マーケット）」と呼んでいる。また，株式や新株予約権付社債のような株式的性格を有する債券の発行を「エクイティ・ファイナンス」と言い，普通社債の発行を「デット・ファイナンス」と言う。

　証券市場を活用した資金調達方法を分類すると図表4—1のようになる。

2　公募・私募と直接募集・間接募集

　有価証券の発行方法には，公募・私募と直接募集・間接募集とがある。
　「公募」とは，不特定多数の者に対して有価証券の募集を行うことであり，「私募」とは少数の者もしくは一定の専門的投資家に対して有価証券の取得の勧誘を行うことである（詳細は第3章1(2)④）（図表4—2参照）。
　一方，「直接募集」とは，発行体が自ら直接に投資家に有価証券を販売する方法であり，発行手続も発行体が行う。「間接募集」とは，引受証券会社を通じて有価証券の発行を行う方法である。
　通常の有価証券発行は，公募を間接募集する方式で実行される。また，引受

第4章　資金調達からのアプローチ

図表4—1　証券市場における調達形態一覧

- エクイティ・ファイナンス
  - 公募増資
    - 国内募集
    - 海外募集
  - 新株予約権付社債（転換社債型）
    - 国内募集
      - 固定利付
      - その他
    - 海外募集
      - スイスフラン建
      - ユーロ円建
      - アジア円建
      - デュアルカレンシー
  - 新株予約権付社債（ワラント型）
    - 海外募集
      - ユーロ市場
        - ドル建
        - スイスフラン建
        - ユーロ建
        - （円建）
      - （アジア市場）
    - （国内募集）
  - 株主割当増資
    - 中間発行
      - 純資産価額方式
      - （時価方式）
    - 額面割当
  - 第三者割当増資
- デット・ファイナンス
  - 普通社債
    - 国内募集
    - 海外募集
      - 円建社債（MTNを含む）
      - 外貨建社債（MTNを含む）
  - CP

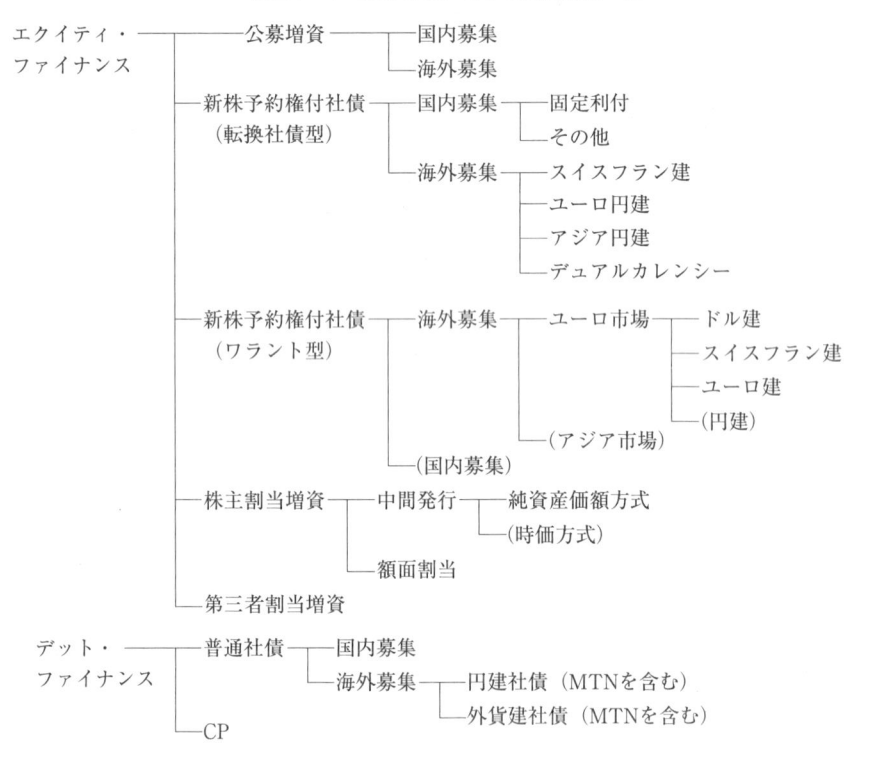

図表4—2　募集の概念

投資者属性＼人数	プロ（適格機関投資家）のみ	プロ以外を含む投資家
50人未満	②	②
50人以上	②	①

①，②の部分が証券取引法上の募集（いわゆる公募）である。

方式は，株式は買取引受け，社債は残額引受けによるケースが多い。

3 開示規制

(1) 会社法開示と証券取引法開示

　前述のように，証券の発行に際しては投資家に対してその証券の投資判断に資する情報が的確かつ十分に示されなければならない。この開示に関する規制は，大別して2種類ある。会社法の定めと証券取引法の規定である。会社法がすべての社債発行や株式発行について適用される申込証について定めているのに対し，証券取引法は不特定多数の投資家を対象とする募集，売出しに関する規定を中心としている。要求される開示内容は，後者の方が詳細多岐にわたる。これは，証券取引法が投資家保護の観点から投資判断に重要な企業内容等の諸情報の開示に重点を置いているからである。さらに，証券取引法の開示は金融庁や証券取引等監視委員会の審査の対象になるが，会社法開示ではこれらの行政機関の関与はない。以上の点から，ここでは証券取引法の開示規制について説明する。なお，企業開示制度は証券取引法の諸規定のなかでも最も詳細で複雑・難解であるので，本書では骨子に触れるに留めておく。

(2) 有価証券届出書

　証券取引法上の発行開示の中心をなすものが，「有価証券届出書」制度である（証取法4条，5条等参照）。一言で言えば，不特定多数の投資家相手に有価証券を勧誘し取得させようとするときには，同法所定の有価証券届出書に必要事項を記載して添付書類とともに内閣総理大臣に届け出る仕組みである。届出書の内容は内閣府令に基づいて審査されるとともに，公衆の縦覧に供される。
　有価証券届出書の提出が必要なのは，原則として募集・売出しの場合である。

第 4 章　資金調達からのアプローチ

私募の場合には届出書提出義務はない。この他にも届出書提出不要なものとして，証券取引法は，その有価証券についてすでに開示が行われている場合における当該有価証券の売出し，発行・売出価額の総額が 1 億円未満の場合，募集・売出しの対象となる有価証券が国債，地方債，政府保証債等である場合（証取法 3 条）等を定めている。なお，届出免除の場合でも有価証券通知書を提出しなければならない場合がある（証取法 4 条 5 項）。

有価証券届出書の届出義務は，当該有価証券の発行者にある。個人の大株主がその特定の保有株を売り出す場合も，届出義務はこの大株主ではなく当該株式の発行会社にある。

有価証券届出書には 3 種類ある。完全開示方式と，簡略化された組込方式，参照方式である。「完全開示方式」では，証券情報に加えて企業情報も記載しなければならないが，「組込方式」では，企業情報は綴込み方式等で，「参照方式」では，企業情報は有価証券報告書等を参照すべき旨を記載しておけばよい。簡略化した方式が利用できるかどうかは，発行会社のこれまでの開示実績による（証取法 5 条 3 項，4 項，企業内容等の開示に関する内閣府令（以下「開示府令」と言う）参照）。

完全開示方式の有価証券届出書の記載内容は概略，以下のとおりである。

表紙には，届出書の提出年月日，提出会社名，連絡先，有価証券の種類・金額，縦覧場所などが印刷されている。

届出書の内部は，第 1 部が「証券情報」で，募集・売出要項（新規発行有価証券，売出有価証券，募集の方法及び条件，売出しの条件，引受け，社債管理の委託，新規発行による手取金の使途など），その他の記載事項，が記載される。

第 2 部が「企業情報」で，企業の概況（連結・個別の主要経営指標の推移，沿革，事業の内容，関係会社の状況，従業員の状況など），事業の概況（業績の概要，生産・受注・販売の状況，対処すべき課題，経営上の重要な契約，研究開発活動など），設備の状況，提出会社等の状況，経理の状況（連結財務諸表，財務諸表等），提出会社の株式事務の概要，提出会社の参考情報，が記載

される。

　第3部が「提出会社の保証会社等の情報」，第4部が「特別情報」である。
　2002年（平成14年）と2004年（平成16年）の金融審議会報告を踏まえて行われた開示府令改正では，「コーポレート・ガバナンスの状況」等が加えられるとともに，分かりやすさといっそうの開示の充実が図られている。
　届出書提出前は募集・売出しはできない。提出後であっても届出書が効力を発生するまでの一定期間（原則として15日。これを「待機期間」と言う）は，募集・売出しはできるが有価証券を取得させることはできない。ただし，すでに十分な開示がなされるなど，公衆に当該発行に関する情報が行き渡っていると認められる一定の場合には，待機期間の短縮が認められており，最短では届出書提出から直ちにもしくは翌日に効力を発生させることができる（証取法5条3項）。
　届出後で効力発生の前に，届出書に記載すべき重要事項の変更がある等一定の場合には，訂正届出書を提出しなければならない。

(3) 発行登録制度

　届出書制度は，投資家保護を図るための重要な仕組みではあるが，かなり煩雑であるという難点がある。そこで，アメリカの一括登録制度（shelf registration）を参考にして，相当の開示実績のある発行者については，予め一定の記載事項を書いた書類を提出しておけば，個別の発行の際にはその都度届出書を提出しなくても証券情報を記載した文書を提出することで，直ちに有価証券の取得・売付け制度が定められている。これが，「発行登録制度」である（証取法23条の3参照）。
　「発行登録制度」を利用できる発行者は，届出書における参照方式の要件を満たす者である。この者が発行価額・売出価額の総額が1億円以上の募集・売出しを予定している場合には，当該有価証券の発行予定期間，発行予定額，種類，引受けを予定する主たる証券会社，等を記載した発行登録書を内閣総理大

臣に提出しておく。発行登録の効力発生中は，一定の証券情報を記載した発行登録追補書類を内閣総理大臣に提出すれば，直ちにその有価証券の取得・売付けができることとなっている。

(4) 金融の証券化への対応

金融の証券化に伴って整備されたいわゆる資産金融型証券は，会社等の形態を形式的に利用するものの，本質はその証券の背景にある資産の性格や資産管理・運営の仕組みにある。したがって，伝統的な企業金融型証券の開示をそのまま踏襲しただけでは不十分である。そこで，証券取引法改正により資産金融型証券（証券取引法上は「特定有価証券」と言う）の開示については，証券の仕組み，証券所有者の法的権利，運用対象資産の内容，証券の組成を行う者や資金を調達するオリジネーター等に関する情報を記載するように工夫されている。

(5) 目論見書

届出書が提出されかつ効力が発生した後は，投資家に勧誘して当該証券を取得させることができそうだが，これには条件がある。

有価証券届出書は公衆縦覧に供されるとは言っても，現実に投資家のすべてが縦覧場所に出かけてその内容を検討することは期待できない。そこで証券取引法は募集・売出しに際しては，発行者に「目論見書」という文書を作成することを要求している。届出書が効力を生じて，有価証券の取得をさせたり，売付けをしようとする場合には，発行者，売出人，引受人又は証券会社は，届出書とほぼ同じ内容が記載されている目論見書を，予め又は同時に投資家に交付しなければならない（証取法15条2項）。この目論見書は，正確には「届出目論見書」と言われる。

届出目論見書の記載内容は，届出書に準じる。ただし，開示府令により若干

の補足がなされている（開示府令14条1項）。

前述のように有価証券届出書が受理されれば，その効力発生前であっても勧誘そのものは許されている。ところが，届出目論見書は届出書の効力発生を前提にしているので，勧誘行為に届出目論見書を使用することはできない。そこで，この間の勧誘に当たっては，届出目論見書とその主要部分において共通する「仮目論見書」を作成し使用することが認められている（証取法13条3項）。

なお，発行登録制度にも目論見書の適用がある。

(6) 開示違反へのペナルティ

有価証券発行を巡る諸規制で中心をなす考え方は，投資家に偏りや虚偽のない情報を提供することで投資家保護と証券発行市場への公衆の信頼を確保するところにある。したがって，開示の実効性を担保するために行政が積極的に関与するとともに，違反行為に対しては，民事責任さらには刑事責任を負わされることとなっている。以下，ごく簡単に概略を記しておく。

内閣総理大臣は，有価証券届出書等に不備や記載漏れ，虚偽記載があることを発見した場合には，訂正届出書の提出を命ずることができるし，虚偽記載等については，必要に応じて届出の効力を停止することもできる。これらに関連して，行政当局には報告徴取権や検査権がある。

「開示義務違反」に対しては，民法上の不法行為責任を修正して損害賠償を容易にするような規定が置かれている。また，民事責任は，発行開示の直接当事者である発行者に対してだけではなく，発行会社の役員や売出人，公認会計士・監査法人，元引受証券会社などの発行関係者にも及ぶことになっている。

刑事責任としては，たとえば有価証券届出書等の記載違反等は，最高5年の懲役もしくは500万円の罰金が科せられることとなっている。

(7) 電子開示手続の進展

　本章で説明している発行開示とともに，有価証券報告書などの流通開示もオンラインによるディスクロージャー手続の充実が進められている。これは，有価証券届出書や有価証券報告書などの開示書類の提出から縦覧にいたる一連のプロセスを，原則としてコンピュータ・システムに乗せて行うものである。このシステムが「EDINET」であり，インターネットにより一般投資家もアクセスできる。

　電子開示手続のうち，有価証券届出書，発行登録書，有価証券報告書，半期報告書，公開買付届出書，訂正報告書などは義務化されており「電子開示手続」と呼ばれる。

　有価証券通知書，大量保有報告書，これらの訂正報告書などは，文書でもオンラインでもよく「任意電子開示手続」という。

　EDINETの機能充実が進められる一方，2005年（平成17年）からは商法（会社法）上の電子公告制度が施行され，会社開示に係るオンライン化がさらに進化している。

4　デット・ファイナンス

　「デット・ファイナンス」の中心は，国内普通社債の公募である。戦後長く続いた間接金融優位のシステムのもとでは，社債発行市場は制限的な規制が多く，必ずしも旺盛な発行会社の要請に十分に応えているとは言えなかった。発行方式（社債の発行方式を「起債方式」と言う）は，硬直的で年限も限られていたし，何よりも社債発行の条件が厳しく，発行会社は限定されていた。1980年代になると，このような規制色の強い社債発行に関する諸ルールが次々に緩和・弾力化されていった。具体的には，起債方式の変更，年限の多様化，引受手数料や受託手数料の見直し・引下げ，格付の導入，商法改正による社債発行

限度額規制の撤廃や社債管理会社不設置債の登場等々であるが，とりわけ1996年初に実施された適債基準・財務制限条項の設定義務付け撤廃が大きな意味を持っている。

(1) 当事者

　社債発行は，発行会社が投資家にその社債を購入してもらい外部資金を調達するものであるから，直接的な「当事者」は，発行会社と投資家である。しかし，社債の発行から発行代わり金の入金までは，専門的な手続や市場への理解・経験を要するものであるため，円滑な社債発行のためには専門家の手が必要となっている。これらの専門家は，引受証券会社，社債管理者（基本的には従前の社債管理会社），財務代理人等である。

　起債の実質的なメインプレイヤーが引受証券会社である。特に，発行会社と直接引受契約を結ぶ元引受証券会社，わけても主幹事証券会社の役割が重要である。主幹事証券会社（実務では「リードマネージャー」とも言う）は，発行会社と社債の発行条件を交渉するとともに，発行のタイミングをはじめ起債全般についてアドバイスを行う。公募社債については，通常，複数の証券会社がグループを組成して引受けに当たる。このグループが「引受シンジケート団（シ団）」であり，この組成やとりまとめの中心が「主幹事証券会社」である。シンジケート団のメンバー証券会社が交わす契約を，「引受シンジケート団契約（シ団契約）」という。シ団各社は通常，引受シェアが異なる。主幹事証券会社が一番シェアが大きく，下位のメンバーのシェアは数％であることが多い。

　社債の発行会社は，原則として社債管理者を設置しなければならない。社債管理者とは，社債権者のために弁済を受領する権限や債権保全権限，社債権者集会の召集などの権限を持っている。1993年（平成5年）の商法関連改正までは，社債の受託会社が社債管理以外にも社債発行に必要な事務手続全般に関与し，社債の発行条件にまで関わっていたが，現在は管理者として社債管理に特化している。社債管理者になれるのは，銀行，信託会社又は担保付社債信託法

第4章　資金調達からのアプローチ

図表4－3　起債関係者

	普通社債	新株予約権付社債 転換社債型	新株予約権付社債 ワラント型
社債管理者 （担保の受託会社）	○	同左 （私募の取扱者を除く）	同左 （私募の取扱者を除く）
引受証券会社 （私募の取扱者）	○		
発行事務代行会社 （無担保社債の場合のみ）	○		
期中事務代行会社 （無担保社債の場合のみ）	○		
登録機関	○		
元利金支払事務取扱者	○		
財務代理人 （社債事務取扱者）	○ （社債管理者不設置債の場合のみ）	－	－
転換請求受付場所	－	○	－
転換請求取次場所	－	○	－
新株予約権（ワラント）行使請求受付場所	－	－	○
新株予約権（ワラント）行使請求払込取扱場所	－	－	○
新株予約権（ワラント）行使請求払込金取次場所	－	－	○

（出所）金融財政事情研究会資料を基に作成。

による免許を受けた会社や，これらに準ずるものに限られている。

　もっとも，最近の社債発行では，社債管理者を置かず財務代理人（発行会社との契約で元利払事務等の代行を行う金融機関，FAともいう）に事務を代行させる社債管理者不設置債が多い。これは，社債券面が1億円以上又は券面枚数が50枚未満で機関投資家を販売先とする発行の場合（いわゆる「ホールセール・ディール」）には，社債管理者を置かなくてもよいからである。

なお，担保付の社債を発行する場合には，担保の受託会社を設置しなければならない。受託会社には銀行，信託会社，担保付社債信託法による免許を受けた会社がなれ，業務は社債権者のために担保を管理するとともに社債管理業務を併せ行うことにある。

以上の起債関係者については，図表4—3に示した。

(2) 社債発行のプロセス

会社に設備投資等に伴う資金調達ニーズがあり，調達手段として社債発行を選択すると，取締役会で社債発行を決議する。社債発行における重要な要素は，発行額と発行条件である。このときに決め手となるのは，当該社債の格付と社債市場の実勢・環境である。発行会社は，自社においてもこれらの検討を行うが，引受証券会社候補から専門的なアドバイスを受けるのが一般的である。候補証券会社各社は，それぞれの市場分析や販売見込分析を踏まえて，発行条件等の提案を行う。発行会社は，これらの提案のなかで，自社にとってベストと評価できるものを選び引受主幹事証券会社に指名する。

引受主幹事証券会社は，発行会社から引受審査資料を受領して引受審査を開始する一方，発行会社と協議しながらシンジケート団を組成していく。また，企業開示関係書類作成や関係官庁への諸手続，交渉も，多くの場合，引受主幹事証券会社が代行する（書類作成作業を「ドキュメンテーション」と言う）。

発行予定日直前には，引受主幹事証券会社はある幅を持たせた複数の仮条件をシ団メンバーに提示し，メンバーからの反応を勘案しながら発行条件を煮詰めていく。これを「ブックビルディング」と言う。ブックビルディングの結果に基づきつつ最終条件を決定すると，募集の予約を開始する。実務的にはこの段階を「ローンチ」と称している。その後，有価証券届出書が受理されると正式な募集に入り，届出書の効力発生により社債を取得させることができるわけである。

一定期日に社債発行代わり金が発行会社に払い込まれることで，実質的な社

第4章　資金調達からのアプローチ

図表4—4　国内無担保公募債の仕組み

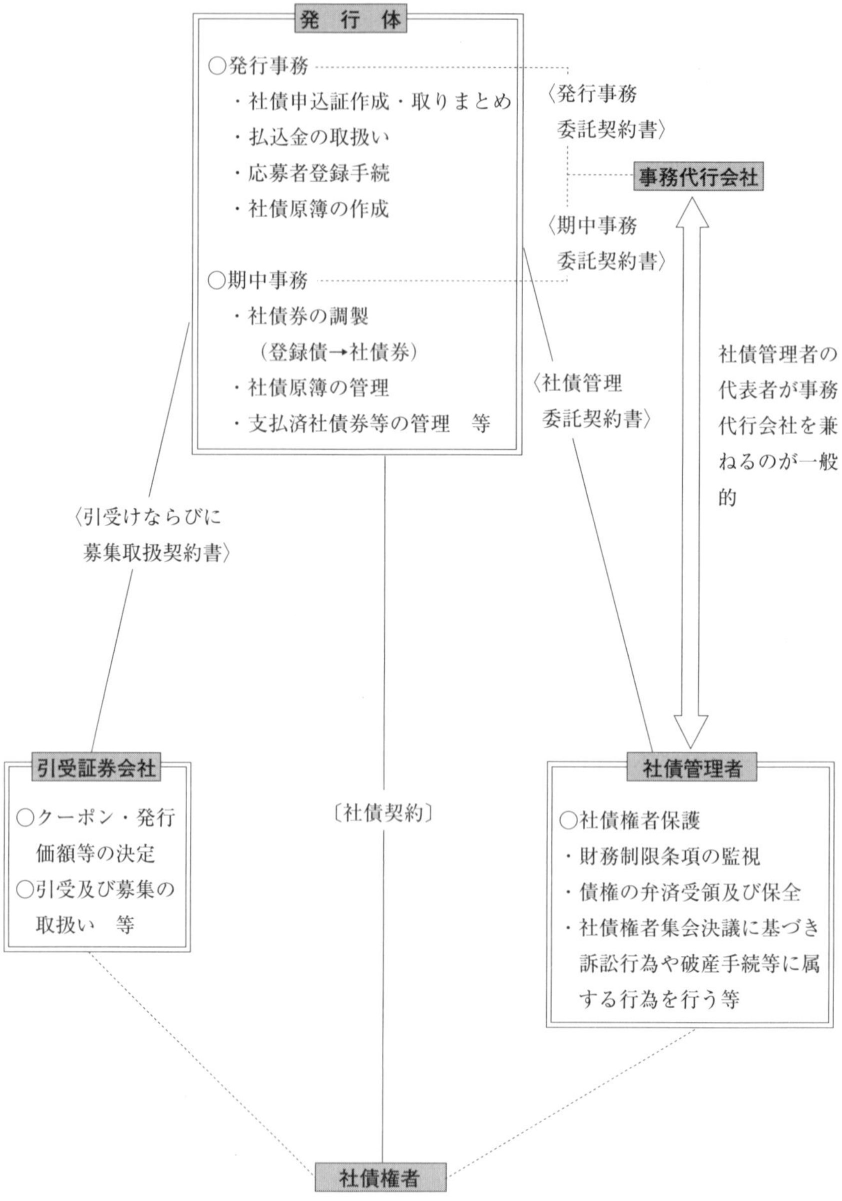

```
┌─────────────────────────────┐
│         発　行　体           │
│                              │
│ ○発行事務                    │
│  ・社債申込証作成・取りまとめ │
│  ・払込金の取扱い            │
│  ・応募者登録手続            │
│  ・社債原簿の作成            │
│                              │
│ ○期中事務                    │
│  ・社債券の調製              │
│   （登録債→社債券）          │
│  ・社債原簿の管理            │
│  ・支払済社債券等の管理　等  │
└─────────────────────────────┘
```

〈発行事務委託契約書〉
〈期中事務委託契約書〉
〈社債管理委託契約書〉

事務代行会社

社債管理者の代表者が事務代行会社を兼ねるのが一般的

〈引受けならびに募集取扱契約書〉

〔社債契約〕

引受証券会社
○クーポン・発行価額等の決定
○引受及び募集の取扱い　等

社債管理者
○社債権者保護
・財務制限条項の監視
・債権の弁済受領及び保全
・社債権者集会決議に基づき訴訟行為や破産手続等に属する行為を行う等

社債権者

（出所）金融財政事情研究会資料を基に作成。

138

債発行が完了する。以上の仕組みを図表4—4に示した。

　さて，発行した社債が完売できずに売れ残ったとしても，発行会社は発行した金額の全額を調達できる。これは，引受証券会社が買取りもしくは残額引受けを行うからである。つまり，社債の売残りリスクを引受証券会社が負担することで社債発行が円滑に行われる。特に主幹事証券会社は，販売環境が厳しい際にはシ団メンバーの要請に応じて彼らの販売分担の一部又は全部を引き取ることもある。また，社債発行の事前準備（市場分析，予備格付取得等）から社債の発行条件決定やドキュメンテーション作業，実際の販売活動，事後の発行に備えた参考資料作成等も引受証券会社，特に主幹事証券会社が主体的に関わっているからである。社債発行の関係者として引受証券会社が非常に重要な役割を担っていると言われるゆえんである。

(3) 国債の発行

　国債発行の主要な方式は，シ団引受方式と公募入札方式である。

　10年長期国債と割引国債は，シ団引受方式で発行されている。シンジケート団（国債募集引受団）は，1,600社強の金融機関と証券会社で構成され，このシ団と国の間で募集引受契約が締結される。シ団メンバーは一般投資家に販売するが，募残は引き受けるので発行予定額全額の発行が保証される仕組みとなっている。シ団メンバーのシェアは固定されている。なお，10年長期国債は過半部分に入札方式が導入されているので，シ団引受方式と公募入札方式の混合的な方式となっている。

　20年，30年の超長期国債，6年長期国債，中期国債，短期国債と政府短期証券は公募入札方式で発行されている。この方式は，入札者に発行条件や取得希望額を入札させて発行条件と発行額を決定するものである。入札方式にはいくつかの種類がある。

第4章　資金調達からのアプローチ

(4) 海外の債券発行

　海外の債券は非常にバリエーションに富む。特にユーロ市場では規制がゆるく，様々なタイプの社債が発行されている。かつて，日本の社債市場の規制が厳しかった頃には多くの日本企業がユーロ市場で社債発行を行い，日本国内の市場空洞化が危惧されたほどであった。国内社債市場の整備・規制緩和が進んだうえ，国内金利が史上最低水準で推移しているため1980年代に比べると発行額は激減しているが，企業の資金調達多様化のニーズや国際化に対応するためにも引き続き重要な市場となっている。

　主な普通社債には，ユーロ円建債，ユーロドル建債，ユーロ建債，スイスフラン建債，などがある。

5　エクイティ・ファイナンス

　株式及び株式に関連している債券（新株予約権付社債等）の発行による資金調達が，「エクイティ・ファイナンス」であるが，これはデット・ファイナンスと異なり，最終的に発行会社の自己資本の調達となるものである。また，デット・ファイナンスにおける発行条件の決定要素が発行体の信用力と市場金利が中心であるのに対して，エクイティ・ファイナンスでは発行会社の株価が重要な要素になる。新株予約権付社債の値決め（プライシング）ではそれらの債券的価値も考慮するものの，過半の部分はエクイティ価値で決まるものと言える。言い換えると，発行会社の収益力や将来性などの企業価値の見極めが大切なのである。最近のエクイティ・ファイナンスの状況は，図表4—5のとおりである。

　デット・ファイナンスにおいても経済・金融情勢で債券価格が変動することに留意しなければならないが，エクイティ・ファイナンスでは株価と直結しているので，いっそうの配慮が必要になると言えよう。ここでは，主として株式

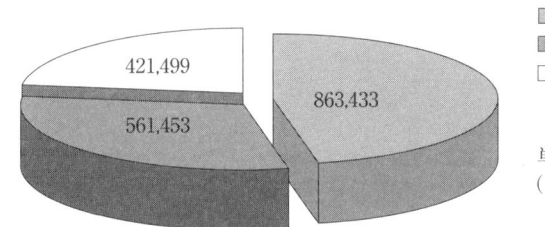

図表4—5　国内エクイティ・ファイナンスの状況（2004年）

■ 公募増資
■ 新株予約権付社債
□ 新規公開時公募

421,499
561,453
863,433

単位：100万円
（出所）図表1—11より作成

の発行についてみていくこととする。

(1)　新株式の発行形態

　新株の発行は大別して2種類ある。発行された新株式を引き受けた者（投資家）が払込みを行う有償の新株発行と，新株を無償で交付する株式分割である。発行会社にとって前者は資金調達となるが，後者はならない。

　有償の新株発行（有償増資）は，以下のように分類できる。

・株主割当て……既存の株主に対してその持株割合に応じて新株の予約権を割り当てるもの。かつては新株発行の主流であったが，最近では公開会社の株主割当ては少なくなっている。

・第三者割当て……株主以外の第三者，たとえば主取引銀行や取引先企業，発行会社社長の友人などに新株予約権を与えて株式を発行するもの。発行会社の資本政策として，安定株主作りや買収防衛策，取引先との関係強化などの観点から行われることが多い。なお，第三者に対する割当価格が既存株主の利益を害するようなものでないか（有利発行）について留意しておく必要がある。

・縁故募集……発行会社の役職員や取引先など，一定範囲のものに新株の引受けを募集して行う株式発行。

・公募……広く一般に株式の引受けを募集するもの。公開会社の主流的な新株

発行方式である。

（2） 時価発行公募増資のプロセス

　新株発行の主流である公募増資による資金調達は，主として長期の設備投資資金の手当てを目的としている。

　公募増資に当たっての株価（公募価格）は，証券取引所等における当該発行会社株式の時価を基準に決められるのが一般的であり，これを時価発行という。

　時価発行公募増資は，原則として取締役会で決議する。決議後，有価証券届出書の提出が必要となることは言うまでもない。なお，不当な新株発行を防止するために払込期日の2週間前までに新株発行の詳細を株主に知らせる手段として，株主に対する通知又は公告を行わなければならない（会社法201条3項）。通常は主要日刊新聞上の公告である。

　公募価格は，特定の日（届出の効力発生日の前日）の当該発行会社株式の終値に一定の比率を乗じた価格として届出書に表記しておき（これを「算式表示」と言う），公募価格が最終的に確定した段階で訂正届出書を提出する対応がなされる。たとえば，特定日の終値の96.5％と表示しておき，特定日の終値が1,000円であれば，公募価格は965円となるわけである。

　100％－96.5％＝3.5％を「ディスカウント率」と言う。

　時価発行公募増資においても，引受証券会社の役割が重要である。引受証券会社は，社債発行の場合と同様に引受リスクを負担して，発行株式全額の資金調達が円滑に行われるように機能しているのである。引受形態は，買取引受けと残株引受けである。「買取引受け」は，引受証券会社が新株を一括して買い取り，引受証券会社はその買取価格と同額で一般投資家に販売するものであり，「残株引受け」は，募集の結果，募残株式が発生した場合に引受証券会社がその残株を引き受けるものである。買取引受けの方が手続が簡便であり，一般的である。買取引受けのスケジュール例を図表4—6に示した。

5　エクイティ・ファイナンス

図表4—6　買取引受けによる日程例（通常日程）

期　間	月　日	手　続　事　項
中17営業日	5月29日（木） 6月上旬	引受審査資料を主幹事証券会社に提出 主幹事証券会社へ新株式発行申込書を提出 発行会社，公認会計士又は監査法人及び主幹事証券会社でコンフォートレター等について打合わせ
	6月24日（火）	新株式発行取締役会 証券取引所，保管振替機構へ通知 記者クラブ発表 安定操作委託者リストを証券取引所に提出 引受シ団資料配布
中15日	6月25日（水） 7月上旬 7月10日（木）〜 7月15日（火） X日	有価証券届出書を財務局へ提出 （仮条件記載） 目論見書配布 需要予測期間 （いずれかの日が条件決定日＝X日） 公募条件決定取締役会 引受契約等諸契約締結 訂正届出書を財務局へ提出
	X+1営業日 X+3営業日 7月16日（水）	届出の効力発生，募集開始 株式申込証，目論見書（訂正事項分）を配布 募集期日 募集条件決定公告
中2週間以上	7月29日（火） 7月30日（水） 7月31日（木）	公募株券を保管振替機構へ預託 申込期日 コンフォートレターを主幹事証券会社へ提出 払込期日
	8月1日（金）	資本増加日，株券交付日（上場日），引受手数料支払，申込取扱証明，払込金保管証明受領
本店2週間以内	8月4日（月）	変更登記

（出所）大和証券資本市場本部『エクイティファイナンスの実際』（日本経済新聞社，1997年）

第4章　資金調達からのアプローチ

(3)　安定操作取引

　株式の公募が行われると，短期間に大量の株式が市場に出回るために当該株式の価格が大きく下落する可能性が高い。これでは公募に多くの投資家が応じることは期待できず，円滑な資金調達が困難となる。株価の安定が望まれるところではあるが，本来株価は市場の実勢に委ねるべきで，人為的な株価操作は厳に慎まなければならない。そこで，この矛盾する2つの要請を考慮しながら，厳密な要件のもとに，公募増資等に限って制度的な株価操作を認めることとした。これが「安定操作取引」である（証取法159条3項，4項，安定操作の届出等に関する内閣府令）。証券取引法は，安定操作取引ができる者，安定操作取引の許される期間，安定操作取引価格の上限，安定操作取引の手続等を規定しているが，その骨子は，安定操作取引によって一般の投資家を害しないように十分な情報開示を行わせ，操作そのものもできるだけ限定的に認めようとの点にある。

(4)　新株予約権付社債の発行

　会社法では，新株予約権付社債の発行は「新株予約権」に関する規定と社債に関する規定とが適用され，若干の特別規定が設けられている。公開会社では取締役会決議により発行を決定し，新株予約権付社債の新株予約権の内容を含めた募集事項を定めて発行する方法が原則になる（会社法238条，240条）。
　なお，「新株予約権」とは，新株予約権を持つ者が，予約権を行使したときに会社から株式の交付を受けることのできる権利であり，コールオプションの1つである。

第5章

投資運用からのアプローチ

第5章　投資運用からのアプローチ

1　有価証券による投資運用の意味

　第1章の最初にあげたケースを思い出してもらいたい。ケース2，ケース3は企業による証券市場を通じた資金調達にスポットを当てたもの，ケース4は個人の資金運用手段としての有価証券の検討について述べたものである。実は，資金調達と投資は相互に原因・結果の関係に立つ。第4章で述べた有価証券の発行＝資金調達は，最終的には投資家による当該有価証券の購入（投資）がなされて初めて成立する—現実には引受証券会社の引受機能が介在するが—ものである。

　では，なにゆえに，投資家—個人もいれば法人もいる—は有価証券投資を行うのであろうか。一般に，投資家がその資金を何らかの資産に投入しようと考える場合の視点は大別して3つである（図表5―1参照）。

　第1は，「安全性」である。自分が出したおカネが，ある期間の後，きちんと全額返してもらえるかどうかである。たとえば，100万円のおカネが3年後に200万円になる可能性があったとしても，同時に10万円にまで激減してしまう危険性も高いとしたらかなり躊躇するのが普通であろう。反対に，100万円が3年後に110万円にしかならないが，間違いなく110万円で返済されるのであれば，かなり前向きに考えることとなろう。

　第2は，「収益性」である。投資対象の価格変動等のリスクが同じであれば，リターン（収益）が高い方を選ぶのが合理的である。たとえば，どちらも100万円で発行された同じ格付の有価証券が，一方は3年後に105万円に，他方は110万円になるとしたら，後者に投資するのが通常である。

　第3は，「換金性」である。いくら元本や利息の安全性が高くても，また収益性が高くても，おカネにしたい時に換金できなくては不便である。投資家がいつでも望む時に速やかに換金できることも，投資に当たって非常に大切な要素である。この換金性は，有価証券については「流動性」—いつでも売ったり

1　有価証券による投資運用の意味

図表5—1　貯蓄種類の選択基準

(単位：世帯割合%)

		収益性		安全性		流動性		その他
		利回りがよい	値上がりを期待	元本の保証がある	取扱機関が信用できて安心	換金が容易	預入れ・出し引が自由	
平成6年		23.3	1.2	21.7	21.4	5.0	22.7	3.7
7		21.0	1.2	21.8	23.3	4.6	24.7	3.0
8		17.7	1.6	23.1	23.6	5.6	24.7	3.4
9		13.5	1.7	25.5	23.7	5.5	25.3	4.1
10		13.1	1.8	29.1	23.4	6.3	22.9	3.3
11		12.5	2.9	33.8	22.1	4.5	21.1	2.8
12		13.6	3.0	33.2	21.6	5.2	19.7	3.2
16		10.1	3.8	33.2	17.9	4.6	23.1	6.0
世帯主年齢別	20歳代	10.5	3.8	18.1	21.9	1.0	28.6	16.2
	30	12.2	5.6	30.4	20.2	4.0	18.0	8.8
	40	11.9	2.1	32.9	17.6	5.6	21.8	7.3
	50	10.0	3.2	33.7	18.8	4.6	23.6	4.9
	60	9.2	4.7	33.8	16.2	4.4	24.9	4.5
	70歳以上	6.7	4.7	38.2	15.8	5.1	24.9	3.1

貯蓄種類の選択規準

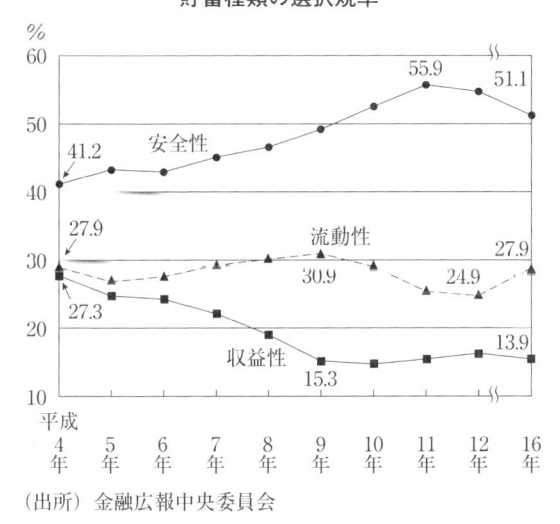

(出所)　金融広報中央委員会

第5章　投資運用からのアプローチ

買ったりすることのできる程度―と言い換えることもできる。

　さて，投資家からみた理想的な投資対象は，安全確実で収益性が高く，かつ換金の容易な資産である。仮に，現在100万円の資産が3年後に「確実に」200万円になることが保証されており，かつすぐにでも換金できるものであるとしたら，誰もが飛びつく―借金をしても買う―であろう。バブル経済の最中には，不動産がこのような資産とみなされたこともあったし，株式も同じように考えられた。不動産市場が崩壊することなどほとんど誰も思い至らなかったし，世界でトップレベルの日本の大企業が破綻し得ることも予想されていなかったのである。

　しかし，冷静に考えてみると，上の3つの基準をすべて満たす資産はあり得ない。これを有価証券に限定して検討してみよう。

　有価証券には発行者がいる。発行者は，できるだけ安いコストでの資金調達を望む。銀行から借りるなどの他の調達手段より，有価証券発行の方がコスト的に有利だと考えた場合に初めて証券発行を行うのである。もちろん，現実には将来にわたる証券市場での継続発行を可能とするための実績作りという目的や，特定の金融機関との距離をおいておきたい，あるいは営業上の取引関係への配慮等もあろう。けれども，何と言ってもコスト指向が最大の選択理由である。

　発行体の財務の健全性が盤石で，収益性も高ければ，それだけ安いコストで資金調達ができる。逆に言えば，このような発行体の発行する有価証券なら，少々リターンが低くても購入しようとする投資家の数は多いものである。国の発行する国債や，最上級の格付を持つ超優良企業が発行する社債などはその例である。

　反対に，財務・業績に懸念材料のある発行体は，その有価証券に高いリターンを付けなければ多くの投資家は集まらない。

　さらに，発行量，発行残高が多く，広く日常的に市場で売買が行われている有価証券は，そうでない有価証券に比べて発行体にとって低コストの条件で発行できる。投資家にとってのリターンが若干低くても，流動性＝換金性が高く

便宜だからである（これを「流動性プレミアム」と言う）。

　以上のように，有価証券投資については，その対象証券の安全性，収益性，流動性が重要であり，かつこれらは相互にトレードオフ的な関係に立つことに留意しておく必要がある。

　ただし，現実の条件決定に際しては，これらのほか，当該発行有価証券がニューフェースであるかどうか，高格付でもオーバーイシュー気味ではないか，その発行体の従来の条件決定とその市場の反応はどうであるか，等々が微妙に影響するものである。

2　投資運用のルール

　第4章では，有価証券の発行に当たっては発行体や発行証券の内容について正確かつ十分な開示が不可欠であり，そのための詳細なルールが存在することを概観した。このような開示が重要であることは，有価証券が発行されて流通市場に出回るようになっても同様である。

　証券取引所においてであれ，証券会社の店頭においてであれ，有価証券という「商品」の購入に際しては，その値段の判断やそもそも購入すべきかどうかを決する基準としての情報が必要になる。なるほど，これらの有価証券はその発行時において詳細な開示がなされている。しかし，発行後，時日を経て発行体の内容や状況にはかなりの変化が生じているかもしれない。いくら正確かつ十分に開示がなされたとしても，しょせん過去のデータである。

　たとえば，金利が高かった5年前に発行された社債の投資判断に当たって，現在超低金利である場合に発行時の情報のみで投資するのは適当ではない。また，発行後，発行会社の格付が変化したときなどは，最近の情報を収集する必要がある。いわんや，現在，証券取引所で活発に売買されているが，発行されたのは数十年前，というような株式の投資判断については，最新の発行会社関連情報が不可欠である。

第5章　投資運用からのアプローチ

　そこで，証券取引法を中心に流通市場における「開示ルール」が定められているのである。流通開示で大切なことは，発行開示と同様に正確性，十分性であるが，これらに加えて特にタイムリー性が重視される。流通市場における取引対象有価証券の価格は，時々刻々変化するものであるから，突き詰めれば毎分のように情報開示すべきという理屈もあり得ないではない。もっとも，これは現実的ではないし，そこまでの必要もない。現行制度の開示の頻度が適当なものであるか否かについては議論の余地があるが，投資家の必要性と現実の有効性，さらには開示に伴うコスト等も勘案して決められるべきものであろう。

　法定の流通開示（継続開示）のポイントは，有価証券報告書，半期報告書，臨時報告書である。これらの書類の作成・提出義務者（継続開示義務者）は，上場有価証券の発行者，募集又は売出しを行った有価証券の発行者，資本額が5億円以上かつ株主数500名以上の株式会社となっている。

① 有価証券報告書

　継続開示義務者は，その事業年度の終了後3カ月以内に，会社状況や経理等の企業内容等を開示した書類である「有価証券報告書」を作成し，内閣総理大臣に提出する義務がある。なお，「特定有価証券」（資産金融型証券）に関する開示は，形式的な発行者（特定目的会社など）の事業年度ではなく，資産の運用期間に着目した期間に応じて開示することとなっている（特定有価証券の内容等の開示に関する内閣府令）。有価証券報告書は，発行者の本支店，証券取引所，証券業協会などの一定の場所で5年間公開される。

　有価証券報告書の記載内容は，基本的に有価証券届出書に準じたものになっている。

② 半期報告書

　事業年度が1年である発行会社が，年度初からの6カ月間の営業と経理の状況を開示する書類が「半期報告書」である。6カ月経過後，3カ月以内に内閣総理大臣に提出することを要する。記載内容は，有価証券報告書を簡単にした

ものである。有価証券報告書と同様の場所で3年間公開される。なお，最近では一部の発行会社において，アメリカで行われているような3カ月ごとの開示（四半期報告書）を実行する動きもある。

③ 臨時報告書

有価証券報告書と半期報告書は，当該発行会社に発生した事項の内容や程度とは関係なく，定期的に作成・提出を義務付けられているものである。反対に言えば，年度中に発行会社に関連する大きな出来事が発生しても，これらの報告書を提出すべき時期までの相当の期間はその出来事を開示する必要がないことになる。しかし，流通市場における開示の意義・趣旨に照らすと，投資判断に大きな影響を及ぼすような重要な事実が発生した場合には，できるだけ速やかにこれを開示すべきである。

そこで，証券取引法は，一定の重要な事実（外国でエクイティ証券の募集・売出しが開始された場合，1億円以上のエクイティ私募が行われた場合，親会社・特定子会社の異動，主要株主の異動，純資産や売上との対比で相当比率の重大な事項の発生等々）が発生した時には，「臨時報告書」を遅滞なく内閣総理大臣に提出すべきことを定めている。臨時報告書は，有価証券報告書，半期報告書と同様の場所で1年間公開される。

④ その他の開示制度

以上の3種類の報告書以外にも，会社が自己株式を取得した場合，公開買付けの場合，大株主の株式保有状況の変動についても，株価に重大な影響を与えるものであることから，証券取引法上，一定の報告書を作成・提出する義務がある。

⑤ 開示内容の充実

最近の企業評価方法の変化やグローバル化に即応して，連結決算ベースの開示，キャッシュフロー計算書，中間連結財務諸表の作成，時価情報，デリバテ

ィブ取引の状況，金融資産の時価会計，税効果会計，退職給付に関する会計処理等の導入が行われている。

⑥ 親会社等状況報告書

2004年秋に大手私鉄の西武鉄道が，長い年月の間，大株主である非上場の親会社の株式保有比率を虚偽に有価証券報告書に記載し続けていたことが判明した。その後，小田急電鉄ほか600社近い会社に誤偽記載があることも明らかになった。西武鉄道は，その他の行動にも疑問視されるものがあり，東証上場廃止となった。

こうした事件を教訓として導入されたのが，「親会社等状況報告書」である。これは子会社が上場会社で，親会社が非上場であることなどから開示していない場合でも，親会社が上場子会社の議決権の過半数を直接又は間接に保有しているケースでは，大株主や役員の状況，一定の計算書類等の開示を義務付ける制度である。

⑦ 適時開示（タイムリー・ディスクロージャー）

経済情勢や証券市場は，時々刻々変化しているものであり，臨時報告書があるからといっても，必ずしも十分な開示として満足できるとは限らない。そこで，証券取引所や証券業協会等は，自主ルールとして，より適時適切な企業開示（タイムリー・ディスクロージャー）を定めている。具体的には，有価証券の投資判断にとって重要な会社情報が発生した場合には新聞発表等で遅滞なく開示すること，会社情報の真偽の問合せに対しては正確に回答すること，等である。

⑧ 企業開示の電子化

EDINETについては先述した（第4章3（7））。アメリカでは「企業開示の電子化」が進んでいるが（SEC（証券取引委員会）によるEDGARシステム），日本でもより迅速で効果的かつ便宜な開示を実現するために，1998年からは証

券取引所相互間の情報システムであるTDnet（Timely Disclosure network）を稼働させている。これは，適時開示の一環として東京証券取引所への公開資料提出・登録，報道機関への公開，ファイリング，公衆縦覧を総合的に電子化したシステムで，ジャスダック上場会社資料もこれを通じて報道機関に伝達される。この情報は，開示された翌日から一般投資家にも提供される。

3　株式の流通市場

　すでに発行された株式の売買の場である「株式流通市場」は，基本的には証券取引所である。

　これらのなかで数量的に圧倒的なのが「東京証券取引所」である。また，「ジャスダック証券取引所市場」は変動が大きいものの着実に伸びてきている（図表5—2，5—3）。最近ではベンチャー企業向けの市場が相次いで開設され，今後の機能充実が期待されている。さらに，未公開株式に関しても「グリーンシート市場」が存在し，専門の仲介証券会社も出現している。

　一方，株価水準については個別銘柄の株価もさることながら，市場全体の動向をみるためには，一定の基準で指数化した「株価指数」が便宜である。現在，最も利用されている指数が「日経平均株価指数」（俗称で「ダウ」），「東証TOPIX」である。前者は，代表的な東証上場225社の株価を指数化したもの，後者は，東証一部上場全銘柄の株価を指数化したものである。ここで，株価の推移を示すと図表5—4のとおりである。

　株式流通市場　通常，単に株式市場と言った場合には株式流通市場を指す場合が多い—の状況は，一般的に株価水準だけで語られることが大半であるが，出来高も非常に重要である。たとえ，株価が上昇していても出来高が少なければ，必ずしもマーケットが好調とは断定できないし，多くの出来高を伴う株価下落は深刻に受け止めなければならないことが多い。かつてバブル期には，日々の東証一部銘柄出来高が10億株以上であったが，平成不況期にはその半分

第5章　投資運用からのアプローチ

図表5－2　ジャスダックの売買高・売買代金

	売買高（百万株） 2003年	売買高（百万株） 2005年	売買代金（10億円） 2003年	売買代金（10億円） 2005年
1月	343	1,486	195	1,205
2月	282	2,180	230	1,119
3月	311	1,716	241	1,396
4月	381	1,398	367	1,323
5月	450	1,039	474	1,383
6月	604	5,735	458	1,713
7月	748	3,782	639	1,750
8月	520	3,035	615	1,637
9月	519	6,102	756	1,770
10月	644	3,917	1,442	1,538
11月	361	3,665	496	1,830
12月	463	3,125	433	2,875

（出所）ジャスダック証券取引所

図表5－3　ジャスダック株価の推移

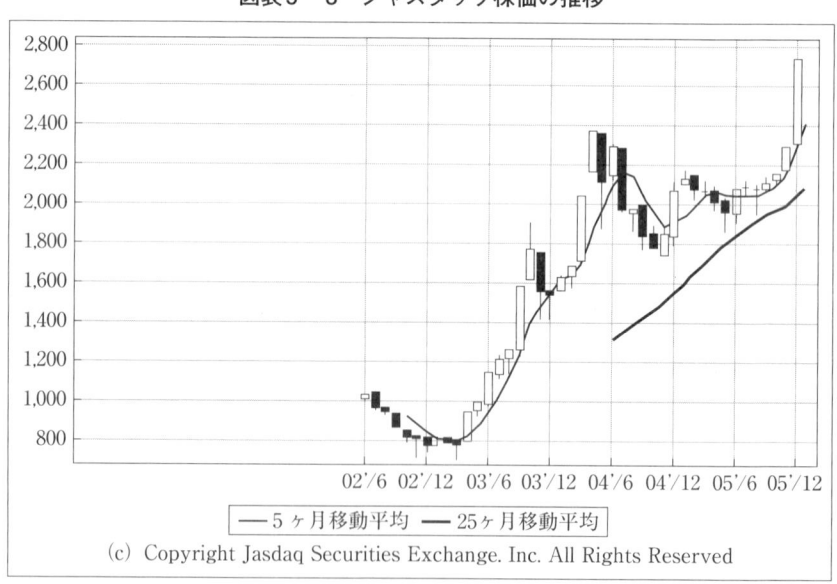

(c) Copyright Jasdaq Securities Exchange, Inc. All Rights Reserved

（注）　J-Stock Index 2002年2月28日を1,000とする。
（出所）　ジャスダック証券取引所

3 株式の流通市場

図表5—4 TOPIXの推移 —銘柄対比—

(C) QUICK Corp.

線種	種別
———	TOPIX（一部総合）
—·—·—	TOPIX Core 30
-------	TOPIX Large 70
———	TOPIX 100
———	TOPIX Small

(出所) 東京証券取引所

第5章　投資運用からのアプローチ

から3分の1にまで落ち込んだ。しかし，日本経済が再浮上し不良債権処理にも目途がついて金融システム不安が解消された2003年秋頃からは株式市場も急回復し，2005年後半には1日平均出来高は約30億株とバブル期を上回った。

(1)　株価の形成要因

　株価はどのようにして決まるのであろうか。理屈からすれば，株式から生み出される収益は配当金なのであるから，その投資価値は結局，「将来にわたる配当力を現在の価値に引き直したもの」ということになろうが，現実の株価形成は非常に多くの複雑な要因が絡むものであり単純ではない，と言われる。ところが，実際には，単純にみえたり，複雑きわまりなく思えることもあって，一体どのようなときにどのような要因が株価に大きな影響を与えるのかの判断が非常に難しいのである。特に，「市場心理（マーケットのセンチメント）」と称される，ムードや心理状態は大変読みづらい。この点で，従来の株価形成理論が「合理的な人間が合理的に行動する」という前提のもとで，高度な数理的手法を駆使したものが主流であったのに対し，人間行動の非合理性や心理要因を重視した「行動ファイナンス」と呼ばれる考え方も注目されている。また，数カ月ないし1年程度の短期投資の場合と，何年，何十年もの長期投資では株価判断の着目点は異なる。

　ただし，長い目でみれば，投資資産としての株式価値の決定には基本的な要素が存在するのであり，株式投資に当たっては，最低限これらの要素を調査・検討しておくべきであろう。

　株価とは，発行会社の企業価値を示すものである。したがって，株価の決定には，当該発行会社の財務内容，収益力が大きな要素となる。この場合，重要な点は，過去における実績よりも足下の現状，さらにそれ以上に将来の見込みである。株式投資とは，発行会社への投資にほかならないから，発行会社の将来性が大きく注目されることはあえて説明するまでもないだろう。特定の企業の評価に当たっては，その企業の業種全体がどのような状況にあるかもポイン

トの1つとなる。また，株式市場で同業他社に比べて過小評価されているか過大評価されているか（割安か割高か）も，重要な判断基準である。

さらに，世界経済や日本経済全体の動き，いわゆるマクロ経済の諸指標も大切である。政府や日本銀行の公表する様々な経済統計や景気判断・見通し，有力な調査機関の発表する企業業績動向なども株価に大きな影響を与える。為替相場の変動は直ちに輸出主導型企業の採算にひびく反面，輸入原材料の低下という寄与もある。反対に，株価動向が現在の景気の状況を反映しているものであるとも言える。「株価は景気の鏡」と言われるゆえんである。

また，天候，政治情勢，海外での紛争や国際関係の動向も，これらが景気や企業業績に直接・間接に影響するものであれば，株価にも様々な作用を及ぼす。ただし，一見同じような出来事であっても，株価にプラスとなる（「株の買い材料」と言う）か，マイナスとなる（「株の売り材料」と言う）かは，一概には言えない。諸般の情勢や因果関係，日本経済と個別企業への影響度合いを冷静に見極める必要があるのである。

これらの諸要因に株式市場は敏感に反応するものであるが，その当初の反応が真に実態を反映しているものとは限らない。往々にして，市場は過敏に反応しがちであることも銘記しておくべきである。たとえば，2000年前後のいわゆるITブームのもとでインターネット関連企業の株式が極端に買われ「ネットバブル」と称されたが，落ち着いて考えられるようになると，中身のある発行会社とそうでない発行会社が選別・淘汰された。ブームに過剰反応した発行会社のなかには，わずか数カ月の間に90％以上の株価下落となったものすらあったのである。

以上は，「ファンダメンタル要因」と言われる株価判断の諸要素であるが，これらに加えて，「市場要因」，「需給要因」と称される要素もある。ある発行会社や業種，さらにはマクロ経済全体に関しても，人々の見方や考え方は千差万別である。ほとんどの投資家がマーケットの状態や企業業績を良好と判断している時に，逆の見方をする者もいる。また，独特の相場観や思惑で大量の売買を行う者もいる。こうした結果，市場では企業業績などのファンダメンタル

第5章　投資運用からのアプローチ

要因とは関係ない株価形成が行われることもある。株価もモノの値段にほかならないから，結局は需給関係で決定される。買いが売りより多ければ，株価は上昇するし，その逆であれば株価は下落する。したがって，市場の多くの「見方」と異なっていても現実の需給があれば，株価はそれによって決定されるのである。ただし，長期的にみると，ファンダメンタル要因を無視した株価はいずれ本来の適正な（実は何が「適正」であるかは，非常に難しいのであるが）株価水準に戻る，と指摘されている。

以上，ごく簡単に株価の形成要因を説明したが，実際の市場ではこれらが複雑に作用しながら株価形成が行われるわけである。

(2) 株式の分析と評価

さて，(1)で述べたような株価の形成要因のもとで，株式の価値をどう分析していくかが次の課題となる。一般に株式の分析手法には2つのアプローチがある。

第1は，「ファンダメンタル・アナリシス」と言われるもので，株式に内在するその本質的価値を分析しようとするものである。上述したファンダメンタル要因，特に発行会社の将来収益予測を中心に定量的分析手法を用いて検討し，株式市場において形成されている現実の株価が，発行会社の本質的価値と比較して割安か割高かを判断していくのである。証券アナリストの行う分析の中心的手法である。

第2は，「テクニカル・アナリシス」と言われるもので，当該株式の過去の株価形成パターンや出来高をトレースしながら，売買のタイミングに力点を置きながら分析する手法である。主に，「チャーチスト」と呼ばれる人々が重視する手法である。

さて，先に簡単に触れたように，株価の理論的評価は，究極的にはその株式が今後生み出す収益である予想配当金と売却時の予想キャピタルゲインの総和（将来のキャッシュフロー）が，現時点でどう評価されるか，というものであ

る。これを，通常，「株式の将来キャッシュフローの現在価値が，当該株式の理論株価である」と表現する。この現在価値（理論株価）を求める方法としては，配当割引モデル，ゼロ成長モデル，定率成長モデル，多段階成長モデル，等がある。

(3) 株式の投資尺度

株式投資に当たり，投資対象株式の投資採算がどう見込まれるか，市場の中でどのような位置付けにあるか，について同様な尺度があり得るであろうか。漫然と株価だけをみていても正しい判断ができないことはもちろんであるが，(2)のモデルを活用するためには相当のデータと計算手法の習熟を要する。また，そうしたからといっても，必ずしも有効な投資が可能となるとは限らないのである。そこで，通常は経験的に，以下に列挙するような「株式の投資尺度」が用いられている。ただし，ここでも決定的に正しいと断言できる投資指標は存在していないことを確認しておきたい。

① 配当利回り

1株当たりの配当金を株価と比較したものである。株式の時価が1,000円で配当が10円であれば（伝統的に額面株式の額面に対する配当金額の割合を配当率と言った），10円／1,000円×100＝1％である。

配当金は，元本が生み出す収益であり，債券等の利息に相当するインカムゲインである。「配当利回り」は，こうしたインカムゲインの水準を判断する際に利用される。もっとも，株式投資の効率や採算をインカムゲインで判断するケースは比較的少ない。現実にはこの半世紀近くの間，過半の株式の利回りは債券や預貯金を下回っている。

② 株価収益率

発行会社の最終利益を1株当たりいくらになるかを算出し，この1株当たり

第 5 章　投資運用からのアプローチ

利益と株式の時価を比較したものである。PER（Price Earnings Ratio，単に「レシオ」とも言う）とも言い，広く用いられている株式の投資尺度である。株式の時価が1,000円で会社の最終利益（純利益）が100億円，発行済株式数が10億株であれば，1株当たり純利益は10円である。この会社の株式のPERは1,000円／10円＝100倍である。これは，現在の株式が発行会社の純利益の何倍まで買われているかを示すもので，同時に発行会社の将来性を暗示しているものと言われている。したがって，PERの大きい株式は割高とも言えるし，将来の成長余力が大きいとも言えるのである。

PERは，それ自体では評価しようがない。市場全体のPERや他社，特に同業他社との比較において，高いとか低いとか判断すべきものである。

③　株価純資産倍率

発行会社の 1 株当たりの純資産と株価を比較したものである。PBR（Price to Book Value Ratio）とも言う。株価が1,000円で 1 株当たりに換算した純資産額が500円であれば，PBRは1,000円／500円＝ 2 倍である。

④　株価キャッシュフロー倍率

発行会社の 1 株当たりのキャッシュフローと株価を比較したものである。PCFR（Price to Cash Flow Ratio）とも言う。ここで言う 1 株当たりキャッシュフローは，内部留保（会社の純利益－配当，役員賞与等）＋減価償却費，を発行済株式数で除したものを言う。

⑤　株主資本利益率

いわゆるROE（Return on Equity）である。 1 株当たりの純利益を 1 株当たりの純資産で除したものである。

(4) 新株予約権付社債の投資尺度

新株予約権付社債の投資は，主としてこれらのエクイティ的側面に着目して行われることが多い。そこで，ここでは簡単にその際の投資尺度について述べておく。

まず転換社債型では，発行会社の現在株価が当初決められた転換価額に比べてどうか，の尺度である「パリティ」が重要である。パリティ価格は，(株価／転換価額)×100，で示される。発行時に決定した転換価額が1,000円，現在の株価が1,200円であれば，パリティ価格は120円である。つまりパリティ価格は，その値段で社債を買ってそれを株式に転換した場合も，今の時価で株式を買っても，同様の投資効率となる値段を意味するのである。通常，パリティ価格と実際の当該転換社債型の時価は異なる。この乖離を「乖離率」と言い，|(転換社債型の価格－パリティ価格)／パリティ価格|×100，で示される。

ワラント型でもパリティと乖離率（一般には「プレミアム率」と言う）が重要である。パリティ価格は，|(株価－行使価額)／行使価額|×付与率×100，プレミアム率は |(ワラント価格－パリティ価格)／100＋パリティ価格|×100，で示される。

4 債券の流通市場

債券の流通市場は，1980年代に急拡大した。その要因は，大量に発行された国債の流動化策であった。80年代後半の債券流通市場の規模は，70年代の100倍近い5,000兆円を超え，遠からず「兆」の桁上の「京（けい）」を使用するレベルになるのではないか，と言われたほどであった。90年代に入ると売買高は減少に転じたものの，その後再び増加基調で推移し，最近は概ね4,000兆円の規模である。

債券の流通市場には，取引所取引と店頭取引があるが，店頭取引の比重が圧

第5章 投資運用からのアプローチ

図表5−5 公社債種類別店頭売買高

年度	超長期	長期	中期	割引	短期	政保短期	公募地方債	政府保証債	財投機関債等	交通放送債	金融債 利付	金融債 割引	円貨建外債	公募電電	電力債	一般事業	特定社債	転換社債	新株予約権付社債	新株予約権付社債引受機関等	非公募 地方債	その他	合計	一月平均	前年比
平成11年度	567,085	10,174,362	928,593	8,754	13,728,933	13,787,572	74,096	168,256	—	1,337	300,227	21,246	37,031	5,722	85,555	129,676	1,727	29,157		0	210,465	26,996	40,286,789	3,357,232	148
構成比	1.4	25.3	2.3	0.0	34.1	34.2	0.2	0.4	—	0.0	0.7	0.1	0.1	0.0	0.2	0.3	0.0	0.1		0.0	0.5	0.1	100		
12年度	546,225	10,312,739	3,012,850	16,217	10,126,753	15,700,434	119,916	326,940	—	1,839	425,599	20,244	51,155	7,059	127,734	300,413	2,866	31,102		0	315,811	32,350	41,478,252	3,456,521	103
構成比	1.3	24.9	7.3	0.0	24.4	37.9	0.3	0.8	—	0.0	1.0	0.0	0.1	0.0	0.3	0.7	0.0	0.1		0.0	0.8	0.1	100		
13年度	708,079	11,427,690	4,109,732	28,584	6,871,165	13,476,468	139,236	318,663	6,734	1,735	490,707	17,436	62,870	11,260	140,131	387,294	3,483	33,354		0	445,403	24,612	38,704,635	3,225,386	93
構成比	1.8	29.5	10.6	0.1	17.8	34.8	0.4	0.8	0.0	0.0	1.3	0.0	0.2	0.0	0.4	1.0	0.0	0.1		0.0	1.2	0.1	100		
14年度	1,073,214	13,939,613	6,286,984	31,368	5,166,203	10,026,513	254,287	484,437	45,912	3,436	437,429	12,970	64,191	21,212	211,583	439,726	3,956		28,312		356,152	42,997	38,940,495	3,245,041	101
構成比	2.8	35.8	16.1	0.1	13.3	25.8	0.7	1.2	0.1	0.0	1.1	0.0	0.2	0.1	0.5	1.1	0.0		0.1		0.9	0.1	100		
15年度	2,023,262	18,389,341	10,660,187	191,968	6,508,069	14,315,714	423,491	541,524	85,493	3,097	393,961	5,095	58,422	13,180	197,711	570,320	2,477		28,546		359,291	97,175	54,868,344	4,572,362	141
構成比	3.7	33.5	19.4	0.4	11.9	26.1	0.8	1.0	0.2	0.0	0.7	0.0	0.1	0.0	0.4	1.0	0.0		0.1		0.7	0.2	100		
16年度	5,740,712	21,568,024	14,668,475	30,385	4,396,087	16,770,290	483,961	735,302	144,197	6,885	525,628	6	135,639	13,016	235,896	649,327	3,491		22,493		337,648	78,001	66,345,473	5,528,789	121
構成比	8.7	32.5	22.1	0.0	6.6	25.3	0.7	1.1	0.2	0.0	0.5	0.0	0.2	0.0	0.4	1.0	0.0		0.0		0.5	0.1	100		

(注) 1. 国債、公募地方債、政府保証債、特定社債及び非公募地方債の売買高は、会員（証券会社）の売買高及び特別会員（ディーリング業務を行っている登録金融機関等）の売買高を合計したものである。
2. 平成6年度からは、同6年4月から本統計に含まれることとなった短期国債及び社債の売買高（短期国債及び政府短期証券）が含まれている。
3. 平成12年度より単位未満の数値は切り捨て、それ以外の数値は四捨五入。
4. 財投機関債は、平成13年4月から発表開始。
5. 平成14年度の新株予約権付社債欄には、転換社債及び新株予約権付社債の売買高を含む。

(出所) 日本証券業協会

倒的である（取引所は国債中心に上場制度を設けている。店頭市場は証券会社店頭のウェイトが高い）。

債券の種類別売買高では，国債の割合が飛びぬけて大きい。なお，従来は金融債のシェアが比較的大きかったが，最近ではこれが金融再編等の影響も相俟って減少する一方，普通社債が発行額・シェアともに上昇している（図表5—5）。

(1) 債券の価格と利回りの決定要因

債券は，発行形態によって「利付債」と「割引債」に分類される。「利付債」は，原則として債券の券面に利札（クーポン）が付いた債券で，年1回ないし2回の一定の日に一定額の利息が支払われるものである。「割引債」は，債券の券面に利札が付いていない代わりに発行額が額面から割り引かれて発行される債券である。償還時には額面で償還されるので，券面額と発行額の差額が利子に相当するのである。現存の債券の大半は利付債である。

① マクロの金融政策

債券とは要するに金利の取引である。金利はおカネの値段である。したがって，金利は時々の経済情勢に大きく左右される。そして，経済情勢に影響を与える諸要素のなかでも，特におカネの需給に決定的な影響力を持つのが「金融政策」である。

一般論として，金融緩和が行われておカネの需給が緩めばおカネの値段である金利は下がる。逆に金融引締政策がとられれば，金利は上がる。金融緩和時に新たに発行する債券金利は，それ以前に発行されたものに比べて低くなろうし，既発債券の価格は上昇する。金融引締時はこの反対である。このように，債券の投資に当たっては，まず「マクロの金融政策」がどうであるかを把握しておく必要がある。

第 5 章　投資運用からのアプローチ

②　債券の期間

　通常，信用力が同一で同時期に発行した複数の債券のなかでは，その償還までの期間が長いものほど金利は高い。これは，将来にわたる諸リスクは期間が長いほど大きいこととともに，調達者はより長い期間おカネを活用できる，と考えられるからである。期間20年の債券が低金利下で発行されても，10年後には高金利時代に入っているかもしれないし，発行体の格付が下げられているかもしれない。こうした場合，この債券を売却換金する時には，債券価格が下がっているのが通常である。期間が1年や3年などの短期の債券では，長期債に比較してこのようなリスクは小さい。

　ただし，いつでも短期金利が長期金利を下回っているわけではない。時々の金融情勢によっては，長短金利が逆転する局面もあるので注意が必要である。なお，この関連で実務上よく使われるものに「利回り曲線（イールド・カーブ）」がある（図表5—6）。これは，横軸に期間を，縦軸に利回り（イールド）をとった曲線グラフであり，通常は期間が長くなるほど利回りが上がる順イールドを示すが，長短逆転の逆イールドを示すこともある。

③　発行体の信用力

　債券を発行する企業等の信用が高ければ債券金利は低く，信用力の低い発行体の債券金利は高くなる。最近では，格付の違いによる金利格差が明確である。特に，金融市場に問題が発生したような場合には，発行体の信用格差による金利格差が拡大する傾向にある。この信用力は，発行体の破綻可能性のリスクを意味するところから，「デフォルト・リスク」とも言われる。

　債券の期間と信用リスクの関連をみるためには，イールド・カーブに似たクレジット・スプレッドのグラフが便利である。これは横軸に期間をとり，縦軸に国債利回りやスワップ金利などの市場の基準になる金利（「ベンチマーク」と言う）と，対象となる債券の利回りとの格差（「スプレッド」と言う）をプロットしたグラフである（図表5—7）。

4 債券の流通市場

図表5―6 国債のイールド・カーブ

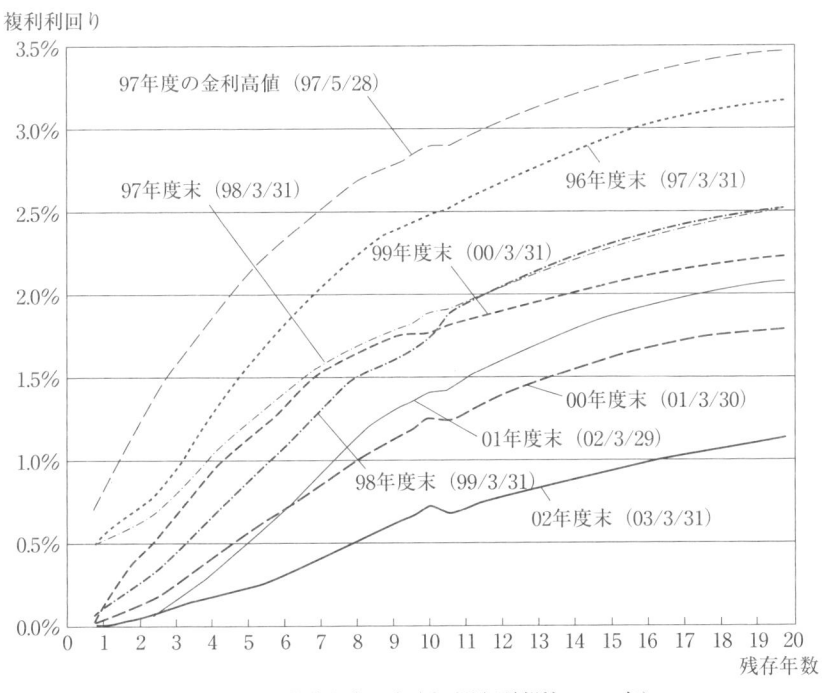

(出所) 徳島勝幸『新版 現代社債投資の実務』(財経詳報社, 2004年)

図表5―7 国債イールド・カーブと事業債

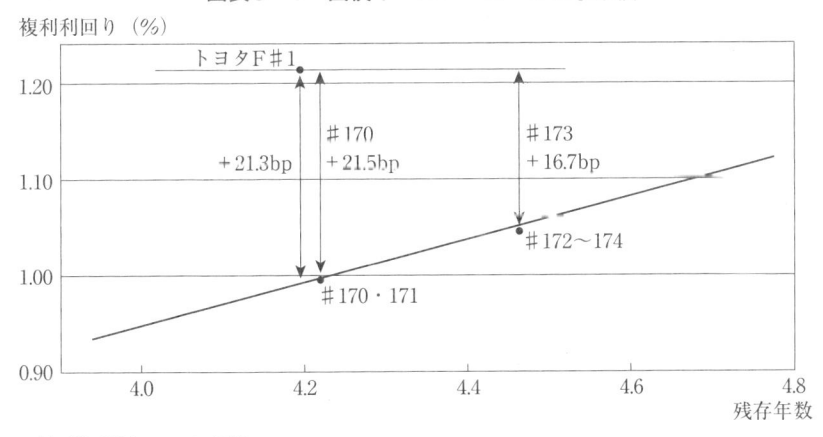

(出所) 図表5―6に同じ。

④ 流動性

信用力，期間が同一でも，市場における売買の容易性によって利回りは変わり得る。つまり，一般的に，流動性があり換金可能性の高い債券の利回りは，流動性の低い債券に比べて利回りは低くなるのである。

(2) 債券の利回り計算

債券の価値は，他の金融商品と同じように，金利や元本のような将来発生するであろうキャッシュフローを現在価値に引き直したものである。これは，毎期のクーポンを再投資することを考慮した複利の考え方である。ところが，伝統的に日本では単利が用いられてきた。金融取引のグローバル化のなかで，実務の一線では複利が主流になってきつつあるものの，伝統的利回り計算もいまだ広く利用されているので，以下その算式を簡単に示しておく。

$$最終利回り = \frac{\{(1年当たり利子収入) + (1年当たり償還差益)\}}{購入価格} \times 100 \ (\%)$$

$$応募者利回り = \frac{利率 + \dfrac{(償還価格 - 発行価格)}{償還期限（年）}}{発行価格} \times 100 \ (\%)$$

$$直接利回り = \frac{利率}{購入価格} \times 100 \ (\%)$$

$$所有期間利回り = \frac{利率 + \dfrac{(売却価格 - 購入価格)}{所有期間（年）}}{購入価格} \times 100 \ (\%)$$

5　ポートフォリオ

　有価証券は，債券，株式をはじめ種類が多く，それらのエクイティ的性格やデット的特徴，さらに発行体の信用力や満期までの期間等を考えると無数と言ってよいほどである。有価証券投資に当たっては，これら多種多様な有価証券をどう組み合わせて投資すべきかが非常に重要な課題となる。収益性が高く，安全で流動性に富む単一の有価証券が存在すれば簡単であるが，現実にはあり得ない。仮にそのような投資対象有価証券が現れたとしても，おそらく投資家の間で激しい「取り合い」となり，その有価証券を大量に手に入れることは困難であろう。そこで，投資有価証券の組合せを検討することになるわけである。

　前述したように，通常，収益性と安全性は逆相関関係にある。また，流動性はその大小が収益性に影響を与えるとともに（流動性プレミアム），リスクにも関係する（流動性リスク）。そこで，投資候補の有価証券それぞれの投資から生じる投資収益の割合である投資収益率をもとに期待収益率を求めるとともに，諸リスク（マクロ経済全般のリスク，個別証券の信用リスク，流動性リスクなど）を分析し，複数の有価証券の最適な組合せを検討するのである。このようなリターンとリスクを考慮して投資の組合せを行う手法を，「ポートフォリオ運用」と言う。

　もともと，「ポートフォリオ」とは，財産関係の書類等をファイルする紙バサミの意味であったとか，戦争中に潜水艦の攻撃を避けるために輸送船の出港をいくつもの港（port）に分散させたところからくる，などと言われているように，リスク分散を意味していたようである。日本でも昔から「財産三分法」と称し，収益性，安全性，流動性を勘案した投資の方法が勧められていたように，ポートフォリオ運用の考え方自体は古くからあった。ただし，1960年代以降，アメリカで発達したポートフォリオ理論（モダンポートフォリオ・セオリー）は，統計学的手法を活用し，より精緻かつ理論的に運用対象資産のポート

第5章 投資運用からのアプローチ

フォリオを検討していくものである。現在，ポートフォリオ理論はより高度化しており，特に機関投資家等の専門投資家の間では，不可欠のものになっている。

6　証券売買の委託と受託

　投資家が有価証券運用を行うに当たっては，言うまでもなく有価証券売買の注文を出さなければならない。この注文は，証券取引所や日本証券業協会の会員である証券会社に委託され，注文を受託した証券会社は，証券取引所や証券業協会に注文を取り次ぐ。また，店頭取引の場合は，投資家は証券会社に取引の執行を委託し，受託した証券会社は，取引の成立に努めることになる。このような，委託，受託の契約については，本来的には各投資家（顧客）と証券会社の間で個別に締結しても構わないように思えるが，有価証券取引の大量性，反復性，さらに公正，公平かつ効率的な取引を確保するために，証券取引所や証券業協会が広範・詳細な自主ルールを定めている。

①　受託契約準則
　証券取引所の会員である証券会社が，取引所における有価証券売買の受託を行うためには，その所属する証券取引所の定める「受託契約準則」によらなければならない（証取法119条）。受託契約準則は内閣総理大臣の認可事項であり，会員証券会社と投資家（顧客）間の取引所取引の委任契約は，これによって締結されるのである。受託契約準則の主な内容は，以下のとおりである。
　まず，顧客が取引所会員証券会社に取引を委託する場合には，住所，氏名等を通知するとともに，売買の種類，銘柄，売り買いの別，数量，値段の限度，売付け又は買付けを行う売買立会時，委託注文の有効期間，信用取引を行おうとする場合にはその旨，を明確に証券会社に指示しなければならない。なお，国債や円建外国債券等については補足的な規定がある。

受渡しその他の決済に関しても，取引方法ごとに詳細な定めがある。

② 公正慣習規則

日本証券業協会は，自主規制機関として定款に基づき様々なルールを定めている。具体的には，公正慣習規則，統一慣習規則，紛争処理規則がその中心であるが，協会会員証券会社による有価証券の売買受託に関しては，「公正慣習規則」が重要である。公正慣習規則は，顧客からの注文を受託する際の一定の確認義務や受渡し，受渡物件の取扱い等について詳細な規定を置いている。

7 外務員制度

有価証券取引の勧誘や受託を行う者は証券会社等の社員であるが，これらの者は，証券外務員としての登録をしていなければならない。証券会社は，登録外務員以外の者に外務行為を行わせてはならないことになっている（証取法64条）。

外務員は，所属する証券会社に代わって有価証券の売買その他の取引等に関し，一切の裁判外の行為を行う権限を有するものとみなされる。すなわち，外務員の行為の効果は直接証券会社に帰属することとなり，証券会社は外務員の負担した債務を直接履行する義務がある。外務員の代理権限の範囲は，証券会社の営業行為全般に及ぶ。もっとも，顧客の側に悪意がある場合には，証券会社に責任は及ばない。

このように，証券取引の営業に当たって，外務員は中核的な機能を有する存在であることから，一定の欠格要因に当たる者は外務員登録ができず，また登録取消し，2年以内の職務停止の処置をとられることがある。欠格要因は，取締役等の欠格要因に該当する場合，登録取消し後5年を経過していない場合，等であり，登録取消し等となるのは，欠格要因に該当することとなった場合，法令違反もしくは著しく不適当な行為をした場合，である。

第5章　投資運用からのアプローチ

　証券会社は，外務員の氏名，生年月日その他所定の事項につき証券業協会に備える外務員登録原簿に登録をしなければならない。また，外務員となるためには，証券業協会の実施する外務員試験に合格しなければならない。また，証券会社は，外務員に関する事項の変更や欠格要因への該当，退職等があったときには，内閣総理大臣に届け出なければならない。

第6章

金融の証券化

第6章　金融の証券化

1　金融の証券化とは何か

(1)　直接金融と間接金融

　一般に，証券市場を通じて資金の出し手（投資家）が直接おカネの取引に伴うリスク―端的に言うと元本や利息などを支払ってもらえなくなるリスク―を負担するものを「直接金融」，おカネの取引に伴うこうしたリスクを銀行が負担するものを「間接金融」と言っている。「金融の証券化」を理解する際には，これらをもう少し詳細にみておくことが有益である。

　「直接金融」とは，資金の調達と供給におけるリスクや期間が，資金調達者と資金供給者の間で直接，価格調整機能によって決まっていく仕組み，つまり，仲介者はあくまでも情報提供等のサポート機能に徹し，金融取引自体は赤字主体（国，企業など＝資金調達者）と黒字主体（投資家＝資金供給者）との間でなされるものである。

　これに対して，「間接金融」は，赤字主体と黒字主体間の価格調整による直接的な金融取引ではなく，両者の間に仲介者である金融機関が介在し，仲介者は黒字主体（預金者＝資金供給者）からその選好に合った条件で資金を調達し，ここで調達した資金を赤字主体（借入者＝資金調達者）の選好に見合う条件で提供するものである。したがって，仲介者が資金の調達者と供給者の間で双方のリスクや期間に対する選好のギャップを調整する，いわゆる「資産変換機能」を持つ。この場合に，一方では資金調達者（借入者）と仲介者（金融機関）が契約を結び，他方で仲介者は資金供給者（預金者）とも契約を結ぶことになる。つまり，資金調達者（赤字主体）と資金供給者（黒字主体）との金融取引は，金融機関の介在によって間接的に行われることになるわけである。

　こうして間接金融では，資金の調達者にも供給者にも都合のよい金融手段が金融機関のリスクで実現されるために，金融機関の財務や経営が盤石であり社

会から強く信頼されていることが不可欠となる。もともと，長期固定的な資金ニーズのある赤字主体と，流動性が高くかつ元本保証を求める黒字主体の要請には，相反する要素が存在するものであり，この調整機能を仲介者である金融機関が担うからである。第二次世界大戦後の日本の金融システムは，外国為替規制によって国内に閉じ，金融機関の業務範囲を縦割り的に制限し，人為的な金利政策を採用し，かつ大蔵省（当時）の強力な指導のもとに間接金融を効率的に運営してきた。毎年10％を超えるような高度経済成長は，こうした間接金融システムに大きなレバレッジ効果をもたらし，高度成長を資金循環面から支えてきた。

(2) 市場型間接金融

日本経済は1970年代から成熟化，低成長化を迎え，同時に経済・金融のグローバル化が著しく進展していった。従前の日本経済と金融システムの前提条件であった外国為替規制は制限的なものから自由化へ，専業主義であった金融機関の業務範囲は徐々に相乗り的に，人為的な金利政策は自由な市場に委ねる方向へ，事前指導型の金融行政は事後監視的，経営自己責任的に変化していったのである。間接金融中心のシステムを正当化し推進してきた枠組み自体が180度変化したと言えよう。

80年代半ば以降，このような変化を踏まえた新たな金融システムのあり方が多方面で検討・議論されるようになっていったが，90年代後半からのバブル経済崩壊後は深刻な不良債権問題と大手金融機関の破綻に象徴されるように，間接金融主体のシステムはもはや維持できないことが明らかになった。そこで，「日本版金融ビッグバン」と言われる金融制度の抜本的な改革が実施され，我が国の金融システムの中心を直接金融にシフトさせること，そのために証券市場の整備を進めること，が重要施策として取り上げられた。

以上の潮流は，一般に「間接金融から直接金融へ」と総括されるが，実は伝統的な両者の区別で割り切れるほどに単純な現象ではない。金融技術が高度化

第6章　金融の証券化

図表6－1　市場型間接金融のイメージ

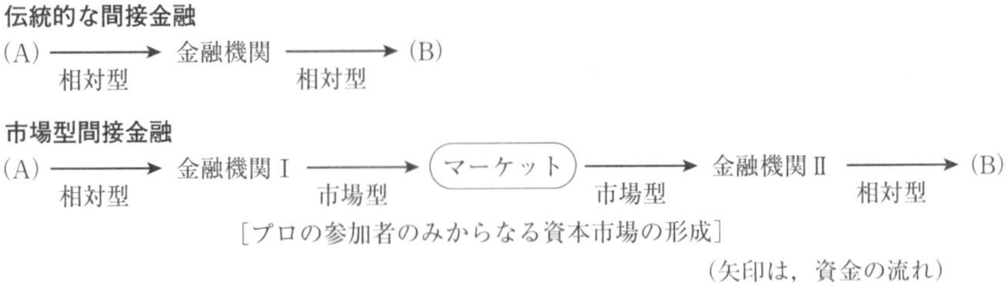

伝統的な間接金融

(A) ──→ 金融機関 ──→ (B)
　　相対型　　　　　相対型

市場型間接金融

(A) ──→ 金融機関Ⅰ ──→ (マーケット) ──→ 金融機関Ⅱ ──→ (B)
　　相対型　　　　　市場型　　　　　　　　　市場型　　　　　　相対型
　　　　　　　［プロの参加者のみからなる資本市場の形成］

（矢印は，資金の流れ）

（出所）「資金循環における市場型間接金融の役割に関する研究会」報告書より作成

するなかで金融業全般の規制緩和とグローバル化が進展し，同時に金融サービスは高度化，複雑化，多様化している。金融商品や金融サービスは，市場のチェックと価格発見機能を活用しつつ，ある面は間接金融的で，ある面は直接金融的という色彩を強めている。そこで提唱される新たな概念が，「市場型間接金融」である。

「市場型間接金融」については，論者によって視点や定義に相違があるが，標準的な考え方は以下のようなものである。

「現代における市場型化は，厳密には，「直接金融の拡大」を図ることとは違う。現代において，金融技術は高度化し，金融取引はますます複雑化している。そのために，家計と企業が文字通り「直接に」取引を行うということは，もはや有効なやり方であるとはいえなくなっている。換言すると，当面の課題は，「市場型間接金融」のチャネルを確立することである（Intermediated market transactions）。

伝統的な間接金融の場合には，1つの金融機関が最終的な資金提供者（A）と最終的な資金調達者（B）をストレートにつなぐことになる。これに対して市場型間接金融の場合には，少なくとも2つの金融機関が介在し，そのうちの1つは，最終的な資金提供者（A）と市場をつなぐ働きをし，もう1つは，最終的な資金調達者（B）と市場をつなぐ働きをすることになる。ここでの特徴は，いずれについても，つなぐ片側は市場だというところにある。そして，これら2つの金融機関が市場を通じて取引を行うならば，最終的な資金提供者

(A) と最終的な資金調達者 (B) をつなぐ金融仲介のチャネルが完結することになる。」(池尾和人，柳川範之「日本の金融システムのどこに問題があるのか」，資金循環における市場型間接金融の役割に関する研究会」報告書　2005年)。

これを図に示すと，図表6—1のようになる。

(3)　金融の証券化

「金融の証券化」は，一般名詞としては，間接金融から直接金融へのシフトを意味する言葉として使用されることも多いが，今日の金融分野では「資産の証券化」を指す。本書でも特に断りがない場合は，証券化とは資産の証券化の意味である。

「資産の証券化」とは，企業や金融機関など（オリジネーター）が保有する資産，たとえば融資債権，賃貸債権，不動産，工場設備，知的財産等，を裏付けに，これらの資産が生み出すキャッシュフローを，何らかの仕組みを活用してオリジネーターから分離させ，信用力強化の措置（信用補完）をとり，裏付け資産からのキャッシュフローをもとに有価証券を発行することである。つまり，今後キャッシュフローを生み出すと予想される資産をまとめて別途設立された組織に譲渡し，この組織が譲り受けた資産のキャッシュフローを原資としてコマーシャル・ペーパーや債券などの有価証券を発行するのである。

別途設立された組織を特別目的体（special purpose vehicle (SPV), special purpose entity (SPE), special purpose company (SPC)）と言う。信用補完措置には，裏付け資産への信用補完と発行された証券に対する信用補完とがある。また，特別目的体は多くの場合，裏付け資産から生み出されるキャッシュフローを組み替え，信用度の違うグループや期間の異なるグループに分けて，それぞれに基づく数種類の証券を発行する。これを「トランチング」と言う。信用度別のトランチングでは，最上級格付を取得した低リスクの債券から最もリスクの高いエクイティ部分まで，3〜4種類の証券が発行されることが多い。

第6章　金融の証券化

図表6－2　単純化した証券化の仕組み

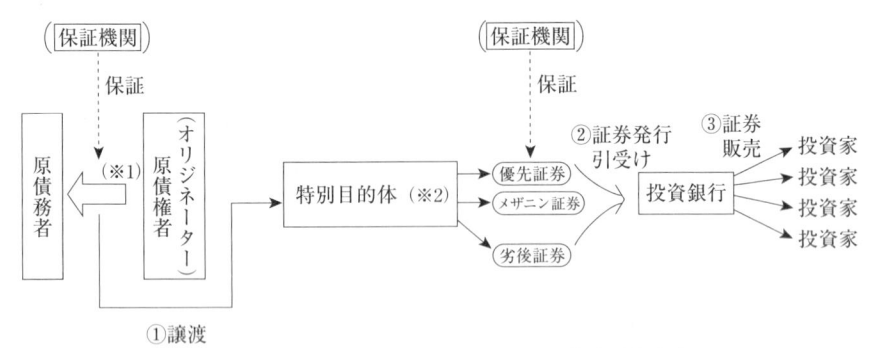

(※1) 原債権者は，たとえば金融機関等で原債務者に対して貸出債権を有している。
(※2) 特別目的体は，会社であったり信託であったりする。また，会計・税務上等の理由から複数の特別目的体を活用するケースもある。
　なお，最近は①の譲渡に替えてクレジット・スワップなどのデリバティブを利用するケースが増えている。保証についても，デリバティブを活用することが多い。

　エクイティ部分はオリジネーターが保有するケースもあり，これも一種の信用補完策である（図表6－2）。

　証券化は，広く金融業務と証券業務の要素ごとの分離（アンバンドリング）と再統合を特徴とするものであり，市場型間接金融の代表的なタイプである。証券化には，法制度面の規制緩和と高度に専門的な法技術の駆使（リーガル・エンジニアリング）ならびに金融工学面の発展，コンピュータ技術の進展によるファイナンシャル・エンジニアリングが大きく寄与している。

　証券化は，国内外で不良債権処理や企業再生の手段として活用されることも多いが，もともとは実質的な発行者に対して多様で有利な資金調達手段を提供するとともに，バランスシートの圧縮，財務比率の向上，収益率の向上等々のメリットを与え，投資家に対しては運用対象の多様化をもたらす点に本質がある。また，投資銀行などの仲介者にとっては，新たなビジネスチャンスを意味する。

　なお，証券化に関連して「流動化」の用語が使われるケースも多いが，両者を厳密に分けて定義付ける実益は乏しい。証券化にはいわゆる流動化を含めていることが多く，流動化は相対（あいたい）的なニュアンスがやや強いようだ，

という程度に認識しておけば足りよう。

2　証券化の課題と展望

(1)　証券化発展のための基本条件とその充足度

　我が国における証券化は，制度的には1931年（昭和6年）施行の抵当証券法に遡ることができるし，今日的な位置付けのなかでは，戦後の住宅ローン債権信託や住宅抵当証書，あるいは1980年代後半に盛行した不動産等の投資スキーム，さらには海外のモーゲージ関連証券の輸入販売にその萌芽を見出すことができるかもしれない。しかし，我が国で証券化が本格的な発展期に入った時期は90年代前半である。証券化の発展期は同時にデリバティブ取引の高度化，金融のグローバル化，国内外における規制緩和が進んだ時代であり，かつ金融技術と法制度が相互に密接で有機的な関連を持ちながら高度化し整備されていった。また，その背景には我が国金融システムの構造的な変化があった。

　これらの点から，証券化は比較的新しい分野であり，その発展のための基本条件を改めて整理しておくことが有益である。基本条件は4つに大別できよう。すなわち，①関係者の強いニーズ，②金融技術の充実，③制度インフラの整備，④専門的担い手の層の厚さ，である。

①　関係者の強いニーズ

　証券化に対しては，90年代前半は調達サイドからの，その後発行額が増加するにつれて投資家サイドからも強いニーズが認められる。基本条件の第一は十分に充足しているものと考えられる。

　イ　調達サイドのニーズ

　90年代前半以降の証券化は，主に調達サイド主導で進んでいった。多額の資金ニーズがあるにもかかわらず調達の選択肢が限定されていたノンバンクにと

177

第6章　金融の証券化

っては，社債の発行とともに貸出資産を活用した証券化によるリファイナンスが有効であった。また，金融機関の巨額に上る不良債権処理や企業再生・リストラクチャリングの手法として証券化の活用が注目されるとともに，邦銀のBIS自己資本比率規制対応としてのバランスシート圧縮策としても証券化の意味が大きかった。

さらに，1997年頃からの信用不安期に間接金融が十全の機能を発揮し得ない状況下で，社債発行等による直接金融が期待されたほどの間接金融代替的な存在になり得なかったことも，保有資産の証券化による処理を通じたファイナンスを誘導したものと考えられる。

また，この時期に中小企業は信用収縮の影響を強く被り，金融機関からの従来的な間接金融による資金調達が閉塞状態に陥るなか，地方自治体主導による募集型CDO（合成債務担保証券）が相当額発行されるようになった。

こうした調達サイドや資産保有主体の強いニーズに応えていくために，いわば国を挙げた制度整備と支援策が奏功して，法制度改正をも含む証券化のための環境整備が進められていったわけである。

ロ　投資家サイドのニーズ

証券化の草創期においては，広範な投資家の関心は見出せなかった。一部個人富裕層や事業法人等に投資ニーズがみられたものの，保険，年金や投資信託などの巨大機関投資家からの投資は稀であった。その要因は，当時は株式やその関連商品，債券，投資信託などのパフォーマンスが比較的高く，ポートフォリオの多様化・分散の観点からの一般論はともかく，現実の投資対象としてはこれらで事足りていたこと，複雑な構成を持つ証券化商品に馴染みが薄かったこと，とりわけパススルー・タイプのキャッシュフローはパフォーマンス管理が煩瑣で，大手機関投資家の運用体制や提供商品にそぐわなかったこと，開示規制や最終商品の法律上の位置付けが不明確で，投資家保護についても不透明感があったこと，セカンダリー市場が存在しなかったこと等にある。

しかし，90年代後半以降の株式市場低迷や歴史的低金利による運用難から，証券化商品への投資ニーズは次第に増大していった。また，上述イでみたよう

な調達サイドのニーズ拡大による証券化発行市場の拡大は，同時に投資家の証券化商品投資の可能性を拡大させ，かつ大手機関投資家からのオーダーメイド商品の要請に応え得る法整備や商品開発力の向上とも相俟って，投資家ニーズは急速に大きくなっている。2004年には，投資家からの需要が商品供給量を上回るほどになっており，多くの証券化ディールでいわゆる「瞬間蒸発」が発生するほどにホールセール中心の根強いニーズが報告されている。

② 金融技術の充実

証券化には高度な金融関連技術が不可欠である。原資産の信用度測定，多数分散化プールの確率的処理，デリバティブの組入れ，内部信用補完構造の構築，キャッシュフローの組換え等々の金融工学的技術の発展はもちろんのこと，権利移転や倒産隔離，対外効，税務処理など法技術面にも洗練さが求められる。証券化の成功には，ファイナンシャル・エンジニアリングとリーガル・エンジニアリングのコラボレーションが決め手になる。

これらの点で90年代前半までの我が国は，先行するアメリカに比べて大きく見劣りしていた。証券会社や金融機関は，海外で複雑なデリバティブ取引に習熟しつつあったが，日本国内では規制が厳しく，グローバル・スタンダードの金融技術が国内的に発展しにくい側面があった。法律上も証券取引法上のいわゆる3点セットで二者択一的な有価証券概念の困難な課題があるなか，特段の立法措置はなく，かつ税務上も不明確な部分が大きかった。加えて，不良債権処理や相場低迷に起因する関係業者の業績低迷は，その積極的なオペレーション拡大を阻害していた。

しかし，金融工学技術は，96年の日本版金融ビッグバン宣言以降の我が国市場の規制緩和に合わせるように向上していった。かねてから指摘される最先端技術の早期取入れを得手とする日本企業の特性もあって，最近は世界的なフロントランナーとまでは言い難いものの，国際的に遜色ないレベルにまで達したと言われている。証券化では，デリバティブを活用したシンセティック分野が急拡大しており，また組成技術の標準化が進むなど，この面での充実度も相応

第6章　金融の証券化

のものとなっている。

③　制度インフラの整備

　我が国における証券化関連法制は，90年代前半からの10年余りの間に急速に整備された。これは，抵当証券法制定以降60年間の諸対応をはるかに凌ぐ。前述した大きな環境変化を背景とする，ある意味で時代の要請に「待ったなし」をかけられた措置という面があったとはいえ，関係者の前向きの姿勢は高く評価されるべきであろう。93年（平成5年）の特定債権法を嚆矢として，特に98年（平成10年）に重要立法・法改正が行われている。以下に主要な立法を概観しておこう。

1993年　特定債権等に係る事業の規制に関する法律（特定債権法）
　　　　──一定のリース・クレジット債権の流動化目的の譲渡について，簡易な債務者・第三者対抗要件としての公告制度，書面閲覧制度を導入。
　　　　──債権譲渡計画の確認，個別流動化案件の届出と公的調査を規定。
　　　　──最低販売単位等の商品性規制，当事者の適格性，行為規制　等々。
　　　　──後年，資産担保型証券の証券取引法上の有価証券化，後述SPC法との調整などの規制緩和・証券化関連諸制度との調和が行われた。ただし，2004年廃止。

1998年　特定目的会社による特定資産の流動化に関する法律（SPC法）
　　　　──証券化対象資産を特定資産（不動産，指名金銭債権，これらの信託受益権）に拡大。
　　　　──特定資産を裏付けとした資産対応証券（優先出資証券，特定社債券，特定約束手形）発行のための導管である特定目的会社（TMK）を商法上の会社とは別途創設。
　　　　──開示規制として資産流動化計画・実施計画を規定。

同年　債権譲渡の対抗要件に関する民法の特例等に関する法律（債権譲渡

2 証券化の課題と展望

特例法)
　　——法人の金銭債権について民法の特例として，第三者対抗要件として電子化された債権譲渡登記，債務者対抗要件として登記事項証明書による通知・承諾を認容。
　同年　金融システム改革のための関係法律の整備等に関する法律（金融システム改革法)
　　——資産対応証券を証券取引法上の有価証券化，信託業法改正　等々。
1999年　債権管理回収業に関する特別措置法（サービサー法)
　　——不良債権回収に係る債権回収業に関し弁護士法の特例等を定めた。
　同年　金融業者の貸付業務のための社債の発行等に関する法律（ノンバンク社債法)
　　——一定要件のもとで貸金業者の貸付資金調達のための社債，コマーシャル・ペーパーの発行を容認。
2000年　SPC法の改正（資産の流動化に関する法律（新SPC法))
　　——対象証券を広く財産権一般に拡大。
　　——特定目的会社に係る規制緩和，資産流動化計画の規制緩和。
　　——証券化の新たなビークルとして，①特定目的会社の倒産隔離のために特定目的会社の持分を信託する特定持分信託を導入（いわゆる日本版チャリタブル・トラスト），②信託型資産流動化スキームとして特定目的信託（SPT）を導入。
　同年　税制措置
　　——新SPC法上の特定目的会社と特定目的信託は法人税課税対象とするものの，それらの所得の90%以上を配当する場合には当該配当の損金算入を認め，実質的に二重課税を回避することとする措置をとった。
2002年　中間法人法
　　——社員共通の利益を図ることを目的とするが剰余金を社員に分配することのない中間法人を認め，証券化のビークルとして活用でき

第6章　金融の証券化

るようにした。議決権と基金拠出者の地位が結びついておらず，証券化に当たっては，たとえばオリジネーターが中間法人に基金を出し第三者である弁護士などが議決権を行使，SPCは当該中間法人の株式を保有する，というスキームが考えられる。

2003年　社債等登録法令・規則改正，社債等振替法施行により社債のペーパーレス化へ。

2004年　動産及び債権の譲渡の対抗要件に関する民法の特例等に関する法律

—債権譲渡特例法を一部改正し，動産公示制度を充実。

以上の諸立法，改正整備は必ずしも証券化の発展を意図して合目的，統一的に行われたものではない。むしろ，不良債権処理や信用収縮期における企業等の資金調達手段の多様化，集団的投資・調達スキームの整備，有価証券の電子化・ペーパーレス化による決済制度改革など，本来別個の政策目的から実行されてきた性格が強い。これらが，結果として証券化整備に寄与した色彩があることは否定できまい。ただし，いずれも何らかの形で証券化と結びついた対応となっており，我が国における証券化の制度インフラ整備に大きく貢献し，いまやグローバル・スタンダードに照らしても遜色ないレベルにまで達している点は評価すべきであろう。

④　専門的な担い手の層の厚さ

証券化は，金融各分野と関連法律実務における高度の専門性を必要とする。これらの高度な専門性を有する人材の存在も，証券化の発展に欠かせない。

証券化の組成に直接従事する第一線のアレンジャーは，国内に数百人程度と言われるが，潜在的なマーケット規模に比べると十分とは言えまい。国内格付会社の証券化格付への習熟度は急速に増しているものの，いまだ市場からは外資系格付会社への信頼度が高いようである。専門弁護士や会計士も増加しつつあるものの十分とは言えない。さらに投資家に関しては，トップクラスの大手

機関投資家の分析ノウハウは高レベルであるが，大半の機関投資家や個人投資家は必ずしも証券化商品への投資に手馴れているとは言えない。

このように，現状では専門的な担い手の人数，レベルは十分とは言えないが，2002年頃からは全国的な市場型間接金融を活用したプロジェクト・ファイナンスや自治体，広域CDO，産業再生に係る証券化などが急進展しており，自治体や地域金融機関，地域のシンクタンクなどでも徐々に人材の厚みが増している。

(2) 証券化の現状

(1)で整理した基本条件の充足を証明するかのように，我が国における証券化市場は90年代後半から大きな伸びをみせ，原債権の多様化も進んでいる。ただし，金融市場全体の規模や証券化最先進国であるアメリカ等との比較では，いまだ高い水準にあるものとは言い難い。

① 証券化商品の急拡大

証券化商品の新規発行額や発行残高は，公表ベースのもの以外にも私募ベースや未公表のものが相当量存在し，現状ではその全貌を正確に把握することは困難であるが，専門業者の推定によりおおよその傾向は推察できる。これらの推計値によると，95年頃までの新規発行額は2,000億円に至らなかったようである。これが90年代央を境に急増し，97年に1兆円を超えて2000年以降は4〜5兆円規模にまで拡大，2004年度は5兆7,000億円に達している。10年間で約30倍もの規模の発行市場に成長したわけであり，特に上記の証券化関連制度インフラが進展をみた2000年前後の発展が顕著である。たとえば，98年秋にSPC法が成立した直後の99年度には，登録SPCの数が前年度比6倍の39件となっていた。2004年の発行残高は30兆円程度と推定されている。

裏付け資産も，90年代半ば過ぎまではリース・クレジット債権が全体の8割を占めていたが，2003年には2割にウェイトダウンする反面で，住宅ローンや

183

第6章　金融の証券化

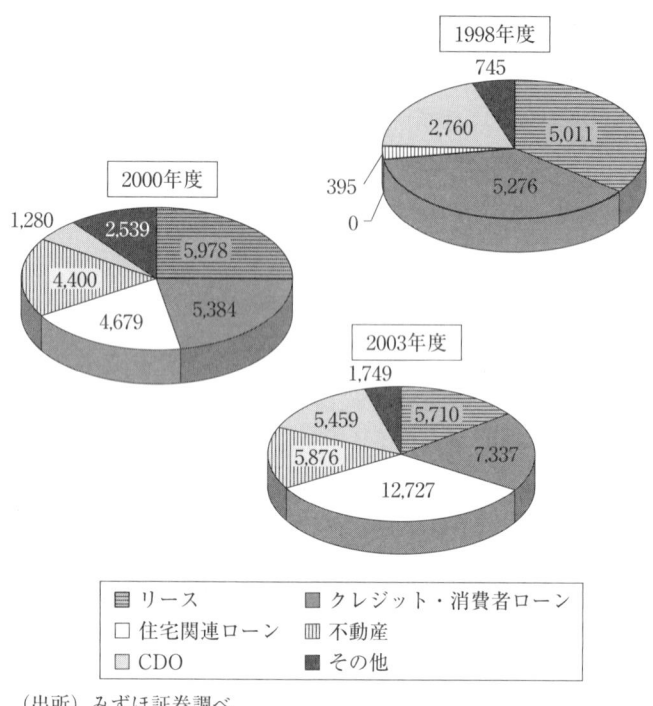

図表6―3　裏付け資産別構成

1998年度
- リース: 395
- クレジット・消費者ローン: 0
- 住宅関連ローン: 2,760
- 不動産: 745
- CDO: 5,011
- その他: 5,276

2000年度
- 5,978
- 5,384
- 4,679
- 4,400
- 1,280
- 2,539

2003年度
- 5,710
- 7,337
- 12,727
- 5,876
- 5,459
- 1,749

凡例：
- リース
- クレジット・消費者ローン
- 住宅関連ローン
- 不動産
- CDO
- その他

（出所）みずほ証券調べ

不動産関連，CDO，その他金銭債権が急増してきた（図表6―3）。

②　証券化の発展過程

　現代的な意味での証券化は，アメリカで生まれ本格的な発展を示してきた。かつ，その先端的分野についても同国がフロントランナーである。アメリカの証券化に関する標準的な定義は，先述した資産の証券化についてのそれとほぼ同様である。伝統的な意味での資金調達が資金を借り入れる点に特徴がみられるのに対し，証券化ではキャッシュフローを売却する点に特質があるものとされる。

　アメリカにおける証券化についても，初期段階は取引ストラクチャーや対象資産への精査が，単独もしくは少数の熟達した投資家によってなされる私募形

2 証券化の課題と展望

図表6—4 証券化のライフステージ

第1段階	第2段階	第3段階	第4段階	第5段階
Nascent	Early/Developing	Transitional	Developed/Mature	Commodity
		Sub-prime Auto		Auto
Lottery Payments	12b-1 Fees	Private Label Credit Cards	Auto Leasing	Credit Cards
Structured Settlements	Healthcare Receivables		Aircraft Leasing	Manufactured Housing
Viatical Settlements	Distressed Assets	Student Loans	Equipment Leasing	Home Equity
		Insurance Premium	CBO's / CLO's	Stranded Assets
Entertainment Royalties		Timeshares	Enhanced Equipment Trust Certificates	
		Franchise Loans		
		Tax Liens		

(出所) 川村雄介『知的財産証券化』(証券経済研究第44号,(財)日本証券経済研究所,2003年12月),*Fabozzi, F. J. Handbook of Structured Financial Products*, FJF, 1998.

態をとる。取引サイズは，一般的に私募に適した5,000万ドル以下である。投資家は，組成やデューデリジェンスに要する時間やコストを反映して，相当程度に高いリターンを要求する。次第に同類の裏付け資産による証券化の発行が増加し，投資家の数が増えるとともに，取引形態が画一化・成熟化し，ルール144発行等を経て公募形態に発展していくものである。

かかる証券化の発展過程は，概ね5段階に分類される (図表6—4)。すなわち，第1段階＝発生期 (Nascent category)，第2段階＝初期発展期 (Early/Developing category)，第3段階＝成長過渡期 (Transitional category)，第4段階＝成熟期 (Developed/Mature category)，第5段階＝商品化期 (Commodity category) である。

第1段階の裏付け資産は，伝統的な意味ではユニークで新奇とも言える性格を有するため，極めて限定された少数の発行者によって証券化される。これらの資産は，様々な外部要因やスキーム組成上の障害を解決しなければならない。たとえば，図表6—4のLottery Payments は富籤の証券化であるが，州によっては合法性自体が問題化し得るし，末期患者の生命保険証券を慈善団体などの

第6章　金融の証券化

　第三者に割引で売却しその代金を患者の医療費に充当するViatical Settlementsの証券化でも余命予測が難しい。また，近時注目度の高い知的財産の証券化の一類型であるエンターテインメント事業の収入を組成するものも，この段階に入れられている。

　第2段階においても，第1段階とほぼ同じように証券化は限定されている。ただし，このレベルになると，ある種の資産については相当数の投資家によって，伝統的なマーケット習慣のなかで正当と認められる取引方法が採用されるケースも増えてくる。この段階でも，ディストレス資産の証券化で散見されるように，対象資産自体の価値にのみ着目する投資家が存在し，将来キャッシュフローのファイナンス化という証券化の本旨とずれをみせる場合があるようである。

　第3段階では，トラックレコードが蓄積されオリジネーターが多様化していく。

　第4段階では，裏付け資産に包含されるリスクがマーケット参加者に正確に理解され，スキームも確立し，発行額が相当金額に達して徐々に流通性も増してくる。

　そして最終の第5段階では，証券化商品は高度な流通性を持ち，類似の裏付け資産であれば発行者が異なってもプライシングの相違は2〜3ベーシスポイントの範囲にとどまる，つまり伝統的な公共債や高格付社債と異なるところがなくなるようになるのである。

　ここで，アメリカと我が国を上記の発展過程に即してみてみると，アメリカの証券化の主流は第4段階から第5段階のレベル，それに対して我が国の中核的な証券化商品は第3段階から第4段階にあるものと評すべきであろう。概ね一段階の差ということになるが，実はこのレベル差は字義以上に大きい。第4段階後半からの発展は，発行量や裏付け資産の多様化のみならず活発な流通市場の成長も重要な要素となる。アメリカでは，CDOのセカンダリーのプライシングにも相当の検証が加えられ，また，そもそもモーゲージ証券による流通市場の形成という歴史的体験もある。ましてCommodity化は，発行市場と流通市場の相互補完で可逆的な機能連携が存在して初めて実現し得るものである。

2 証券化の課題と展望

図表6—5 日米証券化の発展史

年代	1970	1985	1990	1995	2000	2003

アメリカ市場:
- 1970年GNMAによるMBS（不動産担保ローン証券化）第1号発行
- 83年CMBS（商業用不動産証券化）第1号
- 85年から証券化の対象債権拡大
- 80年代末からS&L破綻相次ぐ
- 90年代REIT市場急拡大
- 知的財産権（特許権、レコード版権、ブランドetc…）など証券化対象資産急拡大
- 世界の証券化市場に占めるアメリカのシェア80～90％
- 主要ブックランナーの大半はウォール街の投資銀行

日本市場:
- GNMA債の輸入販売
- 抵当証券ブーム
- 小口不動産の組合方式投資
- 都市開発や住宅金融公庫改革策に証券化活用気運
- 海外での証券化に外資と提携の動き
- 93年特債法施行
- 94年日本リース米国市場でABS発行
- 96年オリコ国内ABS第1号
- 96年住専破綻
- 98年SPC法、債権譲渡特例法施行
- 99年CMBS第1号
- 00年SPC法改正され資産流動化法に
- 00年ゲームファンド登場
- 00年東京都CLO
- 00年投信法改正J-REIT登場
- 02年WBS（事業の証券化）登場
- 02年特許権証券化第1号

（出所）みずほ証券資料をもとに加筆作成。

両国の証券化のエポックを時系列的にみても，こうした点は明白である（図表6—5）。アメリカでは，モーゲージの証券化に連邦政府が保証を付与した政府抵当金庫（Government National Mortgage Association（GNMA））のモーゲージバック証券（MBS）が1970年に発行され，80年代には自動車ローンやリース債権，カードローンの証券化が盛んに実行されていった。我が国でも具体化が図られているCMO（Collateralized Mortgage Obligation）が開発されたのも80年代半ばである。

その当時の日本ではようやく証券化の機運が現れつつあったものの，現実にはGNMA債等の輸入販売が試みられたり，国内の不動産小口投資商品の開発，抵当証券への投資が盛んになったりする程度であった。本格的な証券化については研究の域を出ていなかった。要因は証券化発展のための諸条件のうち，とりわけ金融技術と制度インフラの未発展，未整備にあった。

以降も我が国で本格的な制度インフラ整備が進められ始めた時期に，アメリカでは一段と市場の拡大発展が進んでいった。興味深い点は，80年代後半からのＳ＆Ｌ破綻や金融危機が，不良債権処理，企業再生の緊急性を高め，その解

第6章　金融の証券化

図表6―6　日米欧クレジット市場規模比較

(単位：兆円)

商品名		1999年	2000年	2001年	2002年
シンジケートローン組成額	日本	3.7	10.3	11.9	15.3
	米国	121.4	142.8	132.2	115.7
	欧州	55.6	90.9	59.6	64.4
資産担保証券組成額	日本	2.3	2.8	3.5	5.0
	米国	147.2	110.3	250.6	333.9
	欧州	―	9.8	19.2	19.8
貸出債権流通市場	米国	9.9	12.8	14.8	14.1
クレジット・デリバティブ	日本	1.6	1.5	2.2	1.7
	世界	70.0	106.6	141.9	233.0

(出所) みずほ証券，日本銀行

決法として証券化が活発に利用されたことである。これからほぼ10年後に我が国が金融危機に見舞われ，証券化発展の1つの契機となった事実に照らしても記憶されるべき現象であろう。

　以上のように，我が国における証券化は，当初はアメリカに遅れること約20年であったが，最近の急速な制度整備や金融システムのパラダイム変化に伴いその差は縮小されつつある。

③　証券化の日米比較

　企業の資金調達における市場調達のウェイトと家計金融資産の構成比を日米で比較すると，アメリカ企業の市場調達70％強に対して日本は40％強，家計ポートフォリオでは米国の60％程度に対して我が国は20％に満たない。最近，我が国の資金調達・運用が少しずつ市場型を指向しつつあるとはいえ，両国の資金循環の基本構造の相違はしばしば指摘されているとおりである。これをクレジット関連市場規模でみてみると，主要な分野で日本は対アメリカのみならず対欧州でも概して相当に低いレベルにある（図表6―6）。特に，証券化市場の規模は欧州の4分の1，アメリカのわずか70分の1に過ぎない（図表6―7）。

2 証券化の課題と展望

図表6-7 日・米・欧の証券化市場規模比較

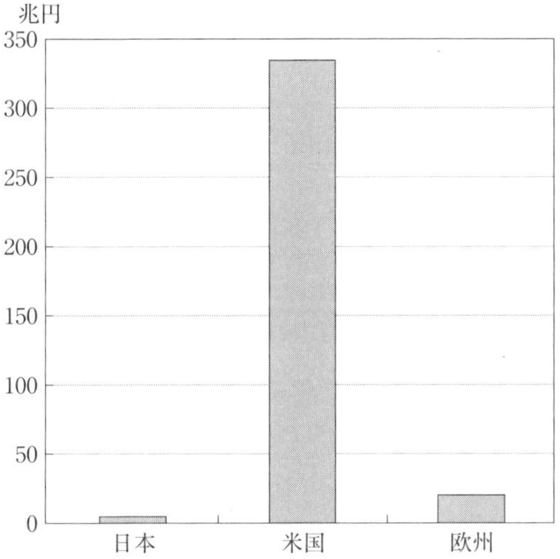

(注) 2002年中の新規組成額。「欧州」は，EU加盟国＋スイス等。
(出所) みずほ証券，ドイツ証券，日本銀行

図表6-8 日米証券化対象資産規模比較

	米国／日本
2001年GDP	2.4倍
国内非金融部門金融資産 (2002.9)	2.0倍
金融機関金融資産 (2002.9)	1.4倍

(注) 倍率は1ドル＝120円で換算して算出
(資料) 日本銀行，FRB
(出所) 「三井トラストホールディングス調査レポート」2003年4月号より

第6章 金融の証券化

日米のGNP比，企業の金融資産残高比，金融機関の金融資産残高比がそれぞれ2.5倍～1.5倍程度であることに鑑みれば，日本の証券化市場規模は少なくとも100兆円程度になる筋合いであろう（図表6―8）。

ちなみに，売掛債権でもアメリカがその10％以上を流動化しているのに対して，日本では数％以下のレベルに留まっている。また，世界における証券化の主要ブックランナーは欧米系，とりわけアメリカ系である。2003年でみると，上位10社の内訳は，7社をアメリカ系，3社を欧州系で占め，この10社の世界シェアは合計で約70％となっている。

ここで銘記しておくべき日米の差異の基本にある主要因の1つは，住宅関連債権の証券化（RMBS）である。アメリカでは，GNMA（政府抵当金庫）やFNMA（連邦抵当金庫），FHLMC（連邦住宅金融公社）等によるAgency MBSの発行額だけでも巨額に上る。90年代の新規発行額は，毎年平均で概ね5,000億ドル（約55兆円）で推移していたが，2000年代に急増しており，2003年には1兆7,500億ドル（約160兆円）に達した。ちなみに，同年の財務省証券発行高は約5,000億ドルである。

これに対して，我が国の住宅関連債権の証券化は緒についたばかりであり，近時急増傾向にあるとはいえ，官民合わせても2004年で約2兆4,000億円（220億ドル）とアメリカとは比較にならない少なさである。

(3) 証券化が進まない要因

ここまで概観してきたように，我が国の証券化は進展しつつあるとはいえ，経済規模や国内金融資産規模に比べるとまだまだ小さいと言わざるを得ないこと，この点は国際比較で際立つこと，が明確になった。以下ではその要因について考察していく。

我が国では，証券化のニーズ，金融技術，制度インフラは相応のレベルに達しているものと評価され，いまだ積み残し問題が相当数存在するものの，それらの多くは技術的なものであって，証券化の進展を阻害する決定的な理由では

ない。また，証券化に関わる専門家の人数は十分ではないが，これは阻害要因であるとともに証券化が進展していないことによる結果とも言える。むしろ証券化に対する最大の問題は，我が国経済社会における事実上，慣行上の取引実態にある。

① 制度上の積み残し問題

制度上改善の余地があるとされ関係者から指摘される主要課題は，次のとおりである。

イ 媒介体（SPV等）の使い勝手

媒介体に会社形態をとった場合には，単一のSPCによる複数回発行の際に簡便な事務手続で責任財産を区分することが実務上困難で，随時発行が行いにくい。また，資産流動化法上の特定目的信託は，税法上の諸理由やパススルー方式が組成しにくいなどの問題がある。随時発行についてはマスター信託の利用が可能であるが，現状では手間とコストがかかる。さらに，全般に信託スキームにメリットが多いものの，譲渡事務が煩瑣であること，情報開示が十分でないこと，決済の同時性に課題があること，等々から使い勝手がよくない。

ロ 情報開示上の課題

私募案件の証券化では，オリジネーター，アレンジャー等の当事者以外は当該案件に係る情報の非対称性問題が大きく，投資阻害要因になっている。そもそも私募や信託受益権発行のケースでは，発行自体が未公表のものも相当数ある。このため，特に私募案件では債務者のデフォルト率等のデータ，気配値やオファー／ビッド情報が極めて少なく，流通市場がほとんど形成されない。公募物であっても流通市場は非常に小さい。

公募案件では，開示項目が詳細すぎて事務作業の煩雑さがネックとなっている。証券化商品の特性や開示項目の自由度，目論見書の判読容易性等で投資家ニーズが反映されていない。つまり，ディスクロージャーに過不足があり，機動的発行が行いにくい。

ハ　税制上，会計上の課題

担税力のないSPCに対する課税問題が存在する。利益の90％超を配当に充てる場合には実質非課税になるとはいえ，その前提としてSPCをそもそも課税主体と位置付けている。また，配当が事後的に利益の90％以下となった場合にも宥恕規定が置かれていない。

会計上は，支配の移転に関して付帯条件と資産が一体として捉えられるため，証券化を実行しにくい面がある。また，SPCが連結対象外とされているため，会計基準の国際化の進展によっては，流動化阻害要因になり得る。

ニ　近時の対応

以上の制度上の諸課題に関しては，ここ2～3年の間に官民一体となった検討が鋭意行われている。たとえば2004年には，日本銀行が事務局となって数多くの実務家，関係官庁，業界団体の関係者が広範かつ詳細な議論を行い「証券化市場フォーラム・報告書」をまとめ，東京証券取引所取引参加者協会は「資産の流動化に係る法制面・税制面の整備等に関する要望事項」を公表し，不動産投資信託や資産の流動化を中心に実務上のテクニカルな法税制課題を指摘した。

加えて，法律レベルでも従前の個別特別立法によるテーマごとの対応から，より基本法レベルに根ざした対応がなされ始めている。具体的には2004年以降，破産法制，信託法制，債権譲渡特例法，電子債権法，投資サービス法制，さらには会社法制にも抜本的な改正が検討され，その一部は施行されている。

②　事実上，慣行上の課題

取引社会における諸慣行は，我が国における証券化進展の最大の阻害要因である一方で，合理的，制度的な解決が図られるという性格のものが少ない。また，長年月続いている商慣習に根ざす部分が大きいだけに，相当広範にわたるテーマである。

イ　金銭債権譲渡に係るコスト問題

これは，端的には証券化のポイントである「原債権のフルボディの移転」が

スムーズに進まない大きな要因と言える。最大の問題は，売掛債権やリース料債権等について，相対（あいたい）取引を基本的な前提としている我が国の商慣習上，「譲渡禁止特約」が付されていることである。通説・判例によると，この譲渡禁止特約には物権的な効力が認められるところから，特約下で譲渡しても無効と解される。証券化に当たっては，かかる特約を個別に解除していく必要があるが，膨大な数の契約から特約を外していくためには，大きなコストと手間がかかってしまう。制度改正を行ったとしても，債務者の心理的な抵抗感が強く，簡単に解消できる性格のものではない。

また，債務者の抗弁によって，原債務からの元利払い滞り，特に逆相殺リスクを回避するためには，債務者抗弁権切断の手段として債務者対抗要件具備が必要であるが，債務者の忌避感から債権譲渡時点でこれを備えるケースは稀である。多数債務者に対して抗弁権切断を実行する煩雑さとコストは膨大になる。

加えて，二重譲渡を避けるために第三者対抗要件の具備を要するところ，登記ファイルへの登記や公告を認める債権譲渡特例法，特定債権法（ただし，2004年に廃止）によってかなりの改善がみられるが，オンライン活用など，いっそうの利便性向上が課題になっている。

さらに，中小企業向けの売掛債権では，債権の存否自体を確認するためのデータが未整備のことが少なくない。

ロ　サービサーリスク問題

証券化の仕組み上，オリジネーターがサービサーとして機能するケースでは，サービサーが破綻した場合に回収金がサービサー資金と混同され，証券化商品への元利払い遅延や減少といった「コミングル・リスク」がある。従来，サービサー破綻のケースでは，再建型の倒産手続で対応してきたが，破綻時のバックアップサービサーへの円滑な業務移管が図られる必要がある。

ハ　決済・譲渡手続

パススルー・タイプの証券化商品は，月ベースで元利払いが発生するのが通常であるところ，社債等登録制度のもとでは，登録停止期間によってキャッシュフローが滞り，流動性を阻害する。また，信託受益権の現行譲渡手続は，極

第6章　金融の証券化

めて煩雑である。もっとも，社債タイプについては，2006年1月から一般債振替システムへの取込みによるペーパーレス化に伴い，大幅な簡素化が期待されている。

ニ　プライシング

証券化商品の「プライシング」は，原資産のキャッシュフローとその安全性，仕組み全体の信頼度，信用補完や効率性などを基準になされる。株式や社債等の伝統的有価証券と異なり，参照し得るセカンダリー市場の価格形成がほとんど参考にならないため，様々なモデルやシミュレーション，確率計算等によりプライシングを行うこととなっている。プライシングの精度は大きく向上し，その妥当性も増していると評価されつつあるものの，分析モデルの複雑化や金融技術の難度上昇により，投資家に対してモデルの考え方や内容，留意点などを詳細，かつわかりやすく説明することが困難な場合も少なくない。

また，オリジネーター，アレンジャーと投資家の間で，原債務やスキームの背景等についての情報の非対称性が大きく，かつ流通市場が未発達であるため，同格付の社債等に比較して，いわゆる「ABSスプレッド」と称されるプレミアムを付けざるを得ないことが少なくない。

ホ　流通市場の未発達

証券化商品の流通市場は，現状では極めて小さい。私募については，発行額の正確な把握すら不十分である。最近，日本銀行が日本証券業協会などからデータ収集を行い，セカンダリー市場の情報充実に努めているが，市場の構築・整備までにはいまだ相当な距離がある。唯一の公表データもカバレッジは小さく，あくまでも備忘的参考データに留まっている。

ヘ　リスクテイカーとしての投資家層の薄さ

シニア部分は，多くの場合AAAやAAの高い格付を取得していることもあり，投資家全般の需要は強い。しかし，メザニン部分，まして劣後（エクイティであることも多い）部分についての投資家は非常に少ない。年金等の機関投資家は，国債等のローリスク証券中心の運用体制をとっており，アメリカの年金資産が相当にリスク投資を行っている点とは対照的と言われている。無保証

のABSやパススルー型への投資は漸増傾向にあるものの,水準は低い。先述した情報の非対称性と裏腹の関係とも考えられるが,市場の発展にドライブをかけるためのリスクテイカーが圧倒的に少ない点は,大きな課題となっている。

ト　その他の事実上,慣行上の諸課題

上記してきた諸点以外にも,取引慣行その他の事実問題で証券化の障害となる要因は少なくない。いずれも個々には一見大きな課題とは思えないものであるが,現実の実務で形あるディールに仕上げる過程では,想像以上に厄介な問題であるとの指摘が多い。

不動産の証券化については,底地価格が高く高率の税金がかかることが,仕上がり商品の良好な利回り確保を困難なものとし,組成上,エクイティ・ポーションを大きくせざるを得ないが,前述のようにその投資家は多くはない。また,借地借家法等の基本理念がやや弱者保護に偏ってきた結果,証券化を受け入れにくくしている素地があるとの認識も寄せられている。

さらに,サービサー変更時の印鑑照合にかなりの時日を要し機動的でないこと,カード等のクレジット債権の証券化に当たってはボーナス時払いの慣行からこの時期のキャッシュフローが著増し,デフォルト確率も高まるなど,リスクが平準化されていないこと等も,証券化の阻害要因になっているものと指摘されている。

なお,動産公示制度に関しては,2004年（平成16年）の動産・債権譲渡特例法によって動産譲渡登記制度が創設された。これにより,法人が動産を譲渡して当該譲渡について動産譲渡登記ファイルに動産譲渡登記がされたときには,当該動産について民法178条の引渡しがあったものとみなされることになった（同特例法3条1項）。

(4)　証券化を推進・活用するための対応策

我が国におけるいわゆる市場型間接金融の中核である証券化をいっそう推進・活用するためには,(3)で触れた諸問題を解決することが必要である。す

第6章　金融の証券化

なわち，積み残された制度インフラのさらなる整備，専門家の養成，事実上，慣行上の諸問題への対応である。以下では，制度インフラのファインチューニングと事実上，慣行上の諸問題に関して略言していくが，なかんずく後者が大きな課題である。

① 制度上の課題への対応

オリジネーションからアレンジ／アンダーライティングのプロセスでは，信託の利便性を向上させていくことが重要である。たとえば，特定目的信託の投資家からの源泉徴収不適用を認めたり，同族特定信託として税務上不利益にならないようにしたりするなどしてCMOの組成をも促進していくべきであろう。パススルー型への対応としても検討すべきである。また，基本法である民法や会社法と証券化関連諸法との整合的な連結を進めていく必要もある。

アンダーライティングから投資家への過程では，多種多段階の私募形態にあっては，可能な限り集団的投資スキームである投資信託などへの組入れ容易性を図り，これと証券化との有機的なシナジーを追求していくべきである。公募形態では，証券化に相応しく公正で必要十分ながら簡素でわかりやすいディスクロージャーを整備していかなければなるまい。発行サイドと投資家サイドの双方のニーズに合致した個別商品ごとの裏付け資産の特性に合わせた開示の標準化が急がれるべきなのである。この点に関連して，国内格付会社のいっそうの充実も望まれる。さらに，シンセティック型の証券化商品の会計処理は複合金融商品か社債かという点に複雑で不明確な論点が残されており，各ディールがいずれに該当するものかのアプリカビリティの基準を策定していくことも重要である。以上の制度インフラ上の要請を統一的に整備する方向で新たな金融サービス法制に取り込んでいくことも，一考に値するかもしれない。

② 事実上，慣行上の諸問題解決への道筋

我が国の証券化の発展を阻む最大要因というべき取引社会の事実上，慣行上の諸問題の解決とは，要するに，①原債権・債務関係の証券化への誘導，②流

通市場の整備，③リスクテイカーの養成，④その他，である。④に関しては，アメリカにおける証券化発展史が示唆するように，住宅金融部門の証券化推進が大きな起爆剤となり得よう。

イ　原債権・債務関係の証券化への誘導

ここで重要な課題は 2 点ある。

第一は，実務界で一般的な売掛債権等への譲渡禁止特約や各種債務者抗弁権について，証券化を前提とし得る取引においては，これらを排除すべきである。譲渡禁止特約等は，長い慣行と歴史的経緯を有し，かつ不知の第三者を相対（あいたい）取引の世界に関わらせたくないという契約当事者の強い意思に基づくものである。我が国の標準的な契約慣習といえ，とりわけ中小企業にこだわりが強い。その脱却には強い心理的抵抗が予想される。だが，証券化は国全体の金融システムが大きく市場型にシフトしていく金融フレームの変革であり，これらの点を解決しないかぎりいっそうの前進は望みにくい。

したがって，この課題解決には，官民挙げた真摯で粘り強い対応が不可欠である。日本銀行や中央官庁が率先して自己の売掛債権等について譲渡禁止特約を外し，証券化に誘導する動きを示しており注目される。今後は，他官庁や地方自治体，さらに何よりも経済団体等を中軸に，広く民間サイドが積極的に対応していく必要がある。なお，債務者が不安を抱くような債権譲渡先が除かれるような配慮は当然なされるべきであろう。

同時に，契約上，仕組み上の工夫も有効である。募集型CDOのなかには，原債権・債務の基本契約に抗弁権が遮断されるように手当てされているものもある。また，予め相殺可能性を予測したり，想定される抗弁権行使に伴うダイリューション・リスクへの信用補完を行ったりする，などの対策も考えられている。

さらに，より根本的な措置として，債務者利益を尊重しつつ一定の譲渡先で一定の譲渡目的のあるものは，抗弁権などの対外効を制限できる法的枠組みを検討していくべきであろう。すなわち，譲渡を前提とした市場取引中心の契約体系の導入である。ここでは民法や会社法そのほかの基本法を含む横断的な

第6章 金融の証券化

「市場契約法」を策定していくことになる。

　第二は，中小企業関連データの収集・整備を進め，中小企業ファイナンスの証券化への親和性を高めていくことである。通常，中小企業向けの債権は少額多数である。金銭債権の種類，期間が多様であるだけでなく，元来，相対（あいたい）取引が大半であるため，情報の欠如，非対称性が大きい。信用度にもばらつきが著しいうえ，会計処理等も第三者からは不分明であることが少なくない。もともとそのままでは証券化に適合しにくいのが中小企業金融である。したがって，この分野の証券化推進に当たっては，中小企業関連の信用情報その他のデータベースと分析モデルの構築が不可欠となる。幸い，我が国ではCRD（Credit Risk Database）をはじめとする信用分析ツールがすでに実用段階に入っているが，一段のカバレッジと精緻性，信頼性へのチューンナップが望まれる。

　さらに，将来的には中小企業の財務データや債権回収データ等について，より多数の参加者を組み入れ電子ベースで処理する「電子債権市場」の構築が有効となろう。鋭意進められている各種有価証券のペーパーレス化による決済制度改革と平仄を合わせた検討がなされれば理想的であろう。

ロ　流通市場の育成

　証券にとっての流通市場の重要性は，納得性のある価格の形成と売買機会の確保，公正・正確で多層的な関連情報の入手等により多数の投資家が参加し，より多数の投資家が参加するほどに前者の各機能がさらに向上していく点にある。これらはまた，発行市場にフィードバックされ公正・効率的な発行市場の発展にも資するものとなる。このように，証券化商品にとっても流通市場の育成・充実がその発展に重要な要素であることは言うまでもない。

　もっとも，その市場が取引所形態をとるべきか店頭市場でよいのか，は即断できない。周知のように，株式では取引所取引がメインであるが，債券については店頭市場が中心に機能している。いずれの形態であっても当該証券に係る諸情報の整備が不可欠である。

　証券化商品の流通市場関連の情報は，現状ではアレンジャーが自社アレンジ

案件についてオファー／ビッドを公表する方式が中心となっているものの，一部の公募債に限定されている。先述のように，国内全般の既発証券化商品の情報，特に流通市場情報は極めて薄弱と言わざるを得ない。まずは，仲介アレンジャー等のいっそうの価格情報提示への努力が期待されるところである。アレンジャーや証券会社，金融機関の投資銀行部門と機関投資家が，関連部門に証券化商品のトレーディング・セクションを設置し，流通市場取引を活発化させるとともに，これを支援するためにかかるトレーディング収益に税制上の優遇措置を与えるなどの対応も視野に入れておくべきであろう。

また，より網羅的な証券化商品の発行・流通銘柄リストの整備と，可能な限りの価格や属性情報の充実も重要である。日本銀行が実施している証券化関連情報調査をさらに拡大していくことなどが，現実的な対応かもしれない。そのうえで，証券化商品のインデックスを組成していくことが有効策の1つとなり得るのではないか。

さらに，証券化商品取引所のような，何らかの流通市場のファシリティを設置し，市場振興の核としていくことなども選択肢としてあり得よう。まずは，各種パフォーマンス・データを蓄積し，市場の厚みを増進させることが主要目的である。この場合には証券化商品の個別性の強さから，指標となり得る商品の適格性を定め対象証券を絞り込んでいく必要がある。

ハ　リスクテイカーの養成

従来から，我が国の機関投資家は保守的と言われることが多い。その主要因は，巨額の長期投資資金を運用する立場のファンドマネージャーの多くが，広義のフィデューシャリーを果たすためには，説明責任の観点からもローリスク・ローリターンを追求せざるを得ないことに起因するものと思われる。

しかし，市場金融化のなかで，年金やファンドの受益者サイドにも自己責任投資が求められる今日，機関投資家の運用姿勢にもよりリスク負担を伴う効率運用が必要となってきている。無論，これには提供される情報の潤沢さが前提となるが，同時にいっそう高度で精緻な運用スキルの向上が不可欠である。近時，投資信託などはますます多様化を進めており，証券化関連商品への投資も

第6章　金融の証券化

図表6—9　住宅金融公庫のRMBS

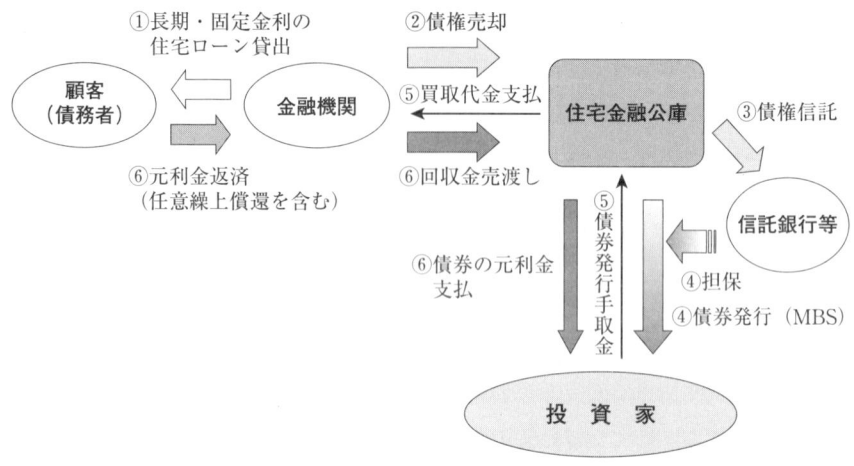

①長期・固定金利の住宅ローン貸出
②債権売却
⑤買取代金支払
顧客（債務者）
金融機関
住宅金融公庫
③債権信託
⑥元利金返済（任意繰上償還を含む）
⑥回収金売渡し
信託銀行等
⑥債券の元利金支払
⑤債券発行手取金
④担保
④債券発行（MBS）
投資家

（出所）住宅金融公庫HP

拡大しつつあるが，運用資産に占める位置はいまだに小さい。ディスクロージャーなどの制度的な問題解決を図りつつ，いっそうバリエーション豊かな運用スタイルを備えることが期待される。保険年金に関しても，特に投資型のものについては同様である。

　さらに，今後は広く個人投資家が市場参加し得るような環境整備を進めつつ，国民一人ひとりが証券化商品への投資を通じて証券化市場の発展に寄与していくことが望ましい。約1,400兆円の個人金融資産を市場型金融に誘導していくためにも有力な方途であろう。

　ニ　その他

　制度インフラ等の充実度向上とともに，事実上，慣行上の諸課題に係る上述のイ～ハを同時並行的に進めていくことが，我が国の証券化を拡充していくための本質的な対応策である。ただし，これらのみではやや推進力に欠けることは否めない。具体的で可視的な方策，いわば市場の起爆剤としての手段が望まれるのである。

　こうした観点から最も有効と考えられるものが，住宅金融の証券化促進，特

2 証券化の課題と展望

に巨額のローン残高を有し国民全般に馴染みの深い住宅金融公庫の証券化への取組みを中核に置いていくことである。すでに，同公庫は直接融資の縮小と証券化へのシフトが政策決定されており（図表6—9），徐々にこの方向へシフトしており，2000年度～2004年度の貸付債権担保住宅金融公庫債券の発行実績は，累計で1兆5,600億円となっている。ただし，その比率は約55兆円の融資残高に比べると，非常に小さい。

アメリカの証券化盛行の原動力は，住宅金融の証券化，RMBS（Residential Mortgage Backed Securities）の発展，分けても政府関係機関の住宅関連agencyたるGNMA，FNMA，FHLMC等の寄与にあった。元来，アメリカの住宅金融は，譲渡可能なローンをモーゲージ会社が提供する仕組みに基づいていたため，証券化を進めやすい状況にあったことは間違いない。しかし，これが市場として大きな発展をみる過程では，政府関係機関が保証その他の関与を通じて重要な機能を果たしたのである。その結果，全米で7兆ドル余りの住宅ローン残高のうち半分以上の4兆ドル強が証券化され，うち3兆4,000億ドルはagency物となっている。

我が国においても，住宅ローンの残高は180兆円余りと巨額に上るうえ，期間が長く比較的均質で長期・固定型のローンは，多数分散プールのスキームに適合している。発行された証券を投資信託に組み入れていくことで投資信託と証券化の有機的な連結も実現できる。また，その証券化は裏付け資産が身近なものだけに，流通市場における取引にも馴染みやすい筋合いであろう。

2005年度以降，住宅金融公庫の証券化業務が加速された。民間金融機関の住宅貸付債権の証券化も進んでいくことが見込まれている。今後，レポ取引の整備等も進み，毎年数兆円規模の新規証券化が実行されれば，上述イ～ハの諸課題解決にも資し，我が国の「証券化」が本格的拡大期に入ることが期待できよう。アメリカでは，住宅ローンの証券化を基盤に証券化が花開いた。我が国では逆に，リース・クレジット債権の証券化から進められてきたが，ここにきていよいよ本丸とも言うべき住宅金融の分野に及ぼうとしている。これによって対アメリカ10年の差がどこまで縮小されるか，引き続き注視していくべきであろう。

第7章

M & A

第7章 M&A

1 M&Aとは何か

(1) M&Aの意義

① M&Aとは

　最近とみに注目を集めている企業活動の1つが，企業の合併・買収等のいわゆる「M&A（Merger and Acquisition）」である。M&Aを一言で表現すると，「会社全体もしくは会社の財産の重要な部分の売買」と言うことができよう。通常の取引では，個別の商品やサービスの売買等を通じて企業活動が行われるが，新たな業容拡大や業務の多角化，異分野への参入等々を会社組織の大幅変更をも伴いながら，大規模かつ一挙に実現する方策としてM&Aが選択されるケースが多い。M&Aは，当事者双方が合意のもとに進めるものから，他方当事者の意思に反して強制的に行われるものまで多様である。後者の場合は，特に有名企業や新興企業によって手がけられる場合には大きな話題を呼ぶが，現実問題としてはその成功率は非常に低い。

　M&A先進国と言われるのがアメリカである。アメリカにおいては，19世紀後半から20世紀初期における第一次ブーム（ニューヨーク証券取引所をはじめとする証券市場の発展を背景として，モルガンやロックフェラーによる産業の独占化が進んだ），大恐慌期をはさむ時代の第二次ブーム（証券市場の急速な発展と産業構造の変化ならびに企業の内部資金の急速な増大を背景として，同業種間のM&Aを通じた規模拡大が進んだ），第二次世界大戦後，1960年代の第三次ブーム（主要産業の成熟化が進み，新規分野への進出を迫られて異業種を合併する複合企業が続々と誕生した），80年代の第四次ブーム（「メガ・マージャー」と言われる大規模M&Aが数多く実行されるとともに，ジャンク債等の資金調達手段を活用した投資グループ等による案件が話題を呼んだ），90年代の第五次ブーム（金融機関の再編を中心にした大型案件，国境を越えた超大

1　M&Aとは何か

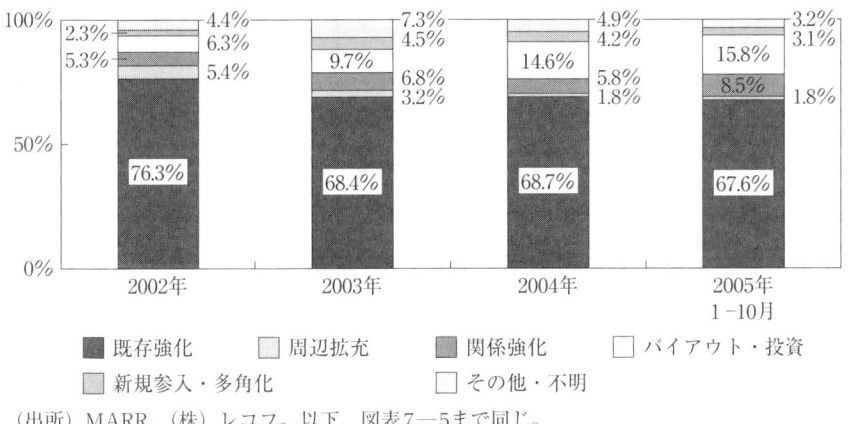

図表7―1　M&A目的別分類の推移

	2002年	2003年	2004年	2005年1-10月
既存強化	76.3%	68.4%	68.7%	67.6%
周辺拡充	5.4%	3.2%	1.8%	8.5%
関係強化	5.3%	6.8%	5.8%	1.8%
バイアウト・投資	2.3%	9.7%	14.6%	15.8%
新規参入・多角化	6.3%	4.5%	4.2%	3.1%
その他・不明	4.4%	7.3%	4.9%	3.2%

■既存強化　□周辺拡充　■関係強化　□バイアウト・投資
□新規参入・多角化　□その他・不明

（出所）MARR，㈱レコフ。以下，図表7―5まで同じ。

型案件，いわゆる「ギガ・マージャー」が行われた）を経て，今日ではM&Aは企業戦略の中核に位置付けられている。

日本においては，長らく企業買収，特に相手の意思に反する買収は経済風土に合わないものと考えられてきた。法制上は70年代に，アメリカのTender Offer（「TOB」とも言う）規制を導入した「公開買付制度」が証券取引法に定められたが，ほとんど活用されることはなかった。しかし，2004年頃から，様相が一変していることは後述のとおりである。

② M&Aの戦略的意味

最近の日本におけるM&Aの目的が，図表7―1で示されている。既存の取引関係等の強化が全体の7割近くを占めているが，投資目的や安値で会社を取得したうえ経営の付加価値をつけて高く転売しようとする「バイアウト」が急増している点が目を引く。この面でも，日本の市場がアメリカ的なものになりつつあることが想像される。

M&Aの戦略的な意味は多々あるが，M&Aを行う側からみた主要点を整理すると，次のとおりである。

205

第7章 M&A

イ　市場参入時間の短縮

　異分野の市場に参入するためには，通常は事前の市場調査，収益性，自社体制の整備等々に相当の時間を要する。しかし，すでに対象分野で実績のある他社を買収・合併することが可能であれば，一般論としてこのような新規参入に伴う「時間」を短縮することができる。

ロ　投資コストの削減

　既存分野の拡大であれ，異分野への新規参入であれ，個別取引ごとに資金投入を行う場合には，全体としてかなりの投資コストがかかる。この点，M&Aによれば，対象企業の保有する有形の資産のみならず，これまでのネットワーク，取引先，名声などのソフト資産も獲得することができ，全体にシナジー効果を期待できるところから，「投資コストの削減」につながる場合がある。

ハ　人材の確保

　新規投資の場合には，人材の育成が時間とコストの両面から大きな課題になる。この点，M&A以後の経営スタイルが理解されれば，優秀な「人材」をそのまま対象企業から受け継ぐことも可能であり，時間，コスト面で大きな節約になる。

ニ　市場参入リスクの低下

　M&Aは，既存の販売網や取引先を有する企業を対象にするのであるから，全くの新規投資のケースに比べて，「市場参入リスク」を低下させることができる。

ホ　市場参入に伴う摩擦の回避

　成長性の低い分野に対して新規投資によって参入しようとすると，既存企業との摩擦が発生する可能性が大きい。この点，既存企業へのM&Aによって参入する場合にはこうした摩擦をかなりの程度，緩和，回避できる。

ヘ　組織再編による経営の効率化

　自社のビジネスモデルを変革するときに，その社内的組織再編やリストラクチャリングにとどまらず，自社で縮小しようとする部門や業務を拡大しようと考えている分野にM&Aを活用することで，大規模かつ短時間で効率的なスク

ラップ・アンド・ビルドが達成でき，効率的，戦略的な経営が可能となる。

　以上の諸点は，M&Aの対象企業にとってはちょうど反対側からのメリットとなり得るものである。

　これらに加え，90年代半ば以降，盛んにM&Aが活用されている分野が企業再生である。企業経営が行き詰まり，場合によっては破綻しそうなケースで，当該企業の再生方法としてM&Aを選択するのである。企業を再生しようとするとき，非効率部分を縮小・廃棄して有望な分野を活性化させるために，相当に思い切った組織再編や人的資源の再配分が必要となる。また，累積した債務を処理しつつ収益力を高めていくことが不可欠である。

　組織の大幅な改編にM&Aは極めて有効である。M&Aによる事業再編で収益力を向上させ，また，こうした施策を市場に評価してもらって企業再生につなげるわけである。日本においては，過去，苦境に陥った企業を救済，再生させるために，親会社などが当該企業への債権を放棄する一方で，新株を引き受ける形態がとられることが多かった。これも一種のM&Aと言えよう。要言すれば，親会社等が当該企業の不良債務を株式に交換して保有するとともに，会社支配権を獲得して経営建て直しを図るもので，広義のデット・エクイティ・スワップ（debt equity swap）と位置付けてもよいだろう。これをさらに進めた方式が，外資を含めた同業他社（これまでのライバル会社）によって行われることも珍しくなくなってきた。

　さらに，投資ファンドによるM&A活用による短期間の再生案件も増加した。投資ファンド（再生ファンド）は，対象企業の株式を大量に取得して同企業にドラスティックな経営改革を施し，大幅に収益力を向上させて企業価値を高めようとする。企業価値を高めた再生企業は，上場会社であれば高株価を実現し得るので，売却してキャピタルゲインを実現し，非上場企業であれば新規公開させて株式公開による利益を獲得しようとするのである。

　従来の日本型M&Aは，企業グループ内や友好企業間において救済，再生目的でかつ相対（あいたい）的に実行し，公開の証券市場を経由することは比較的少なかった。しかし，いまや投資ファンドのみならず多くのM&Aに関して

第 7 章　M&A

証券市場が非常に密接な関係を持ってきている。特に大型案件は，証券市場を抜きにしては考えられない。アメリカにおけるM&Aの発展が証券市場の拡充と並行的に進んできた点に照らしても，興味深い現象と言えよう。

(2)　M&Aの類型

①　法形式による類型

　M&Aは，法技術を駆使した高度な経営戦略である。基本的には会社法，証券取引法が中心となるが，税法や関係業種の業法も重要である。単純化するために，会社法のみに限定しても大きく 3 種類に分けられる。すなわち，合併，事業譲渡，株式取得であるが，これらに関連する方式として会社分割，株式交換と株式移転も重要である。また，新株予約権を利用したM&Aも注目を集めた。委任状合戦（proxy fight）や少数株主の排除（squeeze out），債務の株式化（デット・エクイティ・スワップ），さらには広く事業提携をもM&Aに含んで考えると会社法が中心となる。

　また，会社法のもとでは，いわゆる「三角合併」も認められることとなった。これは，M&Aを行う側が子会社を設立し，対象会社をこの子会社に合併させるものであるが，M&Aの対価として，M&Aを行う側（親会社）の株式を交付する。これは，特に外国会社による日本企業へのM&Aに活用されるのではないかとされている。すなわち，従来は合併に当たって交付する株式は，存続会社となる買収側会社自体の株式のみしか認められていなかった（つまり子会社の株式のみが合併対価の株式となる）が，会社法により合併対価の柔軟化が行われ，存続会社株式以外の財産を消滅会社の株主に交付できるようになったため，外国会社が日本国内に買収用の子会社を設立し，この子会社が買収対象になる日本企業の株主に親会社である外国会社の株式を交付することで合併を行うのである。

　証券取引法は，公開買付け（TOB）に関して詳細な規定を置いており，特に注目されている。公開買付けは，対象会社経営陣の意に反するM&Aに利用

されることが多いとされるが，企業再編，資本政策の一環である友好的なM&Aの手段として活用される場合も少なくない。また，公開買付規制自体はM&A法制というよりも企業開示規制と位置付けられている。直接，M&Aを念頭に置いた規定ではないが，株式保有に関する大量保有報告義務なども証券取引法関連のM&Aルールとして利用され，その方法の是非について論議を呼んだ。

② 機能上の類型

M&Aは，伝統的に次の3類型に分類されることが多いが，最近では同時並行的に進められるケースも増加しており，より多面的で複雑な様相を示している。

イ 水平的M&A

同業種間でのM&Aのことである。日本では八幡製鉄と富士製鉄の合併が典型的な例とされているが，90年代後半以降の大銀行同士の統合も法形式はより複雑ながら，この類型に入れてよいだろう。「水平的M&A」の主目的は，市場占有率を高め，かつ規模の利益を享受するところにある。営業網の拡充も，目的の1つとなる。一般に，装置産業である重化学産業，装置産業であるとともに販売チャネルが重要となる金融業，販売店網が決め手となる小売業などは水平統合に適している。

ロ 垂直的M&A

同一分野の異なった段階を受け持つ企業間のM&Aのことである。その目的は，経営の安定と効率化のため，原料調達→生産→販売の一貫した操業体制を確立することである。なお，「垂直的M&A」には，産業の川上から川下に向かう下流進出型と，反対の上流遡及型がある。下流進出型は市場の確保・拡大を目的とし，上流遡及型は原料調達条件の改善などを目的とする。トヨタ自動車とトヨタ自動車販売の合併などがこの類型の典型とされる。

ハ 多角的M&A

異業種の企業とのM&Aのことである。その目的は事業の多角化である。こ

第7章 M&A

の類型では，原料・技術・市場等の点である程度共通した業種に進出する場合と，全く別の業種に進出する場合とがある。異分野にまたがるシナジー効果を追求するケースが多く，アメリカでは小売から不動産，金融への進出で，個人顧客向けサービスの総合化を図ったり，証券，保険サービスの融合を進めたりする目的で実行されるものが注目された。日本では，総合金融サービスや，メディアとインターネットの相乗効果を実現しようと試みられている。

③ 友好的M&Aと敵対的M&A

M&Aの対象会社の経営陣が，当該M&Aに関して了解しているか否かという観点からの分類である。「友好的M&A（Friendly Merger）」とは，M&Aの対象会社の現経営陣の了解を得て行われるものであり，「敵対的M&A（Hostile Merger）」とは，対象会社の現経営陣が買収に同意を与えていないものである。敵対的M&Aにおいては，対象会社の経営陣がその買収に対して可能な限りの防衛手段を講ずるのが通常である。アメリカでは80年代以降，大型の敵対的M&Aが注目されてきたが，日本では風土に合わないものとされてきた。この点で2005年に次々と行われた，新興IT企業による伝統的大メディア企業に対する敵対的M&Aの試みは，日本の資本主義と証券市場にとって新たなエポックになったものとされる。

ただし，日米いずれにおいても，敵対的M&Aの成功率は非常に低いこと，その目的は必ずしも従来型の事業運営拡大ではなく，短期間に企業価値を向上させて高値で転売することで利益を得ようとの「バイアウト・ファンド型」にあるケースが少なくないこと，M&Aを行う側は友好的と考えても，対象企業やその従業員の根強い反対に遭遇する例もみられること，などに留意しておく必要があろう。

また，敵対的M&Aには事前，事後の買収防衛策がとられることが多いが，そうした防衛策が適法であるか否かについて法廷で争われるケースも増えている。M&Aの先進国というべきアメリカにおいては，防衛策の適法性基準として判例上，「ユノカル基準」（防衛策の妥当性は企業価値に対する脅威がどの程

度かで判断すべき）や「レブロン基準」（現経営陣が当該企業の売却を行っている時には，敵対的買収者が出現しても防衛策をとってはならない）などが示されている。日本においても経済産業省や東京証券取引所などが，ガイドラインを出している。ちなみに，経済産業省が2005年5月に発表したガイドラインでは，「企業価値・株主共同の利益の確保・向上」，「事前開示・株主意思の原則」，「必要性・相当性の原則」がうたわれている。さらに，ニッポン放送事件では裁判所の判断が出され，これらを踏まえつつ，敵対的買収防衛に関するルール作りを巡る議論が活発化している。

　友好的であれ敵対的であれ，最重要テーマは対象企業の企業価値である。M&Aの過程で行われる綿密な調査・検討（「デューデリジェンス」(due diligence)）は，対象企業の有する有形無形の積極財産の価値と消極財産のマイナス面を総合的に評価して企業価値を決定することにある。ただし，上場会社にとっての企業価値とは，市場で形成されている株価とみなされる。したがって，敵対的M&Aのプロセスで形成される株価を巡って「企業価値とは何か」，「株主とは何か」，「会社の持ち主は誰か」等々のコーポレート・ガバナンスの根本理念が論議されることとなる。

　このように，敵対的M&Aはある意味で「究極の資本主義」とも称すべきイベントであり，実務上の意義とともに，会社の本質論としても大きなテーマとなっているのである。

2　M&Aの動向

(1)　増加するM&A

　日本のM&Aは件数，金額ともに1990年代後半から急増している。80年代半ばから90年代前半は概ね毎年500件前後であったが，99年に1,000件を突破し，わずか5年後の2004年には倍増して2,000件を超えた（図表7—2）。2005年はさ

第7章　M&A

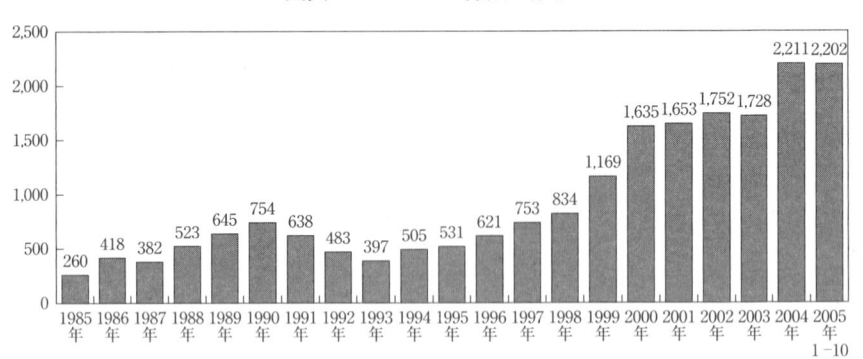

図表7－2　M＆A件数の推移

1985年	260
1986年	418
1987年	382
1988年	523
1989年	645
1990年	754
1991年	638
1992年	483
1993年	397
1994年	505
1995年	531
1996年	621
1997年	753
1998年	834
1999年	1,169
2000年	1,635
2001年	1,653
2002年	1,752
2003年	1,728
2004年	2,211
2005年1-10月	2,202

らに増加している。公表された案件の金額は，97年の1兆8,000億円が2004年には12兆円余と，7倍の急伸ぶりである。かつてバブル期にも相当の増加をみていたが，当時のM&Aが資産の静態的価値が過剰流動性によって増大することを見込んだいわゆる財テク型であったのに対し，最近のディールは企業の将来価値の成長やキャッシュフローの増大，業務多角化戦略等々，より動態的なタイプになってきている。

(2)　最近の特徴

M&Aの内容をみると，国内案件（in-in）が全体の8割を占め，80年代後半に主流であった国内から海外へ（in-out）の案件の比重が低下していたが，ややシェアを戻しつつある。これは，バブル経済崩壊後の事後処理等に追われていた日本企業が，2003年頃から再活性化されてきたためと考えられる。他方，海外から国内へ（out-in）のシェアは低く，海外同士（out-out）はほとんどない状態になっている（図表7－3）。業種別では，長く中心であった製造業の比重が低下し，非製造業と金融のウェイトが増している。特に2004年以降は，業種間の差は急速に縮小してきている。

また，伝統的な事業戦略型M&A（いわゆる「Strategic Merger」）のみなら

2 M&Aの動向

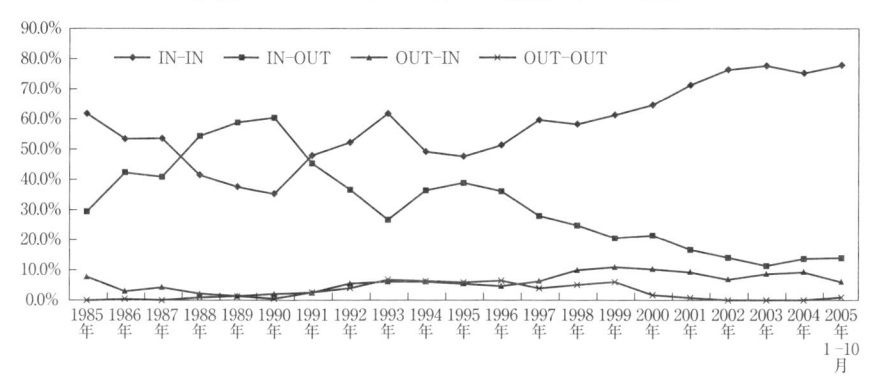

図表7—3 マーケット別M&A件数シェアの推移

図表7—4 日本企業に対する投資会社のM&A件数の推移

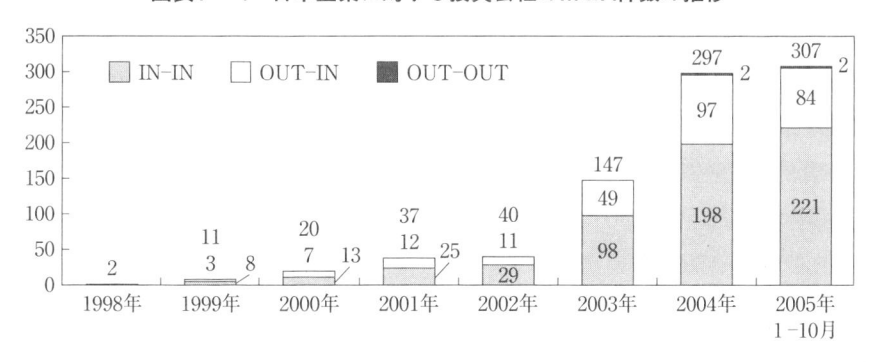

ず，投資資金の運用パフォーマンス向上の観点から短期収益を追求する投資ファンドによる投資型M&A（いわゆる「Financial Merger」）が急増している。1998年にはわずか2件であった投資会社によるM&Aが，2005年には300件を超えた（図表7—4）。投資会社による売却件数が，2000年の1件から2005年には50件超となっている点に照らすと，投資型M&Aも相応の成果をあげて投資成果を回収するケースも少なくないようである。

さらに，証券取引法上の公開買付け（TOB（Take Over Bid），Tender Offer）が急増していることも目を引く。90年代前半まで，TOBの件数は毎年1～3件，金額で平均数百億円程度に過ぎなかったものが，90年代後半から件数，金額ともに急増し，特に2003年以降は年間で30～40件，金額は1兆円をう

213

第7章　M&A

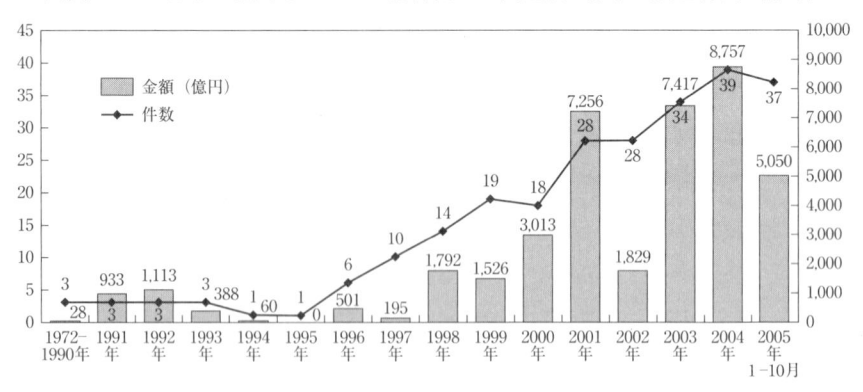

図表7―5　日本で届出をしたTOB総件数と公表金額の推移（自己株式は除く）

かがう状況になっている（図表7―5）。

　また，絶対件数としては少ないものの，敵対的M&Aが徐々に増加して大きな注目を集めている点も特徴的である。2005年にはライブドア，楽天といったインターネット関連で急成長した企業が，フジテレビ（直接はニッポン放送），東京放送（TBS）といった老舗的な大メディアに敵対的買収を試みたケースが内外の大きな話題となった。

(3) M&A増加の要因

　このように，M&Aが急増している要因には，経済，経営環境の変化と法制度改革がある。

　経済，経営環境面では，90年代後半以降，企業が再活性化のために積極的なリストラクチャリング，業務の選択と集中を目途とした事業再編を進めるなかでM&Aを活用したこと，株主主権の考え方が普及し会社価値増大のためのM&Aの活用に抵抗感がなくなっていったこと，アメリカ流とされる市場主義が普及したこと，第二次世界大戦後続いてきた企業間の株式持合い構造が解消していったこと，証券市場における投資指標に純資産倍率（時価総額÷自己資本，株価÷1株当たり純資産；PBR）が注目されたこと等々を指摘できる。後

三者は，「敵対的M&A増加の要因」でもある。

　法制面では，会社法制関連で株式の純資産制限が撤廃されたこと，株式移転や株式交換制度が導入されたことや資本市場法制が整備されていったことが大きい。90年代半ばまでは法的に不可能とされた買収手段や低廉な買収資金調達が容易に実行できるようになり，M&A増加の促進要因となったのである。

3　株式の公開買付け

(1)　公開買付けとは

　M&Aに関連して，重要な証券取引法の規定が「公開買付制度」（いわゆる「TOB制度」）である（証取法27条の2以下）。これは，特定の会社の大量の株券等を特定の価格で買い付けるために公告を行い，取引所の外で当該株券等の売主を募集して一気にそれらを買い付ける方式である。公開買付けに際しては，公開買付けを行う側（買収側）と，買付けを行われる側（被買収側）とともに，証券会社（投資銀行部門）が非常に大切な役割を担っている。証券会社は，「公開買付代理人」として，公開買付けに係る起案，事務の大半を行いながら関係当事者にアドバイスをしていくのである。

　なお，公開買付制度は，株券等の発行会社自身が自己株式を買い付けるケースについても利用されるが，ここでは発行会社以外の株券等を買い付けるM&A的な場合についてのみ述べることとする。

　証券取引法は，不特定多数の者に対し，公告により株券等の買付け等の申込みの勧誘を行い，取引所有価証券市場外で株券等の買付け等を行うことを「公開買付け」と定義している。同法は，株券等の有価証券報告書を提出する義務のある会社が発行する株券等を，発行会社以外の者が取引所有価証券市場外で買付け等を行う場合には，原則として公開買付けによらなければならない，と定めている。これは，市場外で大量の株式の買付けを行う場合は会社支配権の

215

移動があり得，既存株主に大きな影響を及ぼす可能性があるために，投資家に対する情報開示を行わせて，全株主に均等な価格と条件で売却する機会を確保するためである。

したがって，公開買付規制は，投資家保護のための情報開示規制と取引方法に関する部分が中心となっている。なお，開示書類に関しては，「発行者以外の者による株券等の公開買付けの開示に関する内閣府令」によって次のように様式が決められている。

・第一号様式……公開買付けによる買付け等の通知書
・第二号様式……公開買付届出書
・第三号様式……別途買付け禁止の特例を受けるための申出書
・第四号様式……意見表明報告書
・第五号様式……公開買付撤回届出書
・第六号様式……公開買付報告書

(2) 公開買付けを行うケース

① 公開買付けが強制されるケース

公開買付けを行わなければならないケースについて若干詳細を述べると，次のとおりである。

「有価証券報告書提出義務のある会社」とは，原則として，上場会社，店頭登録会社，募集・売出しにつき有価証券届出書を提出した会社又は発行登録追補書類を提出した会社で前二者を除くもの，直近5事業年度のいずれかの末日における株主数が500名以上の会社，である。

「株券等」には，株券のほかに新株引受権証書，新株予約権証券，新株予約権付社債券，外国法人の発行する証券・証書でこれらと同じ性質を有するもの，預託証券・証書でこれらの有価証券に係る権利を表示するもの，がある。普通社債以外の，会社支配に関わり得るいわゆるエクイティ証券のすべてと考えてよいだろう。このため，議決権のない株式等は対象とならない。

次の要件が,「市場外」である。すなわち,証券取引所の「市場内」で買付けが行われる場合には,公開買付けである必要はない。この点は,2004年のニッポン放送に対するライブドアの株式買付けが「市場内」ではあるが「時間外」である「特定売買」(東証のTOSTNeT-1, -2, 大証のJ-NETなどによる取引)を行い,公開買付規制を免れたことが議論を呼んだ。その結果法改正され,一定の場合を除き「特定売買」にも公開買付制度が適用されることになった。

「買付け等」には,売買に係るオプションや売買の一方の予約などの有償の譲受けを含む。

ただし,オプション等の取得については,権利行使により買主としての地位を取得するものに限られる。

② 公開買付けによらなくてもよいケース

さて,現実問題として重要なのが,「原則として」という規定である。つまりどのような場合が,「原則ではなく例外として」公開買付けによらなくてもよいのか,という点である。証券取引法では,以下の場合には公開買付けによらなくてもよい,としている。公開買付けは通常,M&Aの一方策として会社の支配権獲得を目ざすものであるから,こうした目的に当たらないような買付けは公開買付けによる必要がない,との発想に基づくものである。

① 店頭有価証券市場での売買等。もっとも,現在店頭有価証券市場は存在しないので,これは適用の余地がない。
② 新株予約権の行使による株券等の買付け等。
③ 投資信託の受益証券を有する者が受益証券の交換によって行う株券等の買付け等。
④ 買付け後の株券所有割合が特別関係者(株券を買い付ける者とひとくくりで考えてよい存在であり,買付者と株式の所有関係,親族等で特別の関係にある者や買付者との間で当該発行会社の株主になり得る株券譲渡に合意している者などのこと)の分と合わせて5％以下である買付け。

第7章　M&A

⑤　特定売買等による株券等の買付け等の後，その者の所有割合がその者の特別関係者の所有割合と合計して3分の1を超えない場合。

⑥　株券等の買付け等を行う相手方の人数と，当該買付けを行う日より前の60日間に取引有価証券市場外において行った当該株券等の発行者の発行する株券等の買付け等（公開買付けによる買付けは除く）の相手方の人数との合計が10名以下である場合。ただし，当該買付者とその特別関係者の株券等所有割合の合計額が3分の1を超えない場合のみ。「特定買付け」と言う。

⑦　株券等の買付け等を行う者がその者の特別関係者から行う株券等の買付け。

⑧　特定買付けであり，株券等の買付け等を行う者とその者の特別関係者が合わせて他の者の総議決権の50％を超える議決権に係る株式等を所有する場合における当該他の発行者の発行する株券等の買付け等。

⑨　法人等の行う特定買付けで，当該法人等に対してその総株主の議決権の50％を超える議決権に係る株式等を所有する関係（特別支配関係）にある法人等が他の法人等に対して特別支配関係を有する場合における当該他の法人等から行うもの。いわゆる兄弟会社間の取引は3分の1を超えても公開買付けによらなくてよいという意味。

⑩　特定買付けを行う者と当該特定買付け等を行う者の親法人等が合わせて他の発行者の総議決権数の3分の1を超える数の議決権に係る株式を所有する場合における当該関係法人等から行う当該他の発行者の株券等の特定買付け等。関係法人等とは親会社，兄弟会社等で特定買付けを行う日以前1年間継続してその状態にあった者のことである（他社株公開買付け開示府令）

⑪　株券等の所有者が少数であるとして内閣府令で定める場合等の特定買付け等。

⑫　担保権の実行による特定買付け等。

⑬　営業の譲受けによる特定買付け等。

⑭　株券等の売出しに応じて行う株券等の買付け等。
⑮　発行会社の役員持株会，従業員持株会による買付け。
⑯　有価証券報告書提出義務のない発行者が発行する株券等の買付け等。
⑰　証券取引清算機関に対し株券等を引き渡す債務を負う清算参加者が，当該清算機関の業務方法書に定めるところにより行う買付け等。

(3) 情報開示

公開買付者には，多くの書類等の届出義務等が定められている。これらの開示書類は，証券取引法では内閣総理大臣に提出することになっているが，同法施行令で，その権限は関東財務局長に委任されている（以下の記述も同様）。提出書類は公衆縦覧に供される。

① 公開買付開始公告

公開買付けの開始に当たり，公開買付者はその氏名・名称，住所・所在地，公開買付けによって株券等の買付けを行う旨，買付けの目的，価格，買付予定株券等の数，買付期間，買付け後における公開買付者の株券等所有割合，対象会社・役員との公開買付けに関する合意の有無等を「公告」しなければならない。具体的な公告方法は，日刊新聞紙二紙以上に掲載することやEDINETを利用したインターネット上の開示による。

② 公開買付届出書

公開買付者は，公開買付開始公告を行った日に「公開買付届出書」を内閣総理大臣に提出しなければならない。この届出書には，買付価格，買付予定株数，買付期間，買付けに係る受渡しその他の決済，公開買付けに付した条件，当該公開買付開始公告を行った日以後に当該公開買付けに係る株券等の買付けを公開買付けによらないで行う契約がある場合にはその契約の内容，公開買付けの目的，公開買付者に関する事項等々を記載しなければならない。開始公告の翌

日以降は，公開買付届出書を提出していなければ勧誘行為はできない。

③ 公告，届出書の訂正

これらに形式上の不備や事実に反する記載があった場合には，訂正の公告・公表や訂正届出書の提出が必要となる。なお，形式上の不備以外の理由で訂正届出書を提出するケースでは，買付期間を延長しなければならない場合がある。

④ 公開買付説明書

公開買付者は，応募株主に対して，買付けに先立って又は買付けと同時に，公開買付届出書の内容等を記載した「公開買付説明書」を交付しなければならない。

⑤ 対象会社の意見表明報告書

公開買付けにおいては，買付けの対象になる会社（被買収会社。「ターゲット・カンパニー」とも言われる）の経営陣が，当該買付けに対してどのように考えているかが，現株主にとって重要な判断材料となる。対象会社が買付期間中に意見表明を公表したり，10名超の株主に対して意見表示を行った場合には，その内容を記載した「意見表明報告書」を内閣総理大臣に提出しなければならない。意見表明等を行っていなければ，報告書の提出は不要である。

⑥ 公開買付報告書

公開買付者は，公開買付期間の末日の翌日に，公開買付けの結果を公告・公表するとともに，「公開買付報告書」を内閣総理大臣に提出しなければならない。

⑦ 公衆縦覧

公開買付者は，以上の書類等を提出した時には，ただちにその写しを発行会社，当該株券等が上場する証券取引所等に送付しなければならない。また，こ

れらの書類等は関東財務局と発行会社の本店所在地を管轄する財務（支）局において「公衆縦覧」に供せられ，かつその写しが提出者の本店等，当該証券取引所等において「公衆縦覧」に供せられる。

(4) 公開買付けの規制

公開買付けを公正に実施し，応募株主を平等に取り扱うために，概ね以下のような規制が置かれている。これらの規制に反すると民事責任のみならず刑事責任も生じ得る。

① 公開買付期間

「公開買付期間」は，その開始公告をした日から20日以上60日以内の期間で公開買付者が決定する。

② 買付価格の均一性

買付価格は，すべての応募株主にとって均一でなければならない。

③ 別途買付けの禁止

公開買付けにおいてそれ以外の別途買付けを認めると，特定の株主等から高い価格で買い付けるなど，株主間で不平等が生じる恐れがある。そこで，公開買付期間中は，公開買付者，特別関係者，公開買付事務を行う証券会社等は原則として，対象株券等を，公開買付け以外の方法で買い付けることはできない。買付開始前に別途買付けの契約が締結されており，そのことが公開買付届出書で明示されていた場合などはこの限りでない。

④ 買付条件の変更制限

公開買付者が買付条件を「変更」することは，応募株主に不利になるものは認められない。すなわち，買付価格の引下げ，買付予定株数の減少，買付期間

の短縮などは認められない。これら以外で変更が認められるケースでは公告と訂正届出書の提出が必要となり，公開買付期間が延長される。なお，買付条件のうち買付期間だけを延長する場合には，延長する期間のみの延長ができる。

⑤ 公開買付撤回の制限

公開買付者が自在に買付けを撤回できると，株価操作などに悪用され市場と株主に不利になる危険性がある。そこで，公開買付者は原則として公開買付開始公告後はその「撤回」や「解除」を認められない。ただし，一定の例外措置もある。

⑥ 応募株主の解除権

応募株主は，公開買付け中はいつでも「契約解除」ができる。

⑦ 受渡し，決済

公開買付者は，原則として公開買付けの撤回をしない限り，公開買付期間中に応募された株券等の全部について「受渡し」その他の「決済」を行わなければならない。ただし，公開買付開始公告と買付届出書で一定の条件を付けていた場合には例外が認められる。

4 株券等の大量保有の状況に関する開示

公開買付けその他のM&Aとの関連で重要な証券市場のルールに，「株券等の大量保有の状況に関する開示（大量保有報告，5％ルール）」がある。上場会社の株式を特定の者が大量に保有している場合には，株式市場における株価形成に大きな影響を与える可能性があり，市場全般の価格形成にとって重要な情報であるとともに，当該発行会社の経営権を左右し得るので，投資家にとって重大な関心事である。したがって，証券取引法は一定の大量保有についてそ

4　株券等の大量保有の状況に関する開示

の情報を開示させることとしている。さらに，発行会社にとっては大株主の状況を適時に把握し得るので，敵対的なM&Aの防衛等に活用することができる。

　具体的には，上場会社等の発行する株券等を発行済株式総数の5％超を保有する者は，5％を超えることとなった日から5営業日以内に，大量保有報告書を内閣総理大臣に提出しなければならない。また，大量保有報告書提出後，株券等の保有割合が1％以上増減した場合や，大量保有報告書に記載すべき重要な事項に変更があった場合には，その日から5営業日以内に変更報告書を提出しなければならないものとされている。詳細な規定は，「株券等の大量保有の状況の開示に関する内閣府令」に置かれており，開示書類は大量保有報告書，変更報告書（第一号〜第三号様式），基準日の届出書，変更の届出書（第四号様式）となっている。書類への記載事項は，発行会社に関する事項，提出者の概要，保有目的，提出者の保有株券等の内訳，直近60日間における取得又は処分の状況等々である。

　なお，従来は，証券会社，銀行，保険会社等の機関投資家が発行会社の事業活動を支配することを目的とせずに保有する株券（特例対象株券等）に関しては，株券等の保有割合が10％を超えない場合には，保有割合が5％を超えることとなった基準日（任意に設定する3カ月ごとの月の末日）の属する月の翌月15日までに大量保有報告書を提出すればよく，変更報告書も基準日時点で保有割合に1％以上の増減がある場合に提出すればよかった。しかし，2005年のM&Aブームにおいて，このルールではいわゆる投資ファンドの動向が分かりにくいとの批判が高まり，規制の強化が行われている。これに対しては，市場規律と信頼維持のための情報の迅速な開示の観点は重要であるが，事業支配に無関心の純投資を行う機関投資家にまで規制強化を行うことは，手間やコストの面からも適当ではない，という消極論も根強い。

　大量保有報告書や変更報告書の提出後，事実相違や重要事実の記載不備があった場合には訂正報告書を提出しなければならない。

　これらの報告書は，内閣総理大臣に提出されて公衆縦覧に供され，その写しは証券取引所等で公衆縦覧に供される。

第8章

プレイヤーたちの行為規制

第8章　プレイヤーたちの行為規制

はじめに

　有価証券取引は，公正かつ透明なものでなければならない。一部の者の不公正で不明朗な行為は，彼らに不当な利益をもたらし得るものであるのみならず，証券市場全体に対する社会の信頼を失わせる結果となりかねない。特に，取引のグローバル化が進んでいる現在，海外の市場参加者から不信感を持たれることは大きなマイナスである。

　こうした点に照らして，証券市場には広範多岐かつ詳細な取引行為規制が設けられている。その基本は証券取引法であり，違反行為の多くに刑事罰を含む厳しいペナルティが用意されている。また，同法により，行政機関のみならず証券取引所や日本証券業協会などの自主規制機関が幅広い自主ルールを定めている点も，証券取引行為規制の特徴である。

1　証券監督機関

　日本では1965年以降の30年余りの間，大蔵省証券局（当時）が主務官庁・局として証券行政・監督に幅広い権限を有していた。これは，証券業の免許制を支える仕組みの一環であったものとも言える。その後，1991年のいわゆる証券不祥事の経験に照らして，よりマーケットの動向に即し機動的な監視・監督が行えるように，アメリカの証券取引委員会（SEC）を参考として「証券取引等監視委員会」が新設された。

(1)　金融庁

　1990年代後半の金融危機時には，従前の金融・証券関連行政組織のあり方，有効性に疑問が投げかけられ，経過的な組織対応を経て，日本版金融ビッグバン，省庁再編の実行により，公的な証券監督・監視機関も大きく変化した。

1　証券監督機関

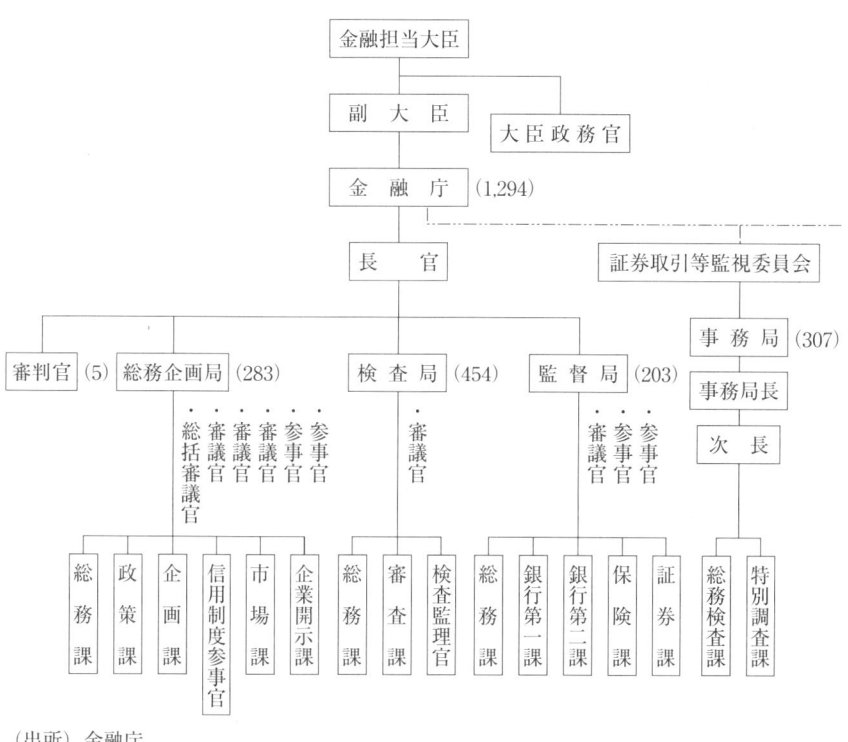

図表8―1　金融庁の組織（平成17年度）

```
                金融担当大臣
                     │
          ┌──────┴──────┐
         副大臣          大臣政務官
          │
        金融庁 (1,294)
          │
     ┌────┴────────────────────┐
    長官                    証券取引等監視委員会
     │                           │
     │                       事務局 (307)
     │                           │
     │                        事務局長
     │                           │
     │                          次長
```

審判官(5)　総務企画局(283)　検査局(454)　監督局(203)

総務企画局: 総括審議官・審議官・審議官・参事官・参事官
　下部: 総務課、政策課、企画課、信用制度参事官、市場課、企業開示課

検査局: 審議官
　下部: 総務課、審査課、検査監理官

監督局: 審議官・参事官・参事官
　下部: 総務課、銀行第一課、銀行第二課、保険課、証券課

事務局(証券取引等監視委員会): 総務検査課、特別調査課

（出所）金融庁

2001年以降は，内閣府の外局である「金融庁」が，証券業務を含む金融行政に携わっている（図表8―1，8―2）。ただし，行政スタイルは，それまでの「事前防止型」の監督官庁主導ではなく，マーケットを重視した「事後チェック型」に大きく変化した点が重要である（図表8―3）。

(2)　証券取引等監視委員会

「証券取引等監視委員会」（以下「監視委員会」と言う）は，内閣総理大臣が任命する3名の委員で構成される。在任中は一定の場合を除いて罷免されることはなく，身分保障がなされている。これは，監視委員会の職務の独立性，中

第8章 プレイヤーたちの行為規制

図表8―2　金融庁の各局等の所掌事務

部局の名称	課等の名称	所掌事務
審判官		課徴金に係る行政審判
総務企画局		金融庁の総合的な調整，金融制度に関する企画・立案
	総務課	総務，人事，服務，研修，国際関係，図書館の運営　等
	管理室	機構・定員，予算，会計，福利厚生　等
	情報化・業務企画室	情報システムの整備及び管理　等
	特定金融情報室	マネー・ローンダリングに係る疑わしい取引の届出受理　等
	審判手続室	課徴金に係る審判の事務，課徴金の徴収に関すること　等
	政策課	総合調整，金融庁の基本的・総合的な政策の策定，税制に関する調整，国会，法令審査，政策評価，広報，情報公開，財務局との連絡調整，行政訴訟　等
	金融サービス利用者相談室	金融サービス利用者からの相談等への対応
	企画課	金融制度の企画・立案の総括，基本的・共通的事項の企画・立案　等
	研究開発室	金融に関する基礎的な調査及び研究　等
	調査室	経済金融情勢に関する調査　等
	信用機構企画室	預金保険制度の企画・立案　等
	信用制度参事官	銀行業等に関する制度の企画・立案　等
	市場課	証券市場その他の金融市場に関する制度の企画・立案　等
	企業開示課	企業会計基準及び監査基準の設定，証券取引に係る開示制度及び公認会計士制度の企画・立案　等
検査局		民間金融機関等の検査
	総務課	検査局の総括，金融検査の方針・実施計画の作成，金融検査の実施，金融検査の基準の策定　等
	市場リスク検査室	市場リスクに係る金融検査　等
	審査課	検査報告書の審査，金融検査の結果の通知　等
	検査監理室	重要な金融検査の実施　等
監督局		民間金融機関等の監督
	総務課	監督局の総合調整，監督事務の指針の策定に関する事務の総括　等
	監督調査室	監督上の調査　等
	協同組織金融室	信金，信組，労金，農水系統金融機関等の監督　等
	信用機構対応室	預金保険法の運用，金融危機対応　等
	金融会社室	ノンバンクの監督　等
	銀行第一課	主要行，新たな形態の銀行，外国銀行支店，信託会社等の監督　等
	銀行第二課	地銀・第二地銀の監督　等
	保険課	保険会社の監督　等
	証券課	証券会社，投資信託委託業者，投資顧問業者，金融先物取引業者等の監督　等
証券取引等監視委員会　事務局		証券会社等の検査，犯則事件調査　等
	総務検査課	事務局の総務，調整　等
	証券検査官室	証券会社等の検査　等
	市場分析審査室	証券取引に係る資料・情報の収集及び分析並びに審査　等
	課徴金調査・有価証券報告書等検査室	課徴金調査，有価証券報告書等検査
	特別調査課	犯則事件調査　等
公認会計士・監査審査会　事務局		公認会計士試験の実施，公認会計士の監査業務に関する審査・検査　等
	総務試験室	事務局の総合調整，公認会計士試験の実施　等
	審査検査室	「品質管理レビュー」の審査・検査　等

(出所) 金融庁

1 証券監督機関

立性を確保するためである。監視委員会のもとに事務局が置かれ，総務検査課（証券会社等への通常検査を行う）と特別調査課（強制調査を行う）から構成されている。地方組織としては，各地の財務局に証券取引等監視官を置いている。

監視委員会は，市場の公正を図り投資家を保護するために，証券市場とその参加者に係る情報収集・分析・審査を行いつつ証券取引と金融先物取引を監視することを職務とする。このために，監視委員会は犯則事件の調査・告発，証券取引機関の検査，金融庁長官等に対する建議，を行う。

犯則事件の調査・告発としては，企業開示関連規制の違反，認可・登録の条件違反，有価証券取引に係る不公正取引，相場操縦，インサイダー取引等の犯則事件について，強制調査権を行使して，犯則の心証を得た場合には告発を行うものである。このために，監視委員会の職員は，嫌疑者や参考人に出頭を求めること，質問すること，これらの者の所持品等を検査することなどの権限を持っている。また，事件調査のために必要な場合には，所定の手続を経たうえで裁判所の許可状を得て，臨検，捜索又は差押えをすることもできる。

調査の結果，犯罪が行われたとの心証を得た場合には，監視委員会は事件を検察官に告発しなければならないこととなっている。

監視委員会は，証券会社，登録金融機関，証券業協会，証券金融会社等の関与する有価証券売買その他の取引の公正の確保に係るもののうち，政令で定める規定に関するものについて，報告徴取・検査権を有している。この検査権を行使した結果に基づき，金融庁長官等に行政処分等を行うように勧告することができる。

さらに，監視委員会はこれらの勧告以外に，取引の公正確保のために必要と認めるときは，金融庁長官等に対して施策を建議することができる。

監視委員会は，毎年の事務処理状況を公表しなければならない。

監視委員会の機能は，最近いっそう強化されており（図表8—4），定員数も平成4年度の202名から，平成17年度には，551名へと2倍以上に増加している。また，2004～2006年にかけての証券市場をめぐる重大な不公正取引の発生に鑑み，その機能・権限の強化が議論されている。

第8章 プレイヤーたちの行為規制

図表8—3　金融行政機構の推移

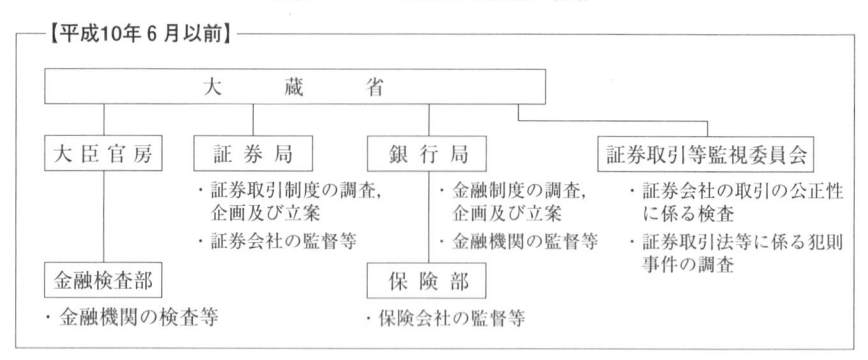

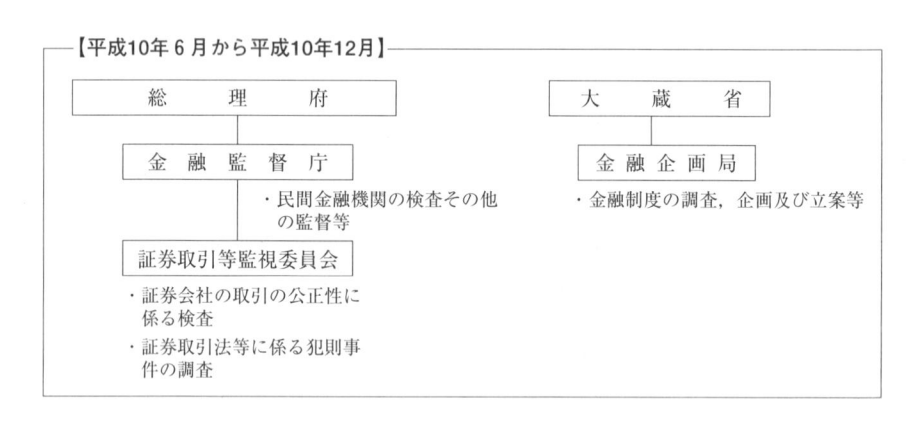

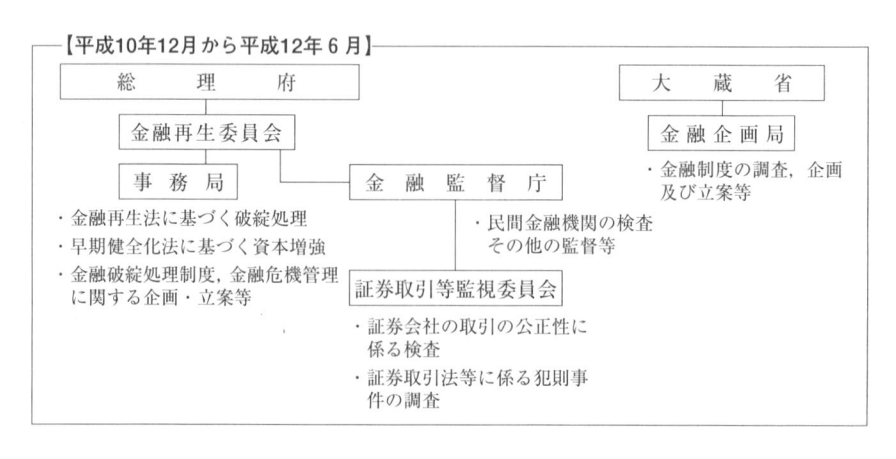

【平成10年6月以前】

- **大蔵省**
  - **大臣官房**
  - **証券局**
    - ・証券取引制度の調査，企画及び立案
    - ・証券会社の監督等
  - **銀行局**
    - ・金融制度の調査，企画及び立案
    - ・金融機関の監督等
  - **証券取引等監視委員会**
    - ・証券会社の取引の公正性に係る検査
    - ・証券取引法等に係る犯則事件の調査
  - **金融検査部**
    - ・金融機関の検査等
  - **保険部**
    - ・保険会社の監督等

【平成10年6月から平成10年12月】

- **総理府**
  - **金融監督庁**
    - ・民間金融機関の検査その他の監督等
  - **証券取引等監視委員会**
    - ・証券会社の取引の公正性に係る検査
    - ・証券取引法等に係る犯則事件の調査
- **大蔵省**
  - **金融企画局**
    - ・金融制度の調査，企画及び立案等

【平成10年12月から平成12年6月】

- **総理府**
  - **金融再生委員会**
    - **事務局**
      - ・金融再生法に基づく破綻処理
      - ・早期健全化法に基づく資本増強
      - ・金融破綻処理制度，金融危機管理に関する企画・立案等
    - **金融監督庁**
      - ・民間金融機関の検査その他の監督等
      - **証券取引等監視委員会**
        - ・証券会社の取引の公正性に係る検査
        - ・証券取引法等に係る犯則事件の調査
- **大蔵省**
  - **金融企画局**
    - ・金融制度の調査，企画及び立案等

1 証券監督機関

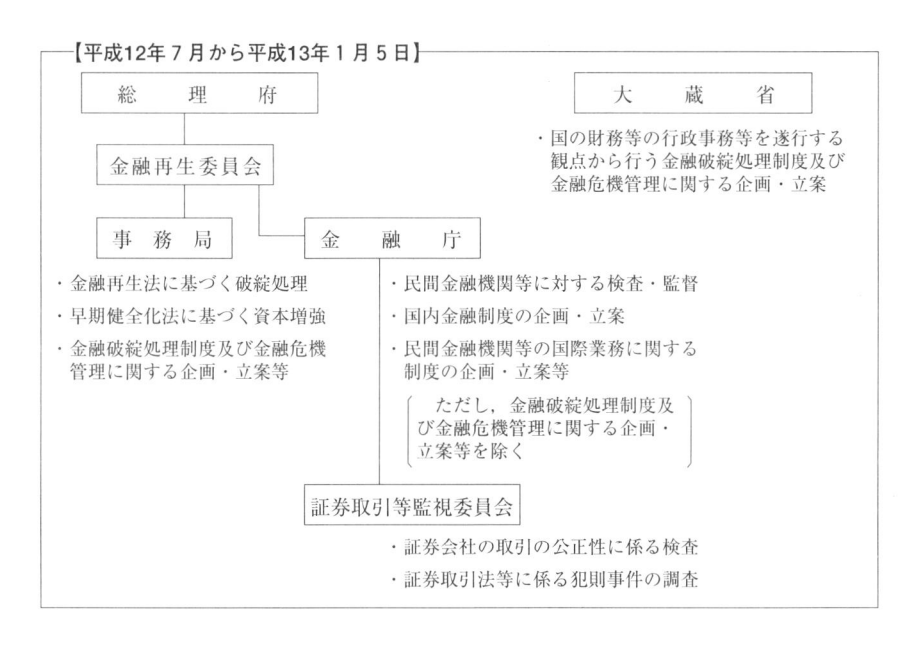

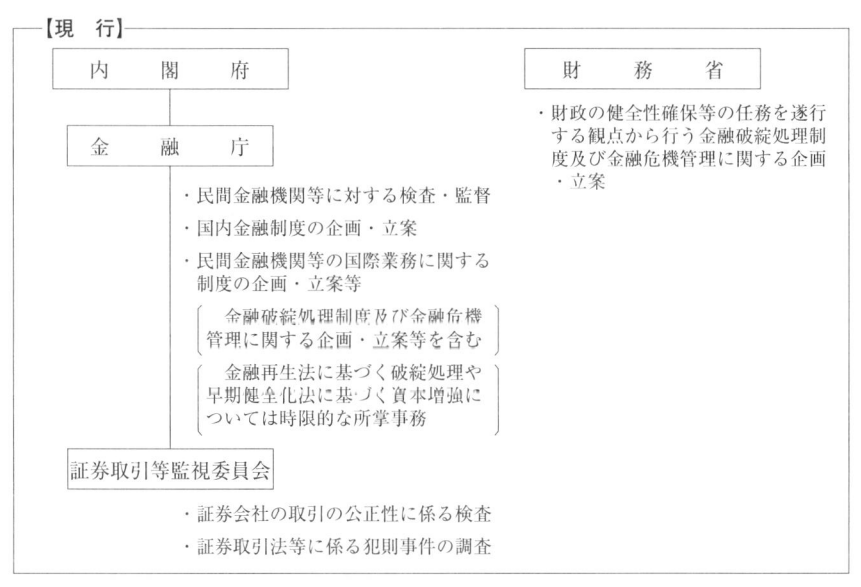

【平成12年7月から平成13年1月5日】

- 総理府
  - 金融再生委員会
    - 事務局
      - ・金融再生法に基づく破綻処理
      - ・早期健全化法に基づく資本増強
      - ・金融破綻処理制度及び金融危機管理に関する企画・立案等
    - 金融庁
      - ・民間金融機関等に対する検査・監督
      - ・国内金融制度の企画・立案
      - ・民間金融機関等の国際業務に関する制度の企画・立案等
        - ｛ただし，金融破綻処理制度及び金融危機管理に関する企画・立案等を除く｝
      - 証券取引等監視委員会
        - ・証券会社の取引の公正性に係る検査
        - ・証券取引法等に係る犯則事件の調査

- 大蔵省
  - ・国の財務等の行政事務等を遂行する観点から行う金融破綻処理制度及び金融危機管理に関する企画・立案

【現行】

- 内閣府
  - 金融庁
    - ・民間金融機関等に対する検査・監督
    - ・国内金融制度の企画・立案
    - ・民間金融機関等の国際業務に関する制度の企画・立案等
      - ｛金融破綻処理制度及び金融危機管理に関する企画・立案等を含む｝
      - ｛金融再生法に基づく破綻処理や早期健全化法に基づく資本増強については時限的な所掌事務｝
    - 証券取引等監視委員会
      - ・証券会社の取引の公正性に係る検査
      - ・証券取引法等に係る犯則事件の調査

- 財務省
  - ・財政の健全性確保等の任務を遂行する観点から行う金融破綻処理制度及び金融危機管理に関する企画・立案

(出所) 金融庁

第8章　プレイヤーたちの行為規制

図表8—4　証券取引等監視委員会

1　証券監視委員会の使命

・取引の公正の確保を図り
・市場に対する投資者の信頼を保持する

2　証券監視委員会の機能強化

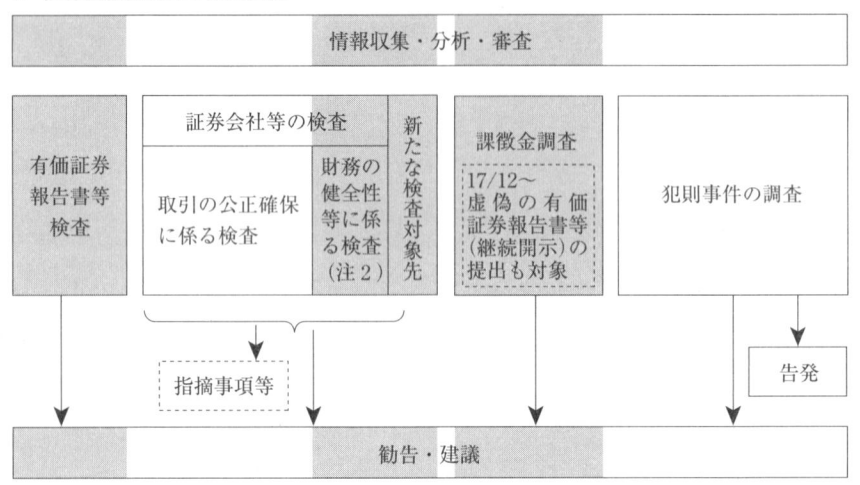

情報収集・分析・審査

有価証券報告書等検査	証券会社等の検査		新たな検査対象先	課徴金調査 17/12〜虚偽の有価証券報告書等（継続開示）の提出も対象	犯則事件の調査
	取引の公正確保に係る検査	財務の健全性等に係る検査（注2）			

指摘事項等　　　　　　　告発

勧告・建議

（注1）　　　部分が新たな機能。
（注2）　登録金融機関については，財務の健全性等の検査を除く。
（出所）　基本的考え方—新体制発足に当たって—（平成16年度7月20日）

2　自主規制機関

　日本の証券市場に関する「自主規制機関」は，証券取引所，証券業協会，証券投資信託協会，証券投資顧問業協会であり，それぞれ証券取引法，投資信託法，投資顧問業法に根拠を持っている。

　証券取引所は，前述した受託契約準則のほかに，定款，業務規程，信用取引・貸借取引規程，有価証券上場規程，諸特例を設け，会員証券会社等が取引所において有価証券取引を行う場合の遵守事項を詳細に定めている。

　証券業協会は，前述した公正慣習規則等の諸規則と理事会決議等により，会

員証券会社の遵守事項を詳細に定めている。

3 不公正取引規制

　証券取引法を中心として定められている「不公正取引規制」は，広く一般的に不公正な取引を禁止する一般規定，相場操縦関連規制，内部者（インサイダー）取引規制，不実表示規制，その他，に分類できる。以下，簡単にこれらの概要を記す。

（1） 一般規定

　証券取引法157条と158条が，一般的な不公正取引の禁止規定である。

　すなわち，証券取引法157条は，何人に対しても有価証券等の売買その他の取引について不正の手段，計画又は技巧をすること，重要な事項について虚偽の表示があり，又は誤解を生じさせないために必要な事実の表示が欠けている文書その他の表示を使用して金銭その他の財産を取得すること，有価証券等の取引を誘引する目的をもって虚偽の相場を利用すること，を禁止している。これらの違反に対しては，5年以下の懲役もしくは500万円以下の罰金（両者の併科もあり得る）に処せられる。

　証券取引法158条は，何人も，有価証券の募集，売出しもしくは売買その他の取引や有価証券デリバティブ取引等のために，又は有価証券等の相場の変動を図る目的をもって，風説を流布し，偽計を用い，又は暴行もしくは脅迫をしてはならない，としている。これらの違反に対しては，同法157条違反と同様の罰則がある。また，本条違反に対しては課徴金が課せられる（証取法173条）。

第8章　プレイヤーたちの行為規制

(2) 相場操縦関連規制

「相場操縦」とは，人為的な操作によって市場の価格形成を歪める行為である。証券市場においては，平等な情報をもとに多数の投資家が各自の判断で需給を寄せ合い，これによって価格形成が行われることが期待されている。このような場において人為的な相場操縦が行われることは，証券市場における公正な価格形成機能を害し，市場に対する社会の信頼を失わせるものであることから厳しく禁止されなければならない。そこで，証券取引法159条を中心に相場操縦の禁止規定が置かれている。

何人も，上場有価証券，有価証券指数又はオプション，店頭売買有価証券について，仮装取引とその委託・受託，馴合取引とその委託・受託，相場操縦を目的とする現実の取引とその委託・受託，表示による相場操縦をしてはならない。ここで仮装取引とは，権利の移転を目的としない売買のことであり，馴合取引とは通謀のうえで売買を成立させるものである。また，表示による相場操縦とは，有価証券の相場が自己又は他人の操作により変動すべき旨を流布する場合と有価証券の売買を行うにつき重要な事項について虚偽又は誤解を生じさせるべき表示を故意に行ったことを意味する。これらの違反に対しては，一般的不公正取引規制に準じた罰則がある。

なお，株式等の有価証券発行の際には，一定の要件のもとで安定操作取引が認められていることは前述したとおりである。

(3) 内部者取引規制

いわゆるインサイダー取引に対する規制である。内部者取引は，なにゆえ禁止されるのであろうか。有価証券取引は，公正かつ公平に行われなければならない。特定の立場にある者などが，その立場ゆえに他の投資家が知り得ない株価等に大きな影響を与える情報を入手し，この情報に基づく有価証券の売買で利益をあげることが許されるようでは，証券市場への信頼が失われることにな

る。したがって，このような取引は厳しく規制されるのである。

　もともと「内部者取引規制」は，アメリカで発展してきた。以前は，内部者取引は詐欺の一種であるとして構成され，数多くの判例の積み重ねで理論的深化が進められるとともに，SECがルール10b-5をはじめとする規則を制定してきた。日本の内部者取引規制は，アメリカの規制を母体にしつつ，より明確で具体的な内容を盛り込もうと工夫されたものである。

　証券取引法上の内部者取引規制は，大別すると3つある。第1は，一般的な不正取引の禁止規定（証取法157条，前述），第2は，特定の立場にある者による未公表の重要事実を知りながら行う内部者取引の禁止規定，第3は，公開会社の役員・主要株主の短期売買取引による利益返還に関する定め，である。

　内部者取引規制の中心は，証券取引法166条である。同条は会社関係者や情報受領者が，一定の重要事実を知った場合には，その重要事実が公表されるまでは当該発行会社等の有価証券の売買等を行ってはならないとする。

① 規制の対象

　証券取引法166条の「規制の対象」となるのは「会社関係者」と「情報受領者」である。

- 会社関係者……内部者（発行会社の役員，代理人，使用人その他の従業員，主要株主等），準内部者（発行会社に対して法令に基づく権限を有する者や発行会社と契約を締結している者等）を会社関係者と言う。
- 情報受領者……会社関係者から直接，重要事実の伝達を受けた者やこの者が所属する法人の役員等を情報受領者と言う。

② 重要事実

　発行会社の業務等に関する事実であって，証券取引法166条に具体的に列挙されているものが規制対象となる「重要事実」である。株式等の発行や配当の異動，合併，新製品・新技術の企業化等の「決定事実」，災害による損害や破産の申立て，手形の不渡り等の「発生事実」，「決算情報」が列挙されている。

第 8 章　プレイヤーたちの行為規制

アメリカの規定に比べて明確であるとされるが,「その他当該上場会社等の運営,業務又は財産に関する重要な事実であって投資者の投資判断に著しい影響を及ぼすもの」も重要事実とされ,かつこの「その他の重要事実」を認定した最高裁判所判決があることから,規定の曖昧さはぬぐえない。

③　公表措置

重要事実が公表された後の株式売買は,インサイダー取引とはならない。そこで,何が「公表」に当たるかが重要になる。証券取引法や内閣府令は 3 つのケースを,「重要事実の公表措置」として定めている（証取法166条 4 項,同施行令30条,会社関係者取引規制府令 4 条の 5 ）。

第 1 は,有価証券届出書,有価証券報告書等に重要事実を記載して提出しこれらが公衆縦覧に供せられたとき（EDINET等の電子情報処理組織で開示する場合は,財務局の閲覧室のモニター画面に映し出された時），第 2 は,重要事実の公開権限を持つ代表取締役等が, 2 つ以上の報道機関に対して重要事実について公開し12時間以上経過したとき,第 3 は,上場会社等がその発行する有価証券を上場する証券取引所等に重要事実を通知し,これが当該証券取引所等で公衆縦覧に供せられたとき（証券取引所等のホームページの適時開示閲覧サービスで掲載される),である。

第 3 の方法により,重要事実の発生から公表までの時間が大きく短縮され,機動的になった。なお,この場合に証券取引所等は 7 日間以上,当該重要事実を公衆縦覧に供しなければならない。

④　罰　則

証券取引法166条違反に対しては, 3 年以下の懲役又は300万円以下の罰金が科せられる。また,課徴金も課せられる（証取法175条)。

証券取引法164条は,上場会社等の役員及び主要株主が当該会社の株券を 6 カ月以内に買付けをして売り付けた場合や,売付けをして買い付けた場合には,会社は,当該役員等に対してこれらによって生じた利益を会社に提供すべきこ

とを請求できるものとしている。この規定の趣旨は，上場会社の役員等がその職務や地位により取得した秘密を不当に利用することを防止する点にある。

(4) 不正な表示等の禁止

証券取引法168条から171条までは，投資家の信頼を損なうような「不実不正な表示の禁止」を規定している。たとえば，有価証券等の相場を偽って公示するなどの目的で虚偽の相場を記載した文書を作成・頒布することの禁止，有価証券発行者や引受人等から対価を受けて投資判断に関連する意見を掲載することの禁止，有価証券の募集・売出しに際して不特定多数の者に対して有利な価格でこれを買い付けるなどの表示をすることの禁止，一定の配当等を行うとの表示をすることの禁止，などである。

(5) その他の禁止行為

以上にあげた諸規制以外にも，証券取引法は有価証券取引の公正を確保し証券市場の信頼を維持するために多くの規制を置いている。例示すると，過当数量取引の制限，空売り規制，逆指値注文に関する規制，公開買付期間中の規制，断定的判断の提供による勧誘の禁止，取引一任勘定取引の原則的禁止，大量推奨販売の禁止，損失補塡の禁止，等々である（証取法42条，42条の2）。主なものについて要言しておく。

① 断定的判断の提供による勧誘の禁止

投資家・顧客が，証券会社の外務員等から，たとえば，ある株式の価格が確実に上昇する，あるいは下落するとの確信的なアドバイスを受けると，これによって投資家自身の投資判断が不適切な影響を受け自己責任原則が阻害されるとともに証券市場への信頼を欠く恐れも出る。そこで，証券取引法42条1項1号～4号は，有価証券等の売買等に関連し，有価証券の価格等が騰貴し，又は

第8章　プレイヤーたちの行為規制

下落することの「断定的判断」を提供して勧誘する行為を禁止している。

② 取引一任勘定の禁止

「取引一任勘定」とは，証券会社が取引の主要内容について顧客の同意がないにもかかわらず有価証券売買等の受託をすることである。かねてから「まかせ玉」と称される，あたかも顧客から売買を一任されたような不明朗な取引は，証券事故の温床となっていた。特に，いわゆる証券不祥事（1991年）の中心となった「営業特金」問題の背景には，取引一任勘定の慣行が存在したこともあって，証券取引法上の規制を明確化したものである。具体的には，証券取引法42条1項5号が，有価証券の売買の受託等につき，顧客の個別の取引ごとの同意を得ないで，売買の別，銘柄，数又は価格について定めることができることを内容とする契約を締結する行為を禁止している。

③ 大量推奨販売の禁止

証券会社がある特定の銘柄を集中的に勧誘する営業姿勢は，かつてままみられたと言われるが，このような行為は証券市場における公正な価格形成を歪め，市場への信頼を失わせかねないものである。そこで，証券取引法42条1項7号は，特定かつ少数の銘柄の有価証券について，不特定かつ多数の顧客に対し，買付けもしくは売付け又はその委託等を一定期間継続して一斉にかつ過度に勧誘する行為で，公正な価格形成を損なう恐れがあるものを禁止している。

④ 損失補塡等の禁止

1991年に社会問題にまでなった証券会社による特定法人顧客等に対する優遇的対応は，いわゆる「損失補塡」，「損失補償」であり，広く証券市場への信頼を失墜させるものと考えられた。従前は，法律上明確にこのような損失補塡等を禁止する規定がなかったため，これを機に法律上の明確化が図られたのである。証券取引法42条の2は，証券会社に対して有価証券の売買等について顧客に損失が生じることとなり，又は予め定めた額の利益が生じないこととなった

場合には自己又は第三者がその全部又は一部を補塡し，又は補足するためその顧客や第三者に財産上の利益を提供する旨を，当該顧客やその指定した者に申込みや約束をすることを禁止している。

第9章

証券市場の歴史と沿革

第9章　証券市場の歴史と沿革

1　第二次世界大戦前の証券市場

　日本における証券市場の創設は，1878年（明治11年）の株式取引所条例に基づく。江戸時代の鎖国政策の影響もあって，ヨーロッパ先進資本主義諸国に遅れること200年余りであった。発足当初は，秩禄公債を中心とする国債が主要な売買対象であったが，1880年代央以降は国債取引よりもむしろ株式取引が盛んになっていった。

　この草創期の証券市場の特徴としては，一般に，資本調達市場としては規模，機構いずれの点でも不十分，未発達なものであったこと，流通市場も公衆一般の投資の場というより投機的市場であったことが指摘されている。こうした特徴は，世界各国の証券市場の初期に概ね共通してみられる特徴である。いずれの資本主義国にあっても，株式会社制度の成立段階の証券市場は同様の性格を有するものとされる。その後，1893年（明治26年）には取引所法が取引所取引の根拠法として制定され，取引形態も実物取引である直取引と延取引及び差金決済による定期取引の3種類が定められた。取引の実態は過半が定期取引であり，形式上実物取引であっても実質的には清算取引であるものが多かった。

　近代産業の発展に伴い多くの企業が出現したが，経済急拡大を指向する明治国家の工業化政策は，その資本調達の場を金融資本市場に求めるところとなった。その一方で，証券市場は企業の資金調達の場というよりも，流通市場中心の投機の場としての性格を強めていった。

　昭和期に入ると，次第に実物取引の比重も高くなっていった。その背景としては，第二次産業革命の進展による重化学工業の発展，財閥系企業の株式公開の進展，投資家層の拡大等が指摘される。しかし，戦時体制のもとでの統制経済の到来とともに，証券市場の成長も一頓挫を余儀なくされたのである。

　このような証券市場であったため，その担い手としての証券業者の立場は脆弱であった。株式に関しては，発行市場の未整備から主として流通市場のプレ

イヤーとして位置付けられていた。また，公社債市場においても，銀行の勢力が圧倒的に強く，証券業者は劣位に置かれていた。第二次世界大戦前の証券業者は，「株屋」と称されたように，投機的イメージが強く，必ずしも国民経済的な意義を評価される存在ではなかった。

2　第二次世界大戦中の証券市場

　戦時体制下では，証券市場も国家の厳しい管理下に置かれた。
　公社債の発行は，国債，政府保証債，軍需産業企業の社債が優先され，他の社債発行は制限された。公社債の引受けは銀行中心に行われ，証券業者はその下引受けに徹することとなった。また，公社債流通市場は，戦時インフレの昂進と統制経済の締め付けとが相俟って低迷状態が続いた。
　株式市場も，増資制限の強化や清算取引の制限等が市場の圧迫要因となり，株価低落，取引量減少を招来した。昭和恐慌以来，衰退傾向にあった株式市場は，ますます不振を極めることとなった。この間，制度的措置として有価証券取締法，有価証券引受業法とともに日本証券取引所法（取引所法）が施行された。取引所法により，従来株式会社制度を採用していた株式取引所は，一部政府出資から成る特殊法人「日本証券取引所」に統合された。
　1945年8月9日，日本証券取引所の取引は全面的に停止され，戦後の再開を待つこととなった。

3　終戦後の混乱期

　取引所の再開には予想外の時間を要した。日本政府とGHQの再開交渉は長引き，結局1949年5月にようやく取引所再開にこぎつけたのである。ただし，この間にも証券市場に関連する重要な動きがみられた。

第9章　証券市場の歴史と沿革

　第1は，金融制度の抜本的，総合的検討であり，政府が大蔵省（当時）内に「金融制度調査会」を設置したことである。

　第2は，小規模ながら証券業者間で自然発生的に「店頭売買」，いわゆる集団取引が行われ始めたことである。終戦直後から生活資金や事業資金を確保するため，手持ちの有価証券売却を望む者は数多く存在し，他方でインフレヘッジのための有価証券購入を希望する者も少なくなかった。こうした国民の要望が自ずから店頭市場を利用させるようになったのである。店頭市場における売買注文が増加し，証券業者間の情報交換が活発化するにつれ，特定の場所に集合して売買を集団化させる動きが現れた。この集団売買においては，特定の証券業者が一定のルールによって集団で取引に従事したのである。集団取引は，取引所再開にいたるまで非常に重要な証券流通手段として機能した。

　第3は，財閥株式の放出とこれに伴う「証券民主化運動」である。戦前，財閥の本社は直系会社の株式を支配的に所有し，これら直系会社はさらにまた持株会社として多くの会社に支配力を行使していた。また，財閥内の株式相互持合いも閉鎖的な企業集団の形成に大きく関わっていた。GHQはこのような閉鎖的財閥集団を戦争の重大要因と考え，これらの株式を広く一般に分散させることで財閥解体を実現しようと試みた。財閥株式の処理に当たった証券処理調整協議会（SCLC）は，1947年6月から1951年6月まで売りさばきを続けた。最盛期は48～49年であり，放出株式の9割弱は49年までに売却された。こうした大量の株式を売り出すためには，広範な買い手を大衆に求める必要があり，「証券民主化」のスローガンのもとに個人投資家の開拓が進められた。その結果，株式所有構造は大きく変化し，法人のシェアが激減する一方で個人が大きな割合を占めるようになった。1年間続いた証券民主化キャンペーンでは，証券投資の健全な貯蓄的性格が強調された。

　1947年（昭和22年）には最初の証券取引法が成立したが，翌48年にはGHQの意向を反映して全面改正が行われた。その後，証券取引法には多くの改正が行われているが，その基本となるものは「48年法」である。なお，取引所再開から戦後日本経済の離陸期にいたる間の市場動向は，図表9—1のとおりである。

4 高度成長期

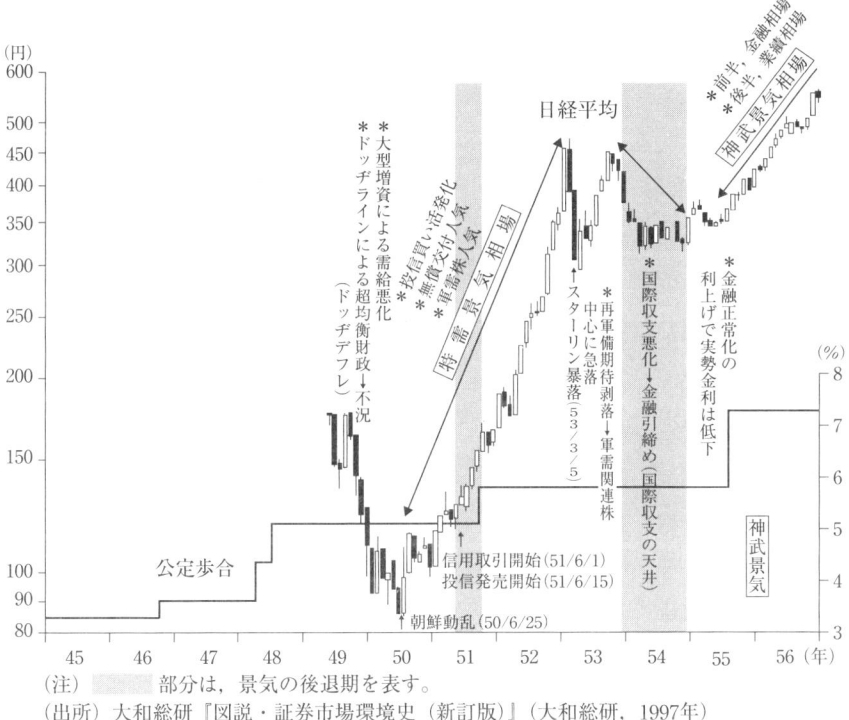

図表9—1 日経平均の推移（1945年～1956年）

（注）　　　部分は、景気の後退期を表す。
（出所）大和総研『図説・証券市場環境史（新訂版）』（大和総研，1997年）

4 高度成長期

　日本は本格的な戦後復興期を終了し、1959年からは毎年10％を超える高度成長期に入った。神武景気に続く岩戸景気のもとで重化学基幹産業から家電、自動車等の最終消費者直結型の製造業まで、幅広い産業・企業の著しい成長がみられた。企業は、株主割当てを中心とする増資を行っていったが、当時は、これはあくまでも銀行借入や銀行による社債の購入を補完する限界的な位置付けであった。増資新株や債券の多くは投資信託が受け皿となり、市場規模に比較

第9章 証券市場の歴史と沿革

して不均衡に規模の大きくなった投資信託は,「池の中の鯨」と評されるほどであった。株価水準は，1958年から1961年までほぼ一貫して上昇し，個人投資家も積極的に株式や投資信託を購入するようになった。

しかし，当時の日本経済の底は浅く，かつ証券市場の基盤も弱かった。国内景気が活況を呈すると国際収支の赤字が拡大して引締め策を採用せざるを得ず（いわゆる「国際収支の天井」），株価は低迷する。また，戦後の金融システムとしては，限られた資金を間接金融を主たる金融仲介手段として資金不足部門に配分していく「間接金融優位」の体制がとられ，直接金融は脇役であった。金利規制，業務分野規制，外国為替規制の3つの規制を柱とする銀行中心の金融システムのもとでは，証券市場に厚みは増さなかった。

このような状況で，1961年夏に国際収支の赤字から金融引締め策がとられると，株価下落のなかで企業の駆け込み的な増資や起債が行われた。対策として，増資調整や銀行による投資信託への公社債担保融資等がとられたが功を奏することなく株価は低迷を続け，証券業者の赤字が拡大していった。大手証券会社は，顧客から有償で預かった金融債を担保として銀行等から運転資金を借入（運用預り）したが，業績悪化に歯止めはかからなかった。不正行為や無理な営業も増加し，多くの中小証券が破綻に追い込まれた。

株式市場の低迷は1963年になっても回復せず，1964年1月には主要金融機関14行と4大証券が出資して「日本共同証券」が設立された。日本共同証券は，間接的に日銀資金を融通され，市場に買い出動する機能を持った。しかし，これでも株価下落は止まらず，1965年1月には証券会社56社による「日本証券保有組合」が設立され，投資信託・証券業者保有株式の肩代わりを行うこととなった。このような人為的な買支えや増資の完全停止という供給制限を行ったにもかかわらず，1965年5月には大手の山一証券の経営危機をきっかけに，証券市場はパニック状態に陥った。結局，同年7月に日銀法25条に基づく「緊急特別融資（日銀特融）」が実施されることとなった。この間の株式市場の推移は，図表9—2のとおりである。

証券不況の教訓から，証券行政は大きな転換を行った。資本自由化が迫る時

4 高度成長期

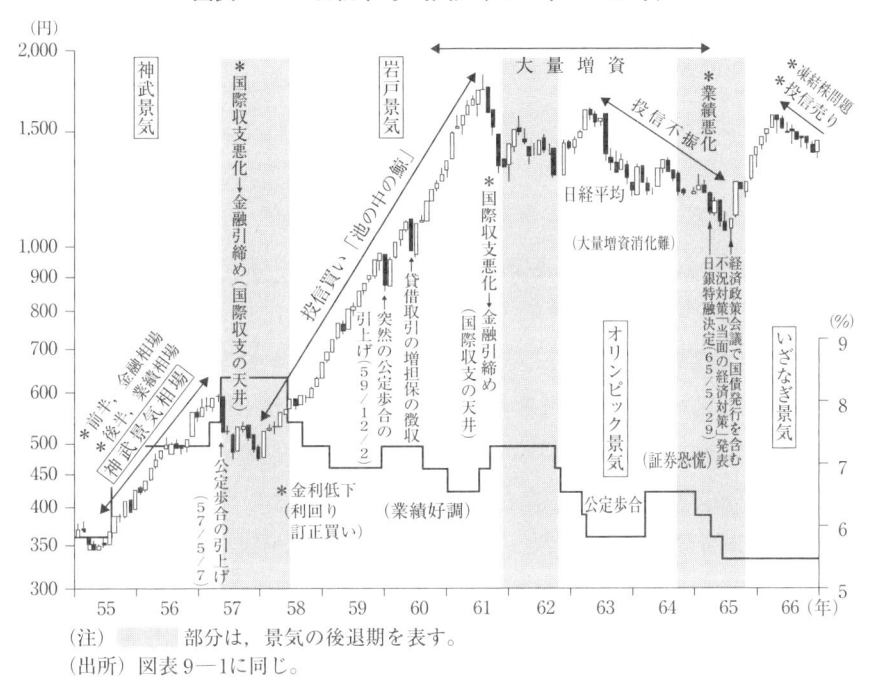

図表9—2　日経平均の推移（1955年〜1966年）

期でもあり，今後拡大が見込まれるマーケットのプレイヤーとして，証券業者にはより厳しい水準が要求されることとなり，従来の証券会社の登録制は免許制に移行した。

　大蔵省証券局（当時）と証券会社の免許制を柱とする新しい証券行政は，おりからの日本経済の回復・成長と国際化のなかで，着実な成果をあげていった。国債の取引所上場，円建外債の発行，さらには株式の公募時価発行等の市場整備が次々に実施されるとともに，1971年（昭和46年）には，「外国証券業者法」が制定され，1972年には外国証券業者が進出してきた。その後，日本経済は石油危機を経て成長率が鈍化する一方で，国際経済における地位を大きく高めた。日本企業の海外進出も著しく，国内の資本蓄積も進んだ。1980年（昭和55年）には外為法制の抜本的改正が行われ，証券市場，証券業者の国際化も進展した。この間，株式の保有では法人相互の持合いが進み，いわゆる「機関化現象」が

247

明確になっていった。

5　バブル期前後

　1980年代後半から，日本経済はいわゆる「バブル期」に入った。1985年の「プラザ合意」を契機とする長期の金融緩和のもとで，大量の資金が不動産と株式に流入し，実態とかけ離れた価格形成が行われたのである。不動産価格の上昇は，資産の含み価値を増大させることで，株式市場にも大きな影響を与えた。また，株式が法人中心に持ち合われ，発行済株式数の割に現実の市場における流動性が低かった点も，バブル期の株価高騰を促進していたものと考えられる。日経平均株価は，1989年暮れには3万9,000円をうかがい，3年間で2倍以上の上昇を示した。この間，証券業者は高収益を謳歌し，積極的な海外進出や業務の拡大を進めていった。

　だが，1990年以降，バブル経済は破綻した。エクイティ・ファイナンスの延期がなされ，さらには公募増資が4年近く停止された。湾岸戦争勃発によるいっそうの市場低迷もあり，政府は株価テコ入れ対策を発表した。1991年には，「損失補塡問題」が明らかとなり，大手証券会社の経営トップが相次いで辞任する事態となった。日本を代表する証券会社による反社会的勢力との接触や，名門大企業との癒着は，証券市場に対する信頼を大きく低下させるものであった（証券不祥事）。日経平均株価は，1992年8月には1万4,309円と，2年半前に比べて3分の1近い水準にまで落ち込んだ。この間の株式市場については，図表9—3を参照されたい。

　こうしたなか，政府は数次にわたる総合経済対策や緊急経済対策を講ずるとともに，かねてから進めていた「金融制度改革」を一部実施に移し（業際問題一括処理），銀行による証券業務への参入，証券会社による銀行業務への参入等が認められることになった。この結果，1993年夏以降，長信銀，都銀，信託等が相次いで100％子会社である証券子会社を設立した（エクイティ関連取引

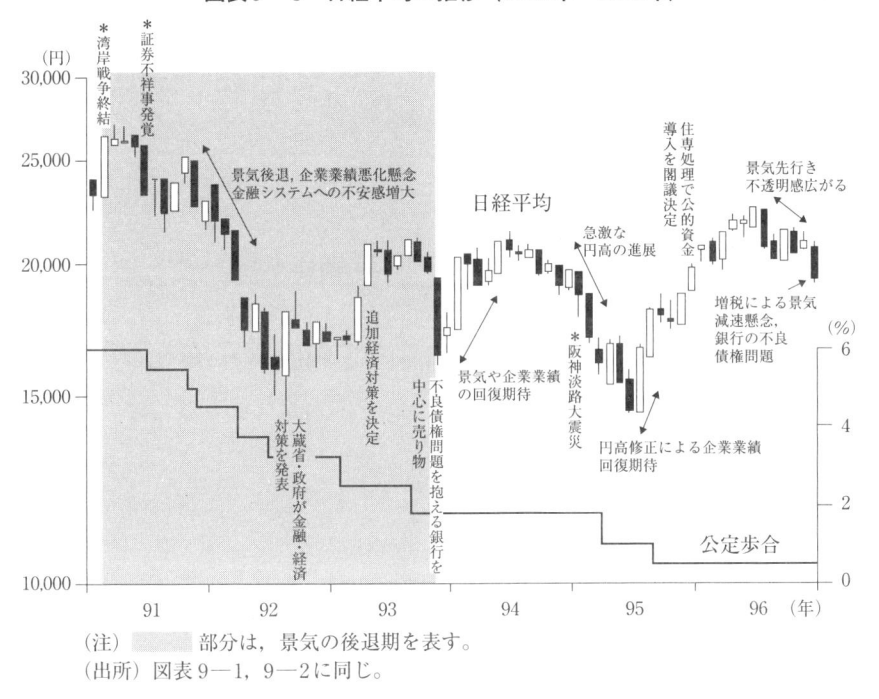

図表9—3 日経平均の推移（1991年〜1996年）

（注）　　部分は，景気の後退期を表す。
（出所）図表9—1，9—2に同じ。

は認められなかった）。また，証券不祥事に鑑みて損失補塡の禁止等の法制整備や証券取引等監視委員会の新設が行われた。

6　日本版金融ビッグバン

　バブル終焉後の約10年間，株式市場は基本的に低迷を続けた。金融機関の巨額の不良債権問題は景気低迷を長引かせるとともに，これまでの金融システムに対する内外の信頼を低下させることとなった。また，一連の金融界，証券界の経営不祥事は，社会からの金融機関や証券会社への信用を一気に失わせる結果をもたらし，経営環境の悪さとも相俟って，1997年には北海道拓殖銀行，山一証券などの大手金融機関，証券会社が破綻，同年秋からはいわゆる「ジャパ

ンプレミアム」問題や「貸し渋り」が発生し，信用不安の状態を発生させることにもなった。マクロ政策的には，財政再建を優先させるために消費税引上げを強行した政策が裏目に出た。ようやく上向き始めた景気は，消費税の引上げで一気にしぼみ，その後長く日本経済は低迷を続けた。

　バブル後の日本経済，とりわけ金融・証券の不振は，戦後採用されてきた間接金融優位で規制色の強いシステムの制度疲労を示すものでもあった。金融のグローバル化と競争激化のなかで，日本の市場は大きく見劣りするものとなった。これらの諸点に照らして，金融システムの根本的な改革を行うために，いわゆる「日本版金融ビッグバン」が実行されることになったのである。

7　構造改革期

　こうした政策や，日銀によるゼロ金利政策，その後の量的緩和などの諸施策と民間部門の努力が奏効して，バブル経済の根本原因とされた3つの過剰（設備，雇用，債務の過剰）が大きく解消に向かった。

　日経平均株価は，2003年4月にバブル後最安値の7,608円をつけた後に回復基調を辿り，特に2004年秋からはネットを活用した個人投資家や外国人投資家の積極的な参加による売買高増加を伴う本格的上昇に転じた。これは10年にも及ぶ経済低迷からの脱出が実現し，不良債権処理もほぼ完了して，日本経済とその金融システムへの信頼が回復したことによる。

　証券市場の改革は，自由化とグローバル化のなかで新商品や新サービスの開発，提供，異業態にまたがる商品チャネルの拡大，業者や市場の参入・退出が頻繁に行われるようになってきた。こうした流れのなかで，2002年9月には金融審議会が「中期的に展望した我が国金融システムの将来ビジョン」を公表し，今後の日本は，市場金融モデルを柱としつつも伝統的な産業金融モデルも一定程度併存させる「複線的金融システム」を構築していくべきことを提唱した。この潮流は，いわゆる経済社会構造改革の重要な柱としても位置付けられてお

り，21世紀のわが国金融システムのあり方を決定していく思想であるものと言えよう。

8　金融商品取引法（投資サービス法）

「貯蓄から投資へ」の動きが促進されるなかで，最近は様々な金融・投資商品が開発されている。それらの少なからぬものが，リスク性商品であるとともに，伝統的な意味での純粋な有価証券や預貯金商品ではなく，いくつかの商品の性格を複合的に有する。1,400兆円を超える個人金融資産の有効な活用先としてこうした商品も有力な候補となり得るが，問題は，現行法制ではこれらに投資家保護の明確な規制をかぶせにくい点である。一部には，こうした法規制の隙間を縫って詐欺的な勧誘等が行われて問題視される事案も発生した。また，市場型金融化は業務・商品を横断するようにして進展しており，従前のような有価証券は，証券取引法，金融先物は金融先物取引法，といった縦割りの制度では適当とは言えなくなっている。

そこで，幅広い金融商品について包括的・横断的な利用者保護の枠組みを整備して，従来の法制度の隙間を埋めつつ，縦割り業法を見直す観点から「金融商品取引法（投資サービス法）」が制定される運びとなったのである。同法の目的は，かかる視座に基づいて，貯蓄から投資に向けた公正かつ円滑な価格形成を軸とする市場機能を確保するための取組みを進めることであり，金融・資本市場のグローバル化に対応しながら，公正・効率・透明，かつ活力ある金融システムを構築する観点から証券取引法を発展的に改組するところにある。

金融商品取引法は，金融商品の販売や資産運用に関する一般的な性格を有し，同じ経済的機能を持つ金融商品にはその行為規制を業態を問わずに適用する。また，金融先物取引法も内容の見直しを行って金融商品取引法に統合する。2006年の通常国会に提出し2007年施行を目指す立法の段階では，証券取引法上の有価証券や金融先物取引，いわゆる集団投資スキームである諸ファンド，外

第9章 証券市場の歴史と沿革

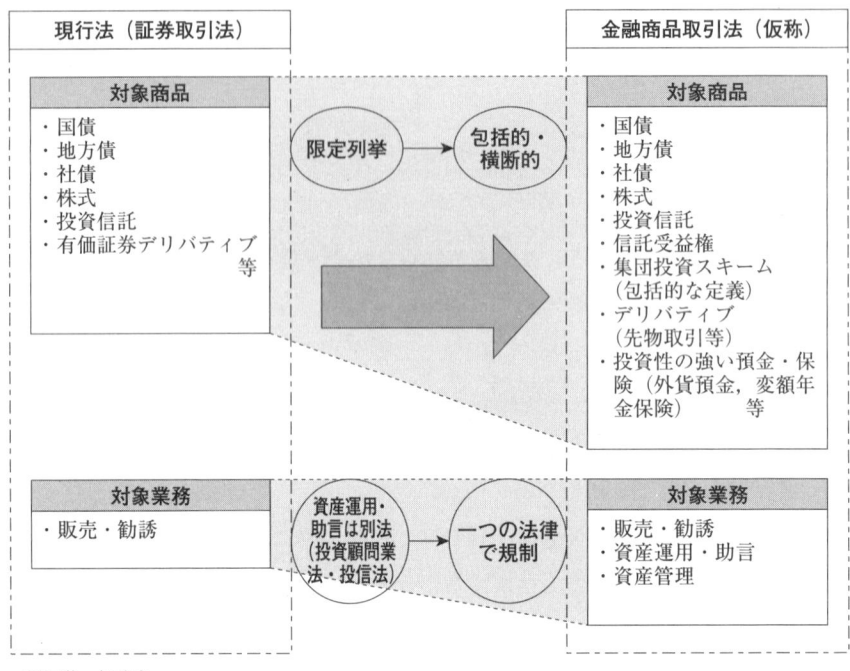

図表9―4 金融商品取引法のカバーする範囲

現行法（証券取引法）		金融商品取引法（仮称）
対象商品 ・国債 ・地方債 ・社債 ・株式 ・投資信託 ・有価証券デリバティブ　等	限定列挙 → 包括的・横断的	**対象商品** ・国債 ・地方債 ・社債 ・株式 ・投資信託 ・信託受益権 ・集団投資スキーム（包括的な定義） ・デリバティブ（先物取引等） ・投資性の強い預金・保険（外貨預金，変額年金保険）　等
対象業務 ・販売・勧誘	資産運用・助言は別法（投資顧問業法・投信法） → 一つの法律で規制	**対象業務** ・販売・勧誘 ・資産運用・助言 ・資産管理

（出所）金融庁

貨預金や変額保険は同法の適用対象とするが，一般の銀行預金や保険は対象外とされる（図表9―4）。

金融商品取引法の検討を行った金融審議会金融分科会第一部会報告は，将来的には，金融商品全般を対象とする，より包括的な規制の枠組みについて引き続き検討していくものとしている。

金融商品取引法が制定されることによって，戦後約60年間，日本の証券市場を形作ってきた証券取引法は発展的に解消されることになるが，これは証券市場が，従来より格段に国民経済的な重要度を増した何よりの証左である。今後，グローバル化の進展とも相俟って，証券市場はますます国民生活にとって不可欠な存在となっていこう。

終 章

明日の証券市場

終章　明日の証券市場

1　証券市場の国際化

　我が国は，GDP世界第2位，個人金融資産額も世界第2位の経済大国である。日本企業への外国人投資家の投資額は高水準で，東京株式市場の動向が世界経済に大きな影響を与える。債券などの金利市場も，金融グローバル化のなかで国際化が著しい。他方，最近の我が国の投資家は，海外市場への証券投資を直接，間接を問わず積極化させている。このように，いまや国際化，グローバル化を抜きにして我が国の証券市場を語れないようになってきた。制度的には，1980年代以降の外国為替関連規制の緩和の影響が直接的であるが，我が国企業や証券会社，銀行のグローバル活動の拡大，国内証券関係規制の国際化対応も大きな意味を持っている。市場の信頼維持とグローバル・スタンダード構築のための「証券監督者国際機構」（IOSCO，加盟機関数は182カ国）などとの協業も，重要である。

　証券市場の国際化を考える場合の視点は数多くあるが，ここでは特に3つの点に留意しておきたい。第1は，証券取引のグローバル・スタンダードとは限りなくアメリカン・スタンダードに近いこと，第2は，日本のプレイヤーの活躍は他業種や経済規模に比べていまだ十分とは言えないこと，第3は，最近アジアの証券市場，なかでも強固な金融システム構築の方策として債券市場の整備・拡充が注目され，日本がその経験を生かして積極的に協力していること，である。

　欧米の証券市場に言及した入門書や概説書は多くあるが，今後の新しいグローバル化を考えていく上で非常に大きな意味を持つアジアとの関連に触れている基本書はほとんどない。紙幅の関係もあり，他の文献で容易に知ることのできる欧米市場については思い切って割愛し，以下では最近とみに関心が高まってきた第3点，アジア証券市場，特に債券市場と証券化への取組みと日本との関わりあいについてみておこう。

1　証券市場の国際化

(1)　アセアン域内協力の進展

　1997年のアジア通貨危機を契機に，関係アジア各国は効率的で危機抵抗力の強い金融システムの構築に向けて協力活動を強化してきた。その中心テーマの1つが域内債券市場の構築であり，日本のバックアップが注目されている。

　域内債券市場の整備問題を巡るテーマは広範多岐に及ぶ。債券市場一般のインフラ整備は無論であるが，これらとも関連しつつ証券化市場の発展も企図されている点が注目されよう。特に，域内中小企業の資本市場へのアクセスは各企業単体では困難であり，集合資金調達スキームである募集型の債務担保証券（CDO）の活用が検討されている。

　域内市場の飛躍的発展を促進するための課題は多い。もっとも，10年前の日本も同様の問題を抱えていた。証券化の進展は，その課題の大きさや多さにもかかわらず，政策目的の明確さと推進力の強さいかんで相当のスピードアップが可能である。換言すれば，アジア債券市場の発展・整備，特に中小企業金融への応用に当たっては，日本の経験が相当に有益な参考になり得るのである。

(2)　アセアン主要国の債券市場

　ここ数年，アセアン域内の債券市場は急速に拡大しており，たとえばマレーシアとタイでは債券発行残高が1997年のアジア通貨危機時に比べて数倍の規模になっている。域内全体の現地通貨建債券市場をみても，90年代後半と2000年代前半とでは押しなべて2～3倍の伸びを示しているが，いまだに多くの資本市場インフラに係る課題を抱えている（図表1）。なかでも，未整備の証券化関連法制，税制，会計制度，十分に習熟度の備わっていない投資家層や未発達な流通市場が課題である。ブローカー・ディーラーの経験度やデリバティブ市場の発展状況も，日本や欧米に比べて立ち遅れている。

　マレーシアは，過去7年で債券の新規発行額で約4倍，残高で約3倍に拡大している。債券の内訳は，残高ベースでみると国債と社債が概ね55対45程度の

終章　明日の証券市場

図表1　現地通貨建債券残高の対GDP比（2004年度）

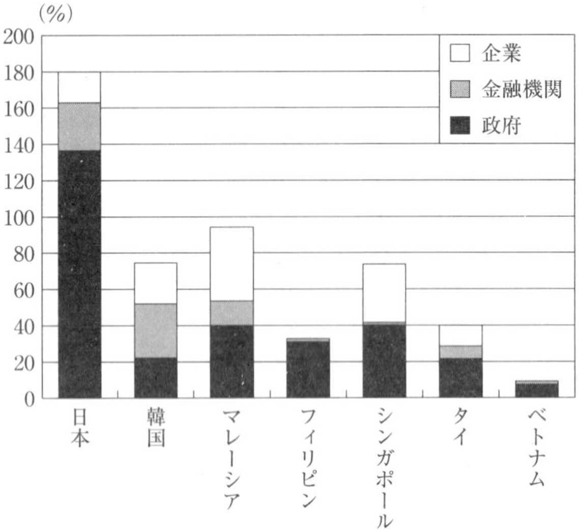

（出所）アジア開発銀行

比率である。通貨危機以降，債券発行が急増しているわけであるが，社債発行に係る規制機関は証券委員会（SC）に一元化されている。また，CMP（Capital Market Master Plan）が4年前に公表され，工程表に基づくアクション・プランが実行され，随時レヴューを行っている。証券化に関しては，モーゲージ金融とも言えるCagamas債が存在しており，アメリカのGNMA的な手法に親和性がある。また，2001年にABSガイドラインが定められ，これに基づいてすでに相当の発行実績を積み，域内では最も進んだ状況にあるものの，税法上，会計上の課題も多い。

　タイは，通貨危機後，債券市場は新規発行で4倍，発行残高で5倍以上の拡大を示している。国債の比重はマレーシア以上に高く，国債・公共債と民間債の割合は8対2程度である。タクシン政権のもとで，債券市場の法制，インフラ整備が精力的に進められている。98年に国内債券市場発展計画，2002年にはタイ資本市場基本計画が策定された。社債の決済インフラの整備も進められている。証券化に関しては，97年に証券化法が制定されたものの，証券化資産の

対象が狭いこと，SPVの使い勝手が悪いこと，信託概念が存在しなかったこと，等々に課題があり，見直しが進められている。

フィリピンは，債券市場についてはアセアン諸国でマレーシア，タイに次ぐ第2グループに位置する。証券化関連では，2003年4月よりThe Special Purpose Vehicle Act of 2002が施行され，2004年にはSecuritization Act of 2004への大統領署名が行われるなど，法制度面では近時相当の整備が進められている。

(3) アセアン地域の証券化とCDO

中小企業金融にCDOが有益であることは，日本の過去5年余りの経験に照らしても明らかである。典型的なCDOは，裏付け資産の信用リスクをSPVに移転し，これがSPV発行の債券等への投資により最終的に投資家に移転される。SPVの発行する債券等は，元利払いの優先劣後順に従っていくつかのクラスに分けられるのが一般的である。CDOの利用は中小企業にとって多くのメリットがあるだけでなく，金融機関や地方自治体にとっても様々な利点が見出せる。

中小企業にとってCDOは，ビジネスキャッシュフローのみに着目した無担保外部資金調達手段であり，資金調達ルートの多様化を図れるものであるとともに，将来的な単独債券発行など証券市場に直接アクセスするためのノウハウを蓄積する有効策である。

金融機関にとっては，そのリスク負担能力を超えた直接貸出を回避でき，かつCDOが直接金融と間接金融のいわばコラボレーションとしての性格を有することから，伝統的銀行業務にも比較的なじみがある。

地方自治体にとって中小企業の健全な発展を支えていくことは，優先順位の高い政策課題である。アセアン地域経済の中心的担い手は中小企業であり，これらに対しては産業政策面の支援策のみならず資金調達面のバックアップも不可欠である。

（4） インフラの整備

CDOを含む証券化の発展のための関連インフラの整備としては，以下の諸点を考慮・検討していく必要がある。

① 法制度，会計制度の明確化

証券化の過程では，原契約や資産の移転に伴う権利関係移動の明確化や対抗要件の具備，会計処理の標準化等，さらにディスクロージャーの充実が重要である。

② ドキュメンテーションの標準化

すでに先進諸国では，証券発行やローン・アグリーメントのドキュメンテーション・プロセスやフォームの標準化，統一化が進んでいる。CDOの発展にもこうしたドキュメンテーションの標準化は大きな意義を有する。

③ 信用分析手法の標準化

アセアン地域の中小企業投資に当たって，ほとんどの外部投資家は，個別中小企業に対する信用分析の前提たる財務情報等へのアクセスが極めて限られている。したがって，最終投資家や仲介金融機関にとっての客観的信用分析情報や手段の整備・提供と，分析手法の標準化が望まれる。ただし，個々の中小企業に対して，上場企業におけるような詳細なディスクロージャー情報の充実を要求するのは現実的ではない。そこで，資産証券化で多用される統計的処理，たとえば日本におけるCRD（クレジット・リスク・データベース。多数の中小企業の財務データを蓄積し，これらに統計的な分析処理を加えたもの。CDOの格付に当たっても活用されている）のような手法の充実が有効と考えられる。

④ 投資家の需要喚起

債券投資家のインセンティブを増すためには，税制メリットの付与，機関投資家等のポートフォリオ規制緩和，政府・民間一体となった債券啓蒙・普及活動が必要である。

個別投資手段のなかでは，債券型ミューチュアル・ファンドの充実を図るべきであろう。

⑤ 域内関係国政府による支援

債券市場，とりわけCDO等の証券化を推進するためには，関係国政府の積極的な支援策が不可欠である。たとえば，日本において日本銀行が資産担保証券をオペレーション対象にしていることが，当該市場の発展に資しているように，一定の中小企業CDOに対して政府の保証や中央銀行の支持を示すことが有力策となり得よう。

⑥ 決済システムの改善

債券市場全般に当てはまることであるが，今後CDOの成長を促進するためには，決済・清算システムの合理化，改善が重要である。

(5) 日本の経験が示唆するもの

アセアン地域の今後の市場発展に関して参考にすべき点は，過去10年間の日本における急速な証券化の進展要因である。そもそも日本においては，第二次世界大戦後の半世紀は銀行を中核とした間接金融が支配的であり，直接金融は補完的，限界的金融手段であった。ここは現下のアセアン地域と共通する。しかし，バブル経済終焉後の外部与件の大きな変化を背景に，金融システム，金融取引におけるリスク負担のあり方が根本的に見直されるようになった。証券化については，ノンバンクの資金調達手段の拡充や不良債権処理の円滑化という本来別個の政策目的から発したインフラ整備や支援策が結果としてこれを促

終章　明日の証券市場

進した面が大きいが，この間の事情は今後のアセアン地域の展開を考えるうえで極めて示唆に富む。主要点は，次のとおりである。

① 国全体としての市場型金融，資産金融への政策誘導
② 裏付け資産の譲渡性や対抗要件，逆相殺への対応，発行証券の有価証券性の付与，仲介業者に係る規制整備・緩和等々の法制度インフラの充実
③ 政府，中央銀行，地方自治体の積極的関与
④ 専門業者，人材の充実

特に中小企業金融との関連では，信用収縮に直面した中小企業に対して政府が踏み込んだ支援策，優遇策を採り，かつ市場型資本市場金融への誘導を図ったこととともに，地方自治体が主導で証券化を進めた点を重視したい。いずれにしても，アセアン地域の中小企業証券化，そして近未来の債券市場の大きな発展を実現するためには，各国政府と国際機関ならびに域内協力をさらに深め，いわば「市場の背中を押す」ことが特段の重きをなす。市場の自律的発展を期待する前段階として，公的関与による人為的な公正市場を提示し，市場関係者の錬度育成の基盤としていくという発想が不可欠であろう。

2　日本の証券市場，明日への課題

(1)　証券市場の公正とは何か

① なぜ公正さが重要なのか

最近，証券市場を巡る大きな不祥事が問題となっている。証券取引等監視委員会の金融庁長官等への勧告件数は，97年の年間40件をピークに減少傾向にあるが，より悪質な事案である検察庁に刑事訴追を求める告発件数は今世紀に入って急増し，2004年には委員会発足後最高の11件となった（図表2）。

たとえば，現役官僚によるインサイダー取引や，インターネット取引を悪用した相場操縦行為，西武鉄道のような歴史と伝統のある老舗大企業の長い年月

2 日本の証券市場，明日への課題

図表2　告発の実施状況

(平成17年6月30日現在)

事務年度	4〜5	6	7	8	9	10	11	12	13	14	15	16	合計
合計	2	3	1	5	7	6	7	5	7	10	10	11	74
有価証券報告書等の虚偽記載等	1	−	−	−	1	1	3	1	3	3	2	2	17
風説の流布・偽計	−	1	−	1	−	−	2	1	−	2	−	1	8
相場操縦	1	−	−	−	−	1	1	1	1	−	2	2	9
インサイダー取引	−	2	−	3	1	4	1	2	3	5	6	6	33
損失補てん	−	−	1	1	5	−	−	−	−	−	−	−	7

(注)　事務年度は7月〜翌年6月末まで
(出所)　証券取引等監視委員会

にわたる有価証券虚偽記載などである。さらに2006年には，新しい時代の若い開拓者として注目されていたライブドア・グループが不公正証券取引や会計をごまかす巨額の粉飾決算を行っていた疑念が明らかになった。西武鉄道，ライブドアともに，経営トップが逮捕される事態に至っている。

　特にライブドアは，市場主義と株主価値の増大を掲げ，改正商法をフル活用した積極的なM&Aを実施する企業，という外見をとっており，まさに日本経済の枠組み変化を地で行くような活動と評価されていた。だが，その実，同社と同社経営陣の行為は虚飾の詐欺的なものであった。多くの株主が損害を被り，日本の証券市場の信頼に大きな傷を残した。東京証券取引所の売買取引処理能力の問題を露呈するという副産物まで生んだ。より深刻な問題として，「会社法制や市場の規制緩和すなわち悪」という短絡的な論調まで呼び込んでしまった。

　西武鉄道やライブドアは発行者サイドの問題であるが，投資家の行動にも問題がみられる。安価で迅速・簡便なネット取引を悪用して，約定するつもりのない大量の注文を出して当該銘柄の値段を操作し，直ちにその注文を取り消す行為を繰り返しながら利益を上げようとする「見せ玉（ぎょく）」などは，その典型である。これも，虚偽の相場を人為的に作り上げ自分だけが不当な利益

終章　明日の証券市場

を上げようとする詐欺的な行いである。

　資金調達者と投資家の仲介をする証券会社の一部にも問題がある。大手を中心に売買管理やコンプライアンスは非常に厳格であるが，中堅以下の業者のなかには不適切な取引や顧客管理が十分でないケースも散見される。

　証券市場には，何よりも公正性が大切だと言われる。上に紹介した諸行為を考えれば，その理由がなぜか，は容易に理解できるだろう。

　株式市場では毎日，4,000近い上場会社株式の数百万件の取引が行われている。債券市場でも，内外の巨額のマネーが動き続ける。投資家の数は無数と言ってよいほどである。しかも，市場参加者，特に最終投資家同士はほとんど見ず知らず，おそらく一生会うこともないアカの他人同士だ。このような無数の知らない者同士が安心して取引を行うためには，その取引の場である証券市場が公正で信頼できるものでなければならないことは多言するまでもないだろう。もう少し嚙み砕くと，「証券に関する情報が正確で迅速，かつ参加者全員に平等」であり，「実態と異なる市場が意図的に作り上げられ一部の者だけが得をするようなことがなく」，「一部の者だけがフェアでない情報悪用等による利得などを得ない」こと，要するに不特定多数の参加者からなる「証券市場という場」で詐欺的な行為が行われないこと，が最も重要なのである。だからこそ，証券取引法をはじめとする証券市場の諸ルールは，不公正，不適当な行為に対して詳細な禁止規制を置いているのである。

　もっとも，他方で証券市場は「知恵を絞りあって利益を追求する場」でもある。錯綜するルールや規制を合法的に活用しながら利得を目指す行為そのものは悪いことではないし，市場に活力を与え，マーケットの進化につながるものでもある。

　それでは，悪行と賢い利得行為はどこで線を引くべきなのだろうか。

②　証券取引法第１条

　その答えは証券市場の憲法とも言うべき証券取引法第１条に書いてある。あらためて，みてみよう。

「第1条　［本法の目的］

　この法律は，国民経済の適切な運営及び投資者の保護に資するため，有価証券の発行及び売買その他の<u>取引を公正</u>ならしめ，且つ，有価証券の<u>流通を円滑</u>ならしめることを目的とする。」（下線は著者）

　この条文のキーワードは大きく2つ，全体で4つである。つまり，「国民経済の適切な運営」と「投資者の保護」という二大政策目的を実現するために，「有価証券取引の公正」と「有価証券の円滑な流通」を確保することを直接的な目的としているのである。

　したがって，許容されるべき賢い利得行為とそうでない不当な行為の線引きは，この条文に照らして判断していくべきことになる。たとえば，複数の行為が行われており，個々の行為は倫理的には非難されるが規制の文理解釈上は違法でないケースがあったとしよう。たしかに個々には違法でなくても，全体として違法になることもあり得る，と考えるべきであろう。全体として，公正さを欠き，円滑な流通を阻害するものであれば，問題取引と理解することになる。いわば，1つひとつは灰色であってそれ自体は真っ黒でなくても，灰色が多数重なると黒くなるのに似ている。

　もちろん，この条文は直接の罰則を伴うものではないし，抽象的で宣言的な規定であるから，ある行為が「1条違反である」とは，法律上は言いにくい。けれども，すべての証券取引は，まずはこの条文に明確に示されている目的に適っているか否かで判断していく必要がある。同時に，どのような行為がこれに反するものであるか，多くの事例を積み上げていく必要があるだろう。

　いずれにしても，証券市場参加者全員が証券取引法第1条を念頭に行動することが求められていると言うべきであろう。

③　アメリカの苦闘の歴史

　証券市場の先進国と言われるアメリカは，同時に，長い間不公正取引との苦闘を繰り広げている国でもある。古くは，1929年の恐慌前に数多くの悪質な不公正行為が行われていたことが明らかになり，ペコラ委員会等の調査を踏まえ

終章　明日の証券市場

て連邦証券諸法が制定された。

　この時期，1934年証券取引所法（以下「34年法」と言う）に基づいて創設された機関が，「証券取引委員会」（Securities and Exchange Commission＝SEC）である。SECは政府の独立機関であり，証券，金融市場全般に関与して証券市場における詐欺的な不公正行為の取締り，ルールの策定などを通じて，広く一般投資家を含めた公正な証券市場の構築に努める任務を遂行している。証券発行会社に対しても強い権限を有する。5名の委員は上院の勧告と承認を得て大統領が任命し，委員長はこの中から大統領が指名する。多くの部局と専門スタッフを擁し，ワシントンの本部のほかに全米主要都市に事務所を置いている。我が国の証券取引等監視委員会のモデルになった存在であるが，その権限，人数において，はるかに強力であると言われている。

　アメリカでは証券市場の規模が大きく厚みがある反面で，不公正取引も後を絶たない。たとえば，インサイダー取引は発覚するものだけでも毎年相当数に上る。興味深い点は，かつて連邦証券諸法制定前は，インサイダー取引は非常に問題ある取引だが一体どのような意味で悪いのか，が議論され，裁判所はこうした行為を「証券市場と経済社会に対するfraud（詐欺）となるから許されないもの」という理論を作り上げていったことである。インサイダー取引禁止規定と位置付けられている34年法とこれに基づくSECのルール10b-5の構成要件は幅広くやや抽象的で，anti-fraud provision（詐欺禁止規定）と呼ばれることにも，これが示されている。ちなみに，我が国証券取引法の第157条や第158条のオリジナルは，ルール10b-5である。インサイダー取引については，その後豊富な判例の積上げによって判例法を形成してきた。1960年代のテキサス・ガルフ・サルファー事件や80年代のチアレラ事件，ダークス事件が，連邦最高裁判所による法形成の例として著名である。アメリカでは，抽象的な法の構成要件を判例の積上げによって詳細に解釈していき，それを踏まえてSECが規則制定や不公正取引防止活動，犯則，取締り活動に従事している点を銘記しておきたい。

　だが，それでもアメリカの証券市場は万全ではなかった。80年代には巨額の

インサイダー取引が頻発し，最近ではアメリカのニューエコノミーの繁栄を象徴するような巨大企業であるエンロンやワールドコムが巨額の不正会計事件を起こして証券市場の信頼を揺るがせた。これらの事件を教訓として，2002年には「企業改革法」（サーベンス・オクスレー法（SOX法））が制定されて，企業経営者への罰則強化や監査法人への監視強化が盛り込まれた。また，ミューチュアル・ファンドに関する不明朗な仕組みや販売姿勢，不適切な勧誘姿勢や相場操縦的行動も，しばしば問題視される。このあたりの事情は，元SEC委員長のアーサー・レビット氏が詳しく紹介している（TAKE ON THE STREET, Pantheon Books, 2002）。

以上のように，アメリカは証券市場の不公正に対して監視体制の強化を通じて断固たる姿勢をとり続けているが，不公正取引とは，ある種イタチごっこのような様相も呈していることを認識しておくべきであろう。

④ 市場主義は問題か

ライブドア事件を契機に，一部の人士から，「このような市場の不公正取引や人を騙すような行動で濡れ手に粟のような利得行為が頻発するのは，市場主義を進めたためだ」との論調が堰を切ったように叫ばれるようになった。なかには市場「原理」主義と断罪する学者も出てくる有様だったが，こうした現象自体が我が国の市場への理解の浅さを端的に示すもので興味深い。あたかも第二次世界大戦後，「民主主義のせいで犯罪が増加した」という珍妙な説が生まれたことに似ている。

市場主義とは，多くの参加者が競争によって正しい価格を形成していくこと，できるだけ自由な環境で知恵と工夫の限りをつくし経済活動を行うことで，より良い社会・経済を作り上げていくこと，を意味している。ここでは，正しい価格形成のための「公正，迅速，正確な」情報活動と，「公正で嘘がなく他人に迷惑をかけない」ことを約束事にした自由，関係者すべてが「ルールを厳守する」なかでの知恵と工夫，が当然の大前提である。アメリカの証券市場における不公正取引との長年月の苦闘は，市場主義社会を維持するための命がけの

終章　明日の証券市場

戦いと言っても過言ではない。詐欺的行為を黙認し，市場の犯罪を看過することは市場主義の自己否定なのである。浅薄な市場主義否定論は，単なる感情論と非難されてもやむを得まい。

　もっとも，市場主義否定論の底流にある市場不信がなぜ生まれてきたか，に思いを馳せる必要はある。否定論は「人は野放しにすると悪事を働く」という性悪説を基本にしている。したがって，できるだけ規制を及ぼして人々が勝手気ままに動けないようにすれば不公正行為は防止できる，と考えるのであろう。これは一面の真理ではある。しかし，ここで考えなければならない点は，人の活動を原則自由として得られるいわば前向きの利益と，自由を制限することで得られるいわば後ろ向きの利益のどちらが大きいか，である。現代社会は前者を優先することで発展してきた。自由は最大限尊重されなければならない。

　むろん，前向きな自由はそのままでは強者の論理，悪事の余地が拡大する。したがって，ここには十分過ぎる配慮とそれらの防止策を講じなければならない。ここで留意しておくべきことは，3つである。

　第1に，先述した証券取引法第1条に示されている証券市場のあり方について，参加者一人ひとりが明確な認識を持つように，裾野の広い証券教育と不断の啓蒙活動を組織的，体系的に展開していくことである。義務教育段階でも少なくとも「なぜ証券市場が大切なのか，それを守り発展させていくためにはどういうことが必要なのか」を教え込んでおくべきである。

　第2に，ルールの違反者に対して，より厳格なペナルティを課すことである。現行でも刑事罰のほかに証券取引法上の課徴金制度が設けられているが，運用の実態をみると必ずしも厳格にはなっていない。犯罪コストが安い状況とも言える。市場のルールを破ることが非常に重大な犯罪行為であることをはっきり示すとともに，性悪人に対する抑止効果を発揮するためにも，罰則，制裁措置の厳格化が必要であろう。

　第3に，監視体制の充実である。これは，単に人数を増やしたり，第2の検察庁のような存在を新設したりすることとは違う。日本の司法制度，証券インフラの基盤を踏まえつつ，実状と期待される効果を注意深く見据えながら対応

していくべきである。場合によっては、事後チェック型だけでなく、かつての事前予防型監視システムの長所を活かす余地もあり得よう。

⑤ 株主権は単一か

最後に、株式会社制度と株式市場において最も重要かつ大切にされる存在である「株主」について、若干の留意点を指摘しておきたい。株主はディスクロージャー制度の法的受益者であり、会社の最重要なステークホルダーと考えられている。企業経営の究極的な目的は成長し利益を上げて企業価値を増大させることで、その価値増加分を配当やキャピタルゲインによって株主に還元することだ、とされている。たしかに、現行制度の建前はそうなっている。

ところが、現代では一言で株主と言っても多様な性格のものが混在している点を十分考慮すべきなのではないか。

標準的な株主とは、ある企業の中長期の成長に期待し、長い眼で将来の配当や値上がり益を考えていく。総会への出席その他、コーポレート・ガバナンスにも相応の関心を持ち、必要に応じて権利行使もする。

年金や投資信託などの機関投資家は、最終投資家からの付託を受けて最大の投資効果を求めるために企業に対峙する。もっとも、機関投資家でもアクティブ運用を行うケースと、指数連動型などのパッシブ運用を行う場合では、株主としての関心度合いには大きな違いがあろう。

これらに対して、ネット上で極めて短期の頻繁な売買を繰り返す投資家の株主権は、かなり異質である。投資対象銘柄が何をしている会社なのかにすら無関心で、価格の上げ下げのみを関心事に売買を繰り返す行為は、もはや株式投資ではない。ネット・ギャンブルそのものである。かれらは、投資対象企業の経営に興味はない。そもそも、名義書換の発想すらない。株式売買委託手数料が著しく安価になったこと、ネットで気軽・簡便に取引できることによって出現したマネー・ゲイマーであり、法制度が前提にした株主の姿とは乖離している。

以上のように、一言で株主と言っても相当に性格の異なる存在が混在してい

終章　明日の証券市場

るのが現状だ。これまでは，普通株主は単位ベースでは全く同じ権利を有し，持株数の違いで比例的に権利が拡大・縮小するものとして構成されてきた。また，企業開示についての扱いも同じである。だが，ここまで性格が違う株主たちに平均的平等とも言うべき取扱いを行うことは実態にそぐわないものであるし，発行会社や証券市場が負担するコストの観点からも疑問が多い。今後は，保護すべき株主とその範囲を逸脱する「擬似的」株主を区分して，株主権の内容とそれに基づく証券市場の制度的対応についても精査していく必要があるものと思われる。

　さらに，現行ディスクロージャー資料の判別能力は投資家の属性によって明らかに異なるものであり，一律に詳細な開示を行えばよい，とするのでは適当ではない。企業開示の根本的なあり方を見直していく必要がある。今後の重要課題であろう。

参考文献

- 金融の証券化（川村雄介・下井雅裕，東洋経済新報社，1986年）
- 金融・証券・ファイナンス（蠟山昌一 編，東洋経済新報社，1987年）
- CP＝コマーシャル・ペーパー（川村雄介，有斐閣，1987年）
- 国際金融市場TOKYO（館龍一郎 監修，有斐閣，1988年）
- 金融自由化の経済学（蠟山昌一，日本経済新聞社，1989年）
- 新しい証券化技術(J. A. ローゼンタール・J. M. オカンポ，東洋経済新報社，1989年）
- 銀行システムのリストラクチャリング（マッキンゼー＆カンパニー 訳，㈳金融財政事情研究会，1989年）
- アメリカの証券業（佐賀卓雄，東洋経済新報社，1991年）
- 逐条解説 証券取引法（証券法制研究会 編，㈳商事法務研究会，1995年）
- おばあちゃんたちの株式投資大作戦（土井定包 監訳，日本経済新聞社，1995年）
- 金融空洞化の経済分析（植田和男・深尾光洋 編，日本経済新聞社，1996年）
- 図説 日本の証券市場（財経詳報社 編，財経詳報社，1997年）
- 証券市場読本（蠟山昌一 編，東洋経済新報社，1997年）
- エクイティファイナンスの実際（大和証券資本市場本部 編，日本経済新聞社，1997年）
- 業際問題を超えて―日米金融制度改革の研究―（㈶日本証券経済研究所，1998年）
- 新装 銀行業務改善隻語（一瀬粂吉 編，近代セールス社，1998年）
- 金融資本市場の変貌と国家（貝塚啓明 編，東洋経済新報社，1999年）
- 新訂版 証券取引法入門（近藤光男・吉原和志・黒沼悦郎，㈳商事法務研究会，1999年）
- 逐条・証券取引法―判例と学説―（㈳商事法務研究会，1999年）
- 現代会社法［新訂第8版］（河本一郎，㈳商事法務研究会，1999年）
- MBAファイナンス（グロービス・マネジメント・インスティテュート，ダイヤモンド社，1999年）
- 格付の経済学（黒沢義孝，PHP研究所，1999年）
- ウォール街のダイナミズム（遠藤幸彦，野村総合研究所，1999年）
- 金融ビジネスモデル特許戦略（川村雄介 編著，東洋経済新報社，2000年）

参考文献

- ディジタル・エコノミー2000（米国商務省　室田泰弘　監訳，東洋経済新報社，2000年）
- 資本市場とコーポレート・ファイナンス（新井富雄・渡辺茂・太田智之，中央経済社，2000年）
- 改訂　投資信託　基礎と実務（田村威，経済法令研究会，2000年）
- 金融工学（野口悠紀雄・藤井眞理子，ダイヤモンド社，2000年）
- 日本の金融技術は遅れていない（大野克人，東洋経済新報社，2000年）
- 貸出債権証券化の方法（白石洋一，東洋経済新報社，2000年）
- 証券経営の新ビジネスモデル（(財)資本市場研究会　編，清文社，2000年）
- 金融グローバリズム（中尾茂夫　編，東京大学出版会，2001年）
- インターネットIR戦略入門（川村雄介　編著，東洋経済新報社，2001年）
- 「投資銀行」の戦略メカニズム（(財)資本市場研究会　編，清文社，2001年）
- 証券会社の組織と戦略（証券経営研究会　編，(財)日本証券経済研究所，2001年）
- 金融システムと行政の将来ビジョン（蠟山昌一　編，財経詳報社，2002年）
- 日本の資本市場（氏家純一　編，東洋経済新報社，2002年）
- 会社法　第三版（神田秀樹，弘文堂，2002年）
- クレジット・デリバティブ入門（島義男・河合祐子，日本経済新聞社，2002年）
- 現代社債市場（(財)資本市場研究会　編，財経詳報社，2003年）
- CDO（矢島剛，(社)金融財政事情研究会，2003年）
- 図説アジアの証券市場（(財)日本証券経済研究所，2004年）
- 銀行の戦略転換（高田創・柴崎健，東洋経済新報社，2004年）
- 証券化の法と経済学（高橋正彦，NTT出版，2004年）
- 証券化のリーガルリスク（渋谷陽一郎，日本評論社，2004年）
- 新版　現代社債投資の実務（徳島勝幸，財経詳報社，2004年）
- 投資クラブ（NPOエイプロシス，NHK出版，2004年）
- 証券ビジネスの再構築（証券経営研究会　編，(財)日本証券経済研究所，2004年）
- 詳説　現代日本の証券市場2006年版（(財)日本証券経済研究所，2005年）
- 証券市場2006（(社)証券広報センター，中央経済社，2005年）
- 証券取引法読本［第7版］（河本一郎・大武泰南，有斐閣，2005年）
- 法務担当者のための証券取引法（松井秀樹，商事法務，2005年）

参考文献

- 会社法　第七版（神田秀樹，弘文堂，2005年）
- アドバンス新会社法（長島・大野・常松法律事務所，商事法務，2005年）
- 投資信託の実務と法務（野村アセットマネジメント，㈳金融財政事情研究会，2005年）
- 債権流動化の法務と実務（みずほ信託銀行，㈳金融財政事情研究会，2005年）
- 個人投資家と証券市場のあり方（㈶日本証券経済研究所　編，中央経済社，2005年）
- 日本の金融業界2006（スタンダード＆プアーズ，東洋経済新報社，2005年）
- ゼミナール会社法入門（岸田雅雄，日本経済新聞社，2006年）
- ファイナンス法大全（西村ときわ法律事務所，商事法務，2006年）
- 住宅ローン証券化のすべて（大類雄司・格付投資情報センターSF本部，日本経済新聞社，2006年）
- 市場型間接金融の経済分析（池尾和人・財務省財務総合政策研究所，日本評論社，2006年）
- 証券外務員必携　平成18年版（日本証券業協会，2005年）
- 証券業報（日本証券業協会，月刊）
- 暮らしと金融なんでもデータ（金融広報中央委員会，年刊）
- CORPORATE FINANCE AND THE SECURITIES LAWS Second Ed., C.J. Johnson, J. Mclaughlin, ASPEN Law&Business, 1997
- THE FAST TRACK, Mariam Naficy, BROADWAY BOOKS, 1997
- THE BANKERS, Martin Mayer, TRUMAN TALLEY BOOKS, 1997
- THE BANKING REVOLUTION, Tom Harvey, IRWIN, 1996
- BANK MANAGEMENT, G.H.Hempel, D.G.Simonson, A.B.Coleman, WILEY, 1994
- A Primer on Securitization, L, T, Kendall, M, J, Fishman, The MIT Press, 2000
- GUIDE TO mortgage-backed and asset-backed securities, Lakhbir Hayre, John Wiley & Sons, Inc., 2001
- Securities Regulation, David Ratner, Thomas Hazen, WEST GROUP, 2002
- THE NEW FINANCIAL ORDER, Robert Shiller, Princeton University Press, 2003
- Banking and Financial Institutions Law, William Lovett, Thomson/West, 2005

索引

数字

1933年銀行法	116
1934年証券取引所法	264
1号基準と2号基準	104
33年証券法	28
34年証券取引所法	28
3点セット	179
48年法	244
5％ルール	222

欧文

ABSスプレッド	194
Agency MBS	190
anti-fraud provision	264
APIシステム	104
BIS自己資本比率規制	178
CB（convertible bond）	62
CDO	255
CDOのセカンダリーのプライシング	186
CMO（Collateralized Mortgage Obligation）	187
CMP（Capital Market Master Plan）	256
CP	17
CP格付	113
CRD（Credit Risk Database）	198, 258
debt equity swap	207
due diligence	211
EDGARシステム	152
EDINET	34, 134
ETF	79
FA	106
FB	57
FHLMC	190, 201
Finacial Merger	213
FNMA	190, 201
fraud	264
Free, Fair, Global	42, 117
Friendly Merger	210
GHQ	244
GNMA（Government National Mortgage Association）	187, 201
Hostile Merger	210
in-in	212
in-out	212
IOSCO	254
IT化	33
JASDAQシステム	102
JCR	25, 114
LIBOR	6
LLC	47
M&A（Merger and Acquisition）	204
MBS	187
MRF	88
MSCB	64
MTNプログラム	61
NASD	29
NYSE	29
out-in	212
out-out	212
PB	90
proxy fight	208
PTS	87
R&I	25, 114
RMBS	190, 201
S&P	26, 114
SC	256
SCLC	244
SEC	28, 264
shelf registration	131
SIA	29
SOX法	265
SPC	175
SPC法	180
SPC法の改正（資産の流動化に関する法律）	181
SPE	175
SPV	175, 191
squeeze out	208
Strategic Merger	212

273

索　引

TB ……………………………………… 56
TDnet（Timely Disclosure network）… 153
Tender Offer ………………………… 205
TOPIX …………………………… 79, 153
Viatical Settlements ………………… 186
WB ……………………………………… 64

あ

赤字国債 ……………………………… 55
赤字主体 ……………………………… 172
アジア証券市場 ……………………… 254
アジア通貨危機 ……………………… 255
預り証 ………………………………… 15
アセアン域内の債券市場 …………… 255
アレンジャー ………………………… 182
安全性 ………………………………… 146
安定型 ………………………………… 72
安定操作取引 ………………………… 144
アンバンドリング ……………… 82, 176

い

イールド・カーブ ……………… 114, 164
池の中の鯨 …………………………… 246
意見表明報告書 ……………………… 220
委託者 ………………………………… 72
委託取引 ……………………………… 23
委託保証金 …………………………… 108
板寄せ方式 …………………………… 96
一括登録制度 ………………………… 131
一般顧客 ……………………………… 122
一般事業債 …………………………… 59
一般信用取引 ………………………… 109
一般担保付社債 ……………………… 59
一般的な不公正取引の禁止規定 …… 233
委任状合戦 …………………………… 208
印鑑照合 ……………………………… 195
インサイダー取引 …………………… 234
インターネットを利用した株式取引 … 12

う

裏付け資産 ……………………… 175, 183
売掛債権 ……………………………… 190
売出し …………………………… 85, 86
売出発行 ……………………………… 58
運用預り ……………………………… 246

え

営利事業 ……………………………… 46
エクイティ・ファイナンス
　　　　　　　　…… 20, 36, 127, 140
縁故地方債 ……………………… 32, 57
縁故募集 ……………………………… 141
エンジェル …………………………… 9
円建外債 ……………………………… 59
円ライボ ……………………………… 6
エンロン ……………………………… 265

お

黄金株 ………………………………… 53
オークション方式 ……………… 96, 102
大阪証券金融株式会社 ……………… 110
オーダードリブン方式 ……………… 102
オープン・エンド型 ………………… 72
オープン型 …………………………… 72
オファー／ビッド …………………… 199
オプション取引 ……………………… 67
オプションプレミアム ……………… 68
オプション料 ………………………… 68
オフバランス取引 …………………… 66
親会社等状況報告書 ………………… 152
オリジネーター ……………………… 175

か

カード・ローン ……………………… 17
会員組織 ……………………………… 93
海外から国内へ ……………………… 212
海外同士 ……………………………… 212
外貨建外債 …………………………… 59
会計参与 ……………………………… 47
外国為替の規制 ……………………… 117
外国債 ………………………………… 59
外国市場証券先物取引 ……………… 68
外国証券業者法 ……………………… 247
開示義務違反 ………………………… 133
会社型 ………………………………… 70
会社型投資信託 ……………………… 77
会社関係者 …………………………… 235
会社法 …………………………… 27, 47
開示用電子情報処理組織 …………… 34
開示ルール …………………………… 150

索 引

外為法制の抜本的改正 …………………247
買付条件の変更制限 ………………………221
買取引受け ………………………86, 129, 142
外務員制度 ………………………………169
外務員の代理権限 …………………………169
価格調整機能 ………………………………172
価格発見機能 ………………………………174
価格優先の原則 ……………………………96
格付 ………………………………21, 113, 114
格付会社 …………………………25, 113, 114
確定拠出年金 ……………………………11, 80
額面株式 ……………………………………48
貸し渋り ……………………………………250
貸付債権担保住宅金融公庫債券 …………201
貸付信託 ……………………………………17
仮装取引 ……………………………………234
合併 …………………………………………208
カバード・ワラント ……………………18
株価キャッシュフロー倍率 ………………160
株価指数 ……………………………79, 153
株価指数連動型上場投資信託 ……………79
株価収益率 …………………………………159
株価純資産倍率 ……………………………160
株価操作 ……………………………………144
株の形成要因 ………………………………156
株券 …………………………………………17
株券等の大量保有の状況に関する開示 …222
株券等の電子化 ……………………………107
株券等の保有状況 …………………………29
株券の原則不発行 …………………………50
株式会社 ………………………………46, 47
株式会社形態の組織 ………………………94
株式会社に改組 ……………………………94
株式買取請求権 ……………………………51
株式取得 ……………………………………208
株式譲渡制限会社 …………………………47
株式店頭市場 ………………………………100
株式投信 ……………………………………72
株式取引所条例 ……………………93, 242
株式取引方法 ………………………………96
株式分割 ……………………………………141
株式持合い構造 ……………………………214
株式流通市場 ………………………………153
株主権 ………………………………………267
株主資本利益率 ……………………………160

株主主権 ……………………………………214
株主総会決議事項等 ………………………52
株主平等の原則 ……………………………50
株主割当て …………………………………141
株の売り材料 ………………………………157
株の買い材料 ………………………………157
貨幣証券 ……………………………………15
借換え債 ……………………………………55
仮目論見書 …………………………………133
為替リスク …………………………………11
換金性 ………………………………………146
間接金融 ………………………23, 126, 172
間接金融から直接金融へ …………………173
間接金融優位 ………………………………246
間接募集 ……………………………………127
完全開示方式 ………………………………130
完全無議決権株式 …………………………52
監督役員 ……………………………………77
勧誘 …………………………………………85

き

ギガ・マージャー …………………………205
機関化現象 …………………………21, 247
機関投資家 …………………………………21
企業改革法 …………………………………265
企業開示 ……………………………………127
企業開示制度 ………………………………129
企業開示の電子化 …………………………152
企業内容開示 ………………………………29
企業内容開示制度の電子化 ………………33
偽計 …………………………………………233
議決権制限株式 ……………………………52
起債方式 ……………………………………134
擬似的株主 …………………………………268
期中償還請求権付転換社債型 ……………64
規約 …………………………………………77
逆相殺リスク ………………………………193
逆デュアルカレンシー債 …………………60
逆二重通貨債 ………………………………60
キャッシュフロー …………………………175
共益権 ………………………………………50
狭義の有価証券 ……………………………15
業際問題一括処理 …………………………248
強制調査権 …………………………………229
強制転換条項付株式 ………………………52

275

索 引

競争売買方式 ················· 96
協同組織金融機関の優先出資証券 ······· 17
業務改善命令 ················ 120
業務規程 ················ 31, 232
業務停止命令 ················ 120
業務の規制 ················· 117
緊急特別融資 ················ 246
銀行も投資信託の販売 ············· 76
金庫株 ···················· 53
金銭消費貸借 ················· 54
金融機関と証券業務 ············· 116
金融業者の貸付業務のための社債の発行
　等に関する法律 ·············· 181
金融工学的技術 ··············· 179
金融債 ················· 16, 58
金融システム改革 ··············· 32
金融システム改革のための関係法律の
　整備等に関する法律 ············ 181
金融システム改革法 ········· 42, 181
金融商品取引法 ··············· 251
金融制度調査会 ··············· 244
金融庁 ··················· 227
金融の証券化 ··········· 36, 42, 175
金融リテラシー ················ 13
金利の規制 ················· 117

く

クーポン ··················· 60
クォートドリブン方式 ············ 102
組込方式 ·················· 130
グラス・スティーガル法 ··········· 116
グリーンシート市場 ············· 153
繰延債 ···················· 55
クローズド・エンド型 ············· 72
グローバル化 ················ 254
黒字主体 ·················· 172

け

継続開示 ·················· 150
契約型 ···················· 70
契約型投資信託 ············ 73, 76
欠格要因 ·················· 169
決算情報 ·················· 235
決算短信 ··················· 25
決定事実 ·················· 235

建議 ···················· 229
建設国債 ··················· 54
検定アナリスト制度 ············· 116
限定列挙方式 ················· 16
現物取引 ·················· 108

こ

広域CDO ·················· 183
公益法人 ··················· 46
公開会社 ··················· 48
公開買付け ············· 29, 208
公開買付期間 ················ 221
公開買付制度 ··········· 205, 215
公開買付説明書 ··············· 220
公開買付代理人 ··············· 215
公開買付届出書 ··············· 219
公開買付報告書 ··············· 220
公告 ···················· 219
合資会社 ··················· 46
行使価格 ··················· 66
行使価額 ··················· 66
公社債担保融資等 ·············· 246
公社債投信 ·················· 72
公衆縦覧 ·················· 221
公正慣習規則 ········ 31, 121, 169, 232
合成債務担保証券 ·············· 178
合同会社 ··················· 47
行動ファイナンス ·············· 156
高度情報化 ·················· 33
公認アナリスト（CFA）制度 ········ 116
公募 ··············· 72, 127, 141
公募価格 ·················· 142
公募地方債 ··············· 32, 57
公募入札方式 ············· 56, 139
合名会社 ··················· 46
効力発生日 ················· 142
コーポレート・ガバナンス ····· 211, 267
コールオプション ·········· 52, 67
コール条項付転換社債型 ············ 64
顧客口座 ·················· 105
顧客資産の分別管理 ············· 121
顧客分別金 ················· 121
国債 ····················· 54
国際収支の天井 ··············· 246
国債証券 ··················· 16

276

索 引

国内案件	212
国内から海外へ	212
個人投資家	21
個人向け国債	57
護送船団方式	117
固定利付債	60
後場（ごば）	96
コマーシャル・ペーパー	17
コミングル・リスク	193
混蔵保管	106
コンプライアンス	262

さ

サービサー法	181
サービサーリスク	193
サーベンス・オクスレー法	265
債券	53
債権管理回収業に関する特別措置法	181
債権譲渡特例法	180
債権譲渡の対抗要件に関する民法の特例等に関する法律	180
財産三分法	167
財産状況を説明	120
最終投資家	105
再生ファンド	207
最低資本金額	50
最低発行価額	49
財投機関債	58
歳入債	54
債務者抗弁権切断	193
債務者対抗要件具備	193
財務省証券	59
財務制限条項	135
財務代理人	136
債務の株式化	208
最良執行義務	92
詐欺	264
詐欺禁止規定	264
先物取引	66
先渡取引	67
差金決済	67
サムライ債	59
ザラバ方式	96
三角合併	208
残額引受け	86, 129

参加者	105
参加者口座	105
残株引受け	142
参照方式	130
残余財産の分配	52

し

自益権	50
直取引	242
時価発行公募増資	142
時間外	217
時間優先の原則	96
事業債	58, 59
事業譲渡	208
事業戦略型M&A	212
事業提携	208
仕組債券	61
自己株式	53
事後監視的	173
自己資本	20
自己資本規制比率	91, 119
自己資本規制比率記載書面の作成	120
自己新株予約権	53
自己責任	13
事後チェック型	227
資産管理・運用サービス	88
資産管理サービス	23
資産金融型証券	132
資産の証券化	36, 175
資産の流動化に関する法律	181
資産変換機能	172
資産保管会社	78
自社株	53
自主規制	31
自主規制機関	226, 232
自主ルール	226
市場「原理」主義	265
市場外	217
市場型間接金融	173
市場契約法	198
市場取引中心の契約体系	197
市場内	217
市場要因	157
私設取引システム運営業務	87
事前指導型の金融行政	173

277

索　引

事前防止型 …………………………… 227
下引受証券会社 ………………………… 87
シ団 …………………………………… 135
シ団契約 ……………………………… 135
シ団引受方式 ……………………… 56, 139
自治体 ………………………………… 183
執行役員 ………………………………… 77
実質株主 ……………………………… 106
実質株主名簿 ………………………… 106
指定参加者 …………………………… 80
品貸し ………………………………… 108
私募 ……………………… 72, 85, 86, 127
私募の取扱い …………………………… 87
資本証券 ………………………………… 15
社員 ……………………………………… 48
社債 ……………………………………… 58
社債管理者 …………………………… 135
社債券 ………………………………… 16
社債等振替法 ………………………… 182
社債のペーパーレス化 ……………… 182
ジャスダック …………………………… 94
ジャスダック証券取引所 …………… 97
ジャパンプレミアム ………………… 249
収益性 ………………………………… 146
住宅関連債権の証券化 ……………… 190
住宅金融公庫の証券化 ……………… 201
住宅金融公庫の証券化業務 ………… 201
住宅金融の証券化 …………………… 200
住宅抵当証書 ………………………… 177
住宅ローン債権信託 ………………… 177
集団取引 ……………………………… 244
州法 ……………………………………… 28
重要事実 ……………………………… 235
重要事実の公表措置 ………………… 236
受益権 …………………………………… 75
受益者 …………………………………… 75
受益証券 …………………………… 17, 76
主幹事証券会社 ……………………… 135
需給要因 ……………………………… 157
受託会社 ………………………………… 75
受託契約準則 ……………… 31, 168, 232
出資証券 ……………………………… 17
取得条項付株式 ………………………… 52
取得請求権付株式 ……………………… 52
種類株式 ………………………………… 52

種類株主総会 …………………………… 52
純資産倍率 …………………………… 214
証券 ……………………………………… 14
証券アナリスト …………………… 25, 115
証券委員会 …………………………… 256
証券会社 ………………………………… 23
証券化の仕組み ……………………… 176
証券化のライフステージ …………… 185
証券監督者国際機構 ………………… 254
証券業以外の業務 ……………………… 87
証券業務 …………………………… 82, 84
証券金融会社 ……………………… 108, 109
証券決済改革 ………………………… 108
証券処理調整協議会 ………………… 244
証券総合口座 …………………………… 88
証券仲介業 ……………………………… 91
証券仲介業務 ………………………… 118
証券投資信託及び証券投資法人に関する
　法律 ………………………………… 70
証券投資信託法 ………………………… 70
証券投資法人 …………………………… 72
証券取引委員会 …………………… 28, 264
証券取引所 ………………………… 24, 93
証券取引責任準備金 ………………… 120
証券取引等監視委員会 … 28, 31, 226, 227
証券取引の公正性 ……………………… 29
証券取引法 ………………………… 15, 28
証券取引法1条 ……………………… 262
証券取引法65条 …………………… 117, 118
証券不祥事 …………………………… 248
証券保管振替機構 …………………… 105
証券民主化運動 ……………………… 244
証券リテラシー ………………………… 14
証拠証券 ………………………………… 15
上場 ……………………………………… 24
上場規制 ………………………………… 94
少数株主権 ……………………………… 50
少数株主の排除 ……………………… 208
譲渡禁止特約 ………………………… 193
譲渡制限 ………………………………… 48
譲渡性預金証書 ………………………… 18
承認業務 ………………………………… 88
少人数私募 ……………………………… 86
商品証券 ………………………………… 15
商法 ……………………………………… 27

278

索 引

情報受領者	235
商法上の匿名組合契約	18
商法施行規則	46
商法特例法	46
剰余金分配手続の自由化	47
将来のキャッシュフロー	158
新SPC法	181
新株式の発行形態	141
新株引受権証書	17
新株引受権付社債	64
新株予約権	53, 61, 62
新株予約権証券	17
新株予約権付社債	62, 64
新株予約権の行使	66
審査基準	94
シンセティック型	196
シンセティック分野	179
信託会社	72
信託銀行	72
信託財産	72
信託約款	74
信用取引	108
信用取引・貸借取引規程	232
信用補完	175
信用力	164

す

随時発行	191
垂直的M&A	209
水平的M&A	209
スタンダードアンドプアーズ	26
ステークホルダー	267
スプレッド	60, 114, 164
スワップ取引	67

せ

清算取引	109
成長型	72
制度信用取引	109
政府機関債	58
政府短期証券	56
政府抵当金庫	187
西武鉄道	152, 260
政府保証債	16, 33, 58
政保外債	33

政令指定都市	57
説明書類の作成	120
セル・サイドのアナリスト	116
ゼロ金利政策	250
専業主義	88
潜在株式	63, 65
前場（ぜんば）	96
全米証券ディーラー協会	29

そ

相殺	119
相場操縦	234
組織再編の簡易化	47
その他の開示制度	151
その他の禁止行為	237
その他の重要事実	236
損失補填等の禁止	238
損失補填問題	248

た

第三者割当て	141
貸借担保金	110
貸借取引	110
タイムリー・ディスクロージャー	152
対面営業	12
代用掛目	110
代理	84
ダイリューション・リスク	197
大量推奨販売の禁止	238
大量保有報告	222
大量保有報告義務	209
タクシン政権	256
他社株転換可能債	61
他人資本	20
多目的M&A	209
単位型	72
短期国債	56
単元株制度	51
断定的判断の提供による勧誘の禁止	237
単独株主権	50
担保付社債	59

ち

| 地方債 | 57 |
| 地方債証券 | 16 |

279

索　引

地方債の共同発行 …………………… 58
地方取引所 …………………………… 24
チャーチスト ………………………… 158
中間法人法 …………………………… 181
中期国債 ……………………………… 56
中部証券金融株式会社 ……………… 110
長期国債 ……………………………… 56
超長期国債 …………………………… 56
直接金融 ……………………… 23, 126, 172
直接募集 ……………………………… 127
貯蓄から投資へ ………………… 91, 118
貯蓄選好 ……………………………… 39

つ

追加型 ………………………………… 72

て

定款 …………………………… 31, 232
定款自治 ……………………………… 47
定期取引 ……………………………… 242
停止条件付期中償還請求権付転換社債型
　……………………………………… 64
ディスクロージャー ………………… 29
ディスクロージャー（企業開示）規制 … 127
抵当証券法 …………………………… 177
デイトレーダー ……………………… 12
適債基準 ……………………………… 135
適時開示 ……………………………… 152
敵対的M&A ………………………… 210
テクニカル・アナリシス …………… 158
デット・エクイティ・スワップ … 207, 208
デット・ファイナンス … 20, 36, 127, 134
デット証券 …………………………… 61
デフォルト・リスク ………………… 164
デュアルカレンシー債 ……………… 60
デューデリジェンス …………… 185, 211
デリバティブ ………………………… 11
デリバティブ取引 …………………… 66
転換 …………………………………… 65
転換価格 ……………………………… 63
転換価額 ………………………… 62, 63
転換価格下方修正条項付転換社債型 … 64
転換社債 ……………………………… 62
転換社債型 …………………………… 62
転換社債型の新株予約権付社債 … 62, 64

転換条件 ……………………………… 63
転換請求期間 …………………… 62, 63
転換請求書 …………………………… 64
転換予約権付株式 …………………… 52
電子開示手続 ………………………… 134
電子公告制度 ………………………… 134
電子債権市場 ………………………… 198
電子情報処理組織 …………………… 87
電子取引 ………………………… 16, 19
店頭市場 ……………………………… 93
店頭デリバティブ取引 ……………… 68
店頭特則市場 ………………………… 104

と

統一慣習規則 ………………………… 31
動産・債権譲渡特例法 ……………… 195
動産及び債権の譲渡の対抗要件に関する
　民法の特例等に関する法律 ……… 182
動産公示制度 …………………… 182, 195
動産譲渡登記制度 …………………… 195
動産譲渡登記ファイル ……………… 195
投資一任業務 ………………………… 110
投資一任契約 ………………………… 90
投資家 ………………………………… 21
投資型M&A ………………………… 213
投資口 ………………………………… 77
投資クラブ …………………………… 14
投資顧問 ……………………………… 110
投資顧問会社 ………………………… 26
投資顧問業 …………………………… 23
投資顧問業者 ………………………… 111
投資顧問業法 …………………… 26, 110
投資サービス法 ……………………… 251
投資事業有限責任組合契約 ………… 18
投資者 ………………………………… 21
投資者保護基金 ……………………… 122
投資証券 ………………………… 17, 77
投資助言業務 ………………………… 110
投資信託 …………………… 17, 69, 71
投資信託委託会社 …………………… 26
投資信託委託業者 …………………… 73
投資信託及び投資法人に関する法律
　…………………………………… 70, 71
投資信託法 …………………………… 26
当日決済取引 ………………………… 96

索 引

投資主 …………………………… 77
投資ファンド ………………… 11, 207
東証TOPIX ……………………… 153
投信会社 ………………………… 26
投信法 …………………………… 71
同族特定信託 …………………… 196
登録 ……………………………… 82
登録拒否要件 ………………… 90, 91
登録申請 ………………………… 90
登録制 …………………………… 90
登録ディーラー制度 …………… 100
登録取消し ………………… 120, 169
ドキュメンテーション ………… 137
特定買付け ……………………… 218
特定債権等に係る事業の規制に関する法律
 ………………………………… 180
特定債権法 ……………………… 180
特定資産 ………………………… 71
特定社債券 ……………………… 16
特定売買 ………………………… 217
特定目的会社による資産の流動化に
 関する法律 …………………… 180
特定目的会社の発行する優先出資証券 … 17
特定目的信託 ………………… 191, 196
特定目的信託の受益証券 ……… 17
特定有価証券 ………………… 132, 150
特別債 …………………………… 58
特別目的体 ……………………… 175
特例対象株券等 ………………… 223
届出業務 ………………………… 88
届出目論見書 …………………… 132
トランチング …………………… 175
取次ぎ ………………………… 84, 85
取引一任勘定の禁止 …………… 238
取引行為規制 …………………… 226
取引所市場 ……………………… 93
取引所集中義務 ………………… 25
取引所法 ……………………… 242, 243
取引の媒介 ……………………… 85

な

内部管理モデル方式 …………… 119
内部者取引規制 ………………… 234
馴合取引 ………………………… 234

に

二重通貨債 ……………………… 60
日銀特融 ………………………… 246
日経平均株価指数 ……………… 153
日経平均連動債 ………………… 61
日本格付研究所 ……………… 25, 114
日本格付投資情報センター … 25, 114
日本共同証券 …………………… 246
日本証券金融株式会社 ………… 110
日本証券投資顧問業協会 ……… 113
日本証券取引所 ………………… 243
日本証券取引所法 ……………… 243
日本証券保有組合 ……………… 246
日本投資者保護基金 …………… 122
日本版401k ……………………… 80
日本版金融ビッグバン …… 41, 117, 250
ニューヨーク証券取引所 ……… 29
任意電子開示手続 ……………… 134
認可 ……………………………… 84

ね

ネッティング …………………… 119
ネット起債 ……………………… 36
ネット証券会社 ………………… 12
ネット取引 ……………………… 12
ネットバブル …………………… 157

の

延取引 …………………………… 242
ノンバンク社債法 ……………… 181

は

バイ・サイドのアナリスト …… 116
バイアウト ……………………… 205
バイアウト・ファンド型 ……… 210
媒介 ……………………………… 81
媒介体 …………………………… 191
配当利回り ……………………… 159
売買立会取引 …………………… 96
売買立会取引以外の取引 ……… 96
売買取引処理能力 ……………… 261
端株 ……………………………… 51
パススルー・タイプ …………… 178
派生証券 ………………………… 66

281

索 引

発行開始 ……………………………… 127
発行会社 ……………………………… 105
発行代り金 …………………………… 86
発行市場 ………………………… 92, 127
発行体 ………………………………… 20
発行登録制度 …………………… 131, 133
発行日決済取引 ……………………… 96
発生事実 ……………………………… 235
バブル期 ……………………………… 248
パリティ ……………………………… 161
半期報告書 …………………………… 150
反対売買 ……………………………… 67
販売業者 ……………………………… 76

ひ

東インド会社 ………………………… 93
引受け ………………………………… 85
引受契約 ……………………………… 87
引受証券会社 …………………… 23, 135
引受シンジケート団 ………………… 135
引受シンジケート団契約 …………… 135
引受人 …………………………… 85, 86

ふ

ファイナンシャル・エンジニアリング
 …………………………………… 12, 176
ファイナンシャル・プランナー …… 40
ファンダメンタル・アナリシス …… 158
ファンダメンタル要因 ……………… 157
ファンドオブファンズ ……………… 80
ファンド・マネージャー …………… 21
フィッチ ……………………………… 114
風説を流布 …………………………… 233
複線的金融システム ………………… 250
複利 …………………………………… 166
不公正取引規制 ……………………… 233
不実不正な表示の禁止 ……………… 237
付随業務 ……………………………… 88
不正の手段，計画又は技巧 ………… 233
普通株式 ……………………………… 52
普通社債 ………………………… 58, 59
普通取引 ……………………………… 96
ブックビルディング ………………… 137
プットオプション ……………… 52, 67
付与率 ………………………………… 65

付与割合 ……………………………… 65
プライシング …………………… 140, 194
プライベート・バンキング ………… 90
プライマリー・マーケット ………… 127
プラザ合意 …………………………… 248
振替により受渡し …………………… 106
不良債権問題 ………………………… 173
プレーンバニラ ……………………… 61
ブローカー業務 ……………………… 23
フローター …………………………… 60
プロジェクト・ファイナンス ……… 183
プロ私募 ……………………………… 86
分割 …………………………………… 51
紛争処理規則 ………………………… 31
分別保管義務 ………………………… 121

へ

併合 …………………………………… 51
米国証券業協会 ……………………… 29
米国の証券規制 ……………………… 28
ペーパーレス化 ……… 19, 48, 50, 107, 182
ペーパーレス取引 …………………… 19
ペコラ委員会 ………………………… 263
別途買付けの禁止 …………………… 221
ヘラクレス市場 ……………………… 104
ベンチマーク …………………… 114, 164
ベンチマーク金利 …………………… 60
ベンチャー・キャピタル …………… 9
変動利付債 …………………………… 60

ほ

暴行もしくは脅迫 …………………… 233
報告徴取・検査権 …………………… 229
法人投資家 …………………………… 21
ポートフォリオ ……………………… 167
ポートフォリオ運用 ………………… 167
ホールセール・ディール …………… 136
保護預り ………………………… 15, 121
募集 …………………………………… 85
募集型CDO …………………………… 178
募集型の債務担保証券 ……………… 255
募集発行 ……………………………… 58
募集もしくは売出しの取扱い ……… 87
ほふり ………………………………… 105

282

索引

ま

マーケット・メイカー …………………… *103*
マーケット・メイク方式 ………………… *102*
マクロの金融政策 ………………………… *163*
マザーズ …………………………………… *94*
マスター信託 ……………………………… *191*

み

見せ玉（ぎょく） ………………………… *261*
みなし有価証券 …………………………… *18*
ミニ公募地方債 …………………………… *57*
民法上の組合契約 ………………………… *18*

む

ムーディーズ ……………………… *26*, *114*
無額面株式 ………………………………… *49*
無限責任社員 ……………………………… *46*
無担保社債 ………………………………… *59*

め

メガ・マージャー ………………………… *204*
メザニン …………………………………… *194*
免許制 ……………………………………… *90*

も

モーゲージ ………………………………… *17*
モーゲージ証券 …………………………… *186*
モーゲージバック証券 …………………… *187*
目論見書 …………………………………… *132*
モダンポートフォリオ・セオリー ……… *167*
持分会社 …………………………………… *47*
元引受業務 ………………………………… *82*
元引受契約 ………………………………… *85*
元引受証券会社 …………………… *87*, *135*

や

山一証券の経営危機 ……………………… *246*

ゆ

有価証券 …………………………………… *15*
有価証券オプション取引 ………………… *68*
有価証券先物等取引 ……………………… *97*
有価証券先物取引 ………………………… *68*
有価証券先渡取引 ………………………… *69*

有価証券指数等先物取引 ………………… *68*
有価証券上場規程 ………………… *31*, *232*
有価証券通知書 …………………………… *130*
有価証券デリバティブ取引 ……………… *68*
有価証券店頭オプション取引 …………… *69*
有価証券店頭指数等先渡取引 …………… *69*
有価証券店頭指数等スワップ取引 ……… *69*
有価証券店頭デリバティブ取引 ………… *85*
有価証券届出書 …………………………… *129*
有価証券届出書等の記載違反 …………… *133*
有価証券取締法 …………………………… *243*
有価証券の売買等 ………………………… *84*
有価証券の売買の媒介，取次ぎ又は代理
 ……………………………………………… *84*
有価証券のペーパーレス化 ……………… *19*
有価証券の保管振替制度 ………………… *105*
有価証券引受業法 ………………………… *243*
有価証券報告書 …………………… *25*, *150*
有価証券報告書提出義務 ………………… *216*
有限会社 …………………………………… *46*
有限会社法 ………………………………… *46*
有限責任事業組合（LLP）契約 ………… *18*
有限責任社員 ……………………………… *46*
友好的M&A ……………………………… *210*
融資 ………………………………………… *126*
有償の新株発行 …………………………… *141*
優先株式 …………………………………… *52*
融通債 ……………………………………… *55*
郵便局による販売 ………………………… *76*
ユーロ円債 ………………………………… *60*
ユニット型 ………………………………… *72*
ユノカル基準 ……………………………… *210*

よ

預託証券 …………………………………… *18*
予約権 ……………………………………… *65*

ら

ライブドア・グループ …………………… *261*
ライボ ……………………………………… *6*
ラップ口座 ………………………………… *88*

り

リーガル・エンジニアリング …… *12*, *176*
リース・クレジット債権 ………… *183*, *201*

283

索 引

リース・クレジット債権の証券化 ……… 201
リードマネージャー ……………………… 135
理事会決議 ……………………… 31, 232
リスク・マネー ……………………… 20
リスクウェイト ……………………… 119
リスクキャピタル ……………………… 126
リスク相当額 ……………………… 119
リスクテイカーの養成 ……………………… 199
利付債 ……………………… 163
利回り曲線 ……………………… 164
流通開示 ……………………… 127, 150
流通市場 ……………………… 92
流動化 ……………………… 176
流動性 ……………………… 146
流動性プレミアム ……………… 149, 167
流動性リスク ……………………… 167
量的緩和 ……………………… 250
理論株価 ……………………… 159
臨時株主総会 ……………………… 53
臨時報告書 ……………………… 151

る

ルール10b-5 ……………………… 264

れ

劣後株式 ……………………… 52
レブロン基準 ……………………… 211
連邦住宅金融公社 ……………………… 190
連邦証券法 ……………………… 28
連邦抵当金庫 ……………………… 190
連邦法 ……………………… 28

ろ

ローンチ ……………………… 137

わ

ワールドコム ……………………… 265
ワラント ……………………… 64
ワラント型 ……………………… 64
ワラント型の新株予約権付社債 ……… 65
ワラント債 ……………………… 64
割引債 ……………………… 163
割増償還金付転換社債型 ……… 64

【著者紹介】

川村　雄介（かわむら　ゆうすけ）
　　　長崎大学経済学部，同大学院経済学研究科　教授
　　　1953年　神奈川県生まれ
　　　1977年　東京大学法学部卒業
　　　1981年　ワシントン大学ロースクール（LL. M）
　　　1994年　日本証券業協会会長秘書
　　　1997年　大和証券シンジケート部長
　　　2000年より　現職

（主要著書）
　CP＝コマーシャル・ペーパー（有斐閣），投資信託50の基本知識（近代セールス社），現代社債市場（編著　財経詳報社），金融ビジネスモデル特許戦略（編著　東洋経済新報社），インターネットIR戦略入門（編著　東洋経済新報社），金融の証券化（共著　東洋経済新報社），経営戦略としての企業買収（共著　商事法務研究会），「投資銀行」の戦略メカニズム（共著　清文社），証券ビジネスの再構築（共著　日本証券経済研究所），個人投資家と証券市場のあり方（共著　中央経済社），ファイナンシャルプランナー（共著　近代セールス社），市場型間接金融の経済分析（共著　日本評論社），最初に読みたい株の教科書（朝日新聞社），株式絵本　伝蔵のこころざし（近代セールス社），コミック＆トークやさしい金融学（監修　学習研究社），その他論文多数。

　　　最新　証券市場　──基礎から発展──

　　　平成18年4月6日　初版発行

　　　著者　川　村　雄　介
　　　発行者　富　高　克　典
　　　発行所　株式会社　財経詳報社

　　　　　　〒105-0021　東京都港区東新橋1-2-14
　　　　　　電話　03(3572)0624(代)
　　　　　　FAX　03(3572)5189
　　　　　　http://www.zaik.jp
　　　　　　振替口座　00170-8-26500
　　　　　　ⓒKAWAMURA Yusuke 2006　　Printed in Japan

　　　落丁，乱丁はお取り替えいたします。　印刷・製本　㈱シナノ印刷
　　　　　　　　ISBN　4-88177-738-6